Udo Fiebig
Freiheit für Patient und Arzt

Udo Fiebig

Freiheit für Patient und Arzt

Das Selbstbestimmungsrecht des Patienten als Postulat der Menschenwürde

Urachhaus

CIP-Kurztitelaufnahme der Deutschen Bibliothek

Fiebig, Udo:

Freiheit für Patient und Arzt : d. Selbstbestimmungsrecht d. Patienten als Postulat d. Menschenwürde / Udo Fiebig. –
Stuttgart : Urachhaus, 1985.

ISBN 3-87838-445-9

ISBN 3 87838 445 9

Umschlaggestaltung Bruno Schachtner, Dachau.
Satz und Druck der Offizin Chr. Scheufele, Stuttgart.

Inhalt

Einleitung

Noch nie in der Geschichte Deutschlands hat es soviel Bürgerfreiheit und -recht gegeben wie in der Bundesrepublik Deutschland. Noch nie in der deutschen Geschichte – vielleicht abgesehen vom ersten Anlauf in der Weimarer Verfassung – hat es einen so ausgeprägten und realisierbaren Anspruch der Bürger auf Verwirklichung der Menschenrechte gegeben wie durch das Grundgesetz der Bundesrepublik. Die Grund- oder Menschenrechte, wie sie im Grundgesetz niedergelegt sind, sind das kostbarste Gut, das aus der totalen Katastrophe des Jahres 1945 neu entstanden ist, wenn auch Verfassungstext und Verfassungswirklichkeit noch nicht immer völlig übereinstimmen, so gesehen die Erlangung und Bewahrung der Grundrechte ein dynamischer und nicht ein statischer Prozeß ist.

Grundrechte gelten für gesunde und kranke Menschen gleichermaßen. Dies ist eine Selbstverständlichkeit. Aber dennoch wird man sehen müssen, daß unter Umständen der gesunde Mensch sich für Erringung und Erhaltung der Menschenrechte besser einsetzen kann als der kranke. Der kranke Mensch steht eben dadurch in größerer Gefahr als der gesunde, Objekt fremden Handelns zu werden und zu sein als der gesunde. Daher muß es eine besondere Sorge sein, daß kranke Menschen ebenso in den Genuß der Grundrechte kommen wie die gesunden.

Es stellt sich die Frage, ob Patienten, die in der Bundesrepublik unter dem Grundgesetz leben und das Gesundheitswesen oder einzelne Bereiche davon in Anspruch nehmen, immer und an allen Orten ihre Grundrechte realisieren können, insbesondere das Grundrecht auf freie Entfaltung der Persönlichkeit.

Wenn es schon gesunden Mitbürgern oft recht schwergemacht wird, dieses Grundrecht erfüllt zu sehen – man bedenke nur die

Wahl des Studienfaches oder des Arbeitsplatzes –, wieviel schwerer ist es da erst für den kranken Mitbürger, dieses Grundrecht (also seine Persönlichkeitsrechte) wahrzunehmen. Ich will mit meinen Überlegungen nicht mit dem Recht auf Leben und Unversehrtheit einsetzen, was vielleicht bei dem Gedanken an kontrollierte klinische Versuche naheliegen könnte, sondern fragen: Ist ein kranker Bürger unseres Staates zu allen Zeiten und an allen Orten unseres Gesundheitswesens Subjekt, das selbst mitentscheiden kann über die Art der Behandlung und Heilung seines Leidens?

Den Kranken Subjekt sein zu lassen, das heißt, ihn als Individuum, als Person, als Träger von Menschenwürde am Behandlungsprozeß teilnehmen zu lassen, scheint mir oberstes Gebot für alle zu sein, die im Gesundheitswesen mit Menschen zu tun haben. Der Patient, der an seiner Krankheit Leidende, ist nicht nur in dieser Hinsicht »leidend«. Viele Kranke fühlen sich anonymen Institutionen, Strukturen und unpersönlichen Exekutoren von Heilmaßnahmen ausgeliefert, so daß berechtigte Angst einsetzt mit dem Gedanken: Welchen gesetzmäßigen Abläufen bin ich anonym als Patient unter einer Nummer ausgesetzt, auf die ich keinerlei Einfluß habe?

Subjektsein des Patienten bedeutet aber auch eine Veränderung seines Bewußtseins: Ich selbst bin wesentlich verantwortlich für meine Gesundheit, und im Krankheitsfall hängt es entscheidend von mir ab, ob ich die Krankheit besiege oder die Krankheit mich. So verstanden, sind Patient und Arzt Partner im Heilungsprozeß.

Die Verobjektivierung des Patienten und der Behandlungsmethoden halte ich für die größte Bedrohung unseres Gesundheitswesens. Man könnte auch den Begriff »Schematisierung« wählen. Die Krankheit X, einmal so diagnostiziert, erfordert keine andere Behandlungsmethode als Y mit den dazugehörigen Medikamenten, Instrumenten und Apparaten. Entsprechend sind die Kosten für die gesamte Behandlung fixiert, die nicht einen Pfennig mehr kosten darf. Dieser »Fall« kann systematisch abgewickelt werden. Seine Klassifizierung entmündigt Patient und Arzt. Die Verweildauer im Krankenhaus pro »Blinddarm« wird festgelegt. Alternative Heilmethoden bei Krebs kommen nicht in Frage, die Kosten könnten höher sein, als das Schema erlaubt, die Transparenzliste schreibt vor, welche und wie viele Medikamente bei Herzinsuffizienz verschrieben werden dürfen.

Am 24. Januar 1984 meldete die Westfälische Rundschau, die in Dortmund erscheint, daß der Bundesminister für Arbeit und Sozialordnung beabsichtige, einen Modellversuch zur Kostenkontrolle im Gesundheitswesen zu fördern, der in Dortmund von der Kassenärztlichen Vereinigung, den Krankenkassen und Apotheken durchgeführt werden sollte. In diesem Modellversuch sollte die Verschreibungspraxis jedes Kassenarztes mit den für seine Arztgruppe »typischen« oder »durchschnittlichen« Verschreibungsprofilen verglichen werden. Auch die einzelnen Krankenkassenmitglieder sollten nach einem ähnlichen Verfahren dahingehend überprüft werden, ob eine Häufung im Verbrauch bestimmter Medikamente festgestellt werden kann. Ob auf diese Art und Weise eine Kostendämpfung auf dem Arzneimittelsektor erreicht wird, muß bezweifelt werden.

Aber es kann nicht bezweifelt werden, daß hier eine Normung der Kosten pro Patient angestrebt und eingeführt werden soll:

Damit wird am Ende die Therapiefreiheit des Arztes entscheidend eingeschränkt, der nicht mehr die Therapie anwenden kann, die er im Hinblick auf die jeweilige Krankheit für die geeignetste hält, sondern der die preiswerteste wählen muß, die unter Umständen gerade für diesen ganz bestimmten Patienten mit seiner individuellen Lebensgeschichte und seinem besonderen Krankheitsverlauf nicht die beste ist. Der Patient in seiner einmaligen und nicht wiederholbaren Individualität wird in ein vorgegebenes Schema, das aus der Höhe der durchschnittlichen Kosten entwickelt wird, gepreßt. Das Selbstbestimmungsrecht des Patienten, unter vergleichbaren, vom Arzt vorgeschlagenen Therapien die ihm gemäße und aussichtsreichste wählen zu können, geht verloren.

Diese Beispiele machen vielleicht deutlich, daß es ebenso um das Subjektsein des Patienten wie des Arztes geht. Beide müssen

Subjekt ihrer jeweiligen Verantwortung und sich ihrer auch bewußt sein. Nicht nur das Subjektsein des Patienten ist bedroht, wenn er lediglich als Fall kategorisiert, schematisiert, katalogisiert und als Kostenfaktor berechnet wird, sondern auch das Subjektsein des Arztes, wenn er sich solch medizinfremdem Denken unterwerfen muß. Die Freiheit des Gesundheitswesens muß demzufolge für Patienten und Ärzte verteidigt werden. »Freiheit« ist ein in der Geschichte der Menschheit oft mißbrauchter Begriff und in den politischen Auseinandersetzungen unserer Tage vielfach zum Schlagwort degradiert worden. Wird Freiheit des Individuums absolut gesetzt, so kann sie zur Anarchie werden. Wird die eigene Freiheit nicht durch die Freiheit der anderen begrenzt[1], so kann sie zur Diktatur weniger über die Mehrheit führen. Daher bedarf der Begriff der Freiheit immer eines Korrektivs. Wenn also Freiheit für Patient und Arzt im Gesundheitswesen postuliert wird, müssen die aufgezeigten Gefahren vermieden werden.

Freiheit für den Patienten absolut gesetzt, würde einen totalen Egoismus bedeuten, es würde bedeuten, sich auf Kosten anderer gesundmachen zu lassen (der vielzitierte »Kururlaub« ist ein Beispiel dafür). Freiheit für den Arzt absolut gesetzt, würde ihn zum Herrn über Leben und Tod machen und damit das Ethos des Arztberufes aufheben.

Freiheit ohne Humanität könnte zu allen diesen Pervertierungen führen. Wie überall so bedarf auch im Gesundheitswesen die Freiheit der Humanität.

Humanität ohne Freiheit unterliegt wiederum den gleichen Gefahren. Humanität zum Selbstzweck erhoben, ließe dem Todkranken nicht mehr die Freiheit, sterben zu dürfen, weil sein Leben unter Qualen künstlich verlängert wird. Die Entscheidung, was zum Wohle des Patienten um der Humanität willen notwendig ist, kann dem Arzt von niemand abgenommen werden. Gäbe er diese Entscheidung an andere Instanzen oder Institutionen ab, wäre

1 cf Rosa Luxemburg, Die Russische Revolution, Seite 109: »Freiheit ist immer Freiheit des anders Denkenden«.

auch seine Humanität in Frage gestellt. Die Autonomie des ärztlichen Gewissens ist auch ein Stück Humanität, die es ebenso zu verteidigen gilt wie das Selbstbestimmungsrecht des Patienten.

Welch eine unvorstellbare Qualität unser Rechtsstaat und mit ihm die Grundrechte des einzelnen Bürgers (z.B. das Recht auf Leben und körperliche Unversehrtheit, das Recht auf freie Entfaltung der Persönlichkeit, Glaubens- und Gewissensfreiheit, freie Meinungsäußerung) durch die Verabschiedung des Grundgesetzes vom 23. Mai 1949 in Bonn erlangt hat, wird deutlich, wenn man einen Blick zurückwirft auf das dunkelste Kapitel der deutschen Geschichte, und zwar im Hinblick auf das Selbstbestimmungsrecht des Patienten, auf seine Menschenwürde und auf den Eid des Hippokrates. Nach der Machtübernahme und dem Ermächtigungsgesetz vom 24. März 1933 erläßt die nationalsozialistische Reichsregierung als eines der ersten Gesetze, das verkündet wird, am 24. November 1933 ein Reichstierschutzgesetz. »Bei Betrachtung der Entstehung des Tierschutzgesetzes wird klar, daß die Schaffung nicht Verdienst der Nationalsozialisten ist«,[2] aber die nationalsozialistische Propaganda erklärt: »Für den Nationalsozialismus ist der Tierschutz ein tiefinnerliches Bedürfnis.«[3]

Menschenschutz und Patientenrechte gab es dann in der Folgezeit nicht mehr im Dritten Reich. Die Tiere waren zwar geschützt, z.B. vor Vivisektion und Schächten nach jüdischem Ritus, aber die Menschen, ob gesund oder krank oder behindert, waren der Willkür und Bestialität preisgegeben.

Die Gegenüberstellung von Tierschutz und Menschenverfolgung soll nicht den Tierschutz disqualifizieren,[4] sondern den Zynismus des Nationalsozialismus deutlich machen, der unter anderem auch nicht davor zurückschreckte, Gefangene in den Konzentrationslagern zu Versuchen am Menschen zu mißbrauchen, schutzlose geistig und körperlich behinderte Menschen zu ermor-

2 Barbara Schröder, Tierschutzgesetz vom 24. 11. 1933, S. 9.
3 Barbara Schröder, Tierschutzgesetz vom 24. 11. 1933, S. 9.
4 Joh. Adolph: Der Schutz des Tieres im Deutschen Reich, Würzburg 1936.

den und den Eid des Hippokrates zu pervertieren. Eugen Kogon[5] und Alexander Mitscherlich und Fred Mielke[6] haben mit vielen anderen dargestellt, daß von 1933 bis 1945 die Schlange des Äskulap auf der Uniform eines SS-Arztes ein todbringendes Zeichen sein konnte. In diesem Zusammenhang sei an den Kampf des Pfarrers Friedrich von Bodelschwingh in Bethel und vieler anderer gegen das »Euthanasieprogramm« der Nationalsozialisten erinnert, der unter dem Einsatz von Leben und persönlicher Freiheit ausgetragen werden mußte.[7]

Mit der Norm auf »körperliche Unversehrtheit« haben die Väter des Grundgesetzes der Zielsetzung Rechnung getragen, »die Mißachtungen der körperlichen Integrität und des Lebens nach nationalsozialistischem Muster für alle Zukunft« zu verhindern.[8] Wer das Dritte Reich und seine schrecklichen Folgen am eigenen Leibe erlebt und überlebt hat, wird ermessen können, daß der folgende neue Abschnitt der deutschen Geschichte nicht nur den Bürgern der Bundesrepublik Deutschland die Wahrung der Grundrechte und formale Rechtssicherheit gebracht hat, sondern vielmehr, daß die Väter des Grundgesetzes diesem unwandelbare Grundwerte zugrunde legten. Diese Grundwerte basieren auf einem Menschenbild, das in der Tradition der abendländischen Kultur gewachsen ist. Klassische Philosophie, Humanismus und christliche Theologie haben diese Grundwerte hervorgebracht und zu einem Wertsystem zusammengeführt, auf dem unsere heutige Rechts-, Gesellschafts- und Staatsform beruht.

Die Würde des Menschen läßt sich nicht mit der Idee einer autonomen Vernunft des Menschen begründen – dies wäre das Ende jedes Ethos –, auch nicht mit einer allgemeinen Idee der Menschlichkeit – dies würde die Würde des Menschen individuellem Er-

5 in dem Kapitel »Die sanitären Verhältnisse im Konzentrationslager« in: »Der SS-Staat«, Seite 138, 4. Auflage, Stuttgart 1958.

6 »Medizin ohne Menschlichkeit, Dokumente des Nürnberger Ärzteprozesses«, Frankfurt/Main, Hamburg 1962.

7 Kurt Pergande, Der Einsame von Bethel, Seite 142 ff.

8 Otfried Seewald, Zum Verfassungsrecht auf Gesundheit, Seite 47.

messen unterwerfen –, weder die reine noch die praktische Vernunft kann die Grundlage der Menschenwürde sein, denn im Namen der Vernunft wurden größte Verbrechen begangen, sei es in der Französischen Revolution oder im Dritten Reich. Auch der Positivismus mit einer naturwissenschaftlichen Anthropologie, die den Menschen als Produkt biologisch-chemisch-physikalischer Vorgänge versteht, kann die Menschenwürde nicht als absolut unverletzbar und ethisch verpflichtend begreifen. »Der Mensch, rein biologisch als Homo sapiens betrachtet, besitzt im Rahmen der allgemeinen Natur keine spezielle, höchstens eine ästhetische Würde.«[9]

Einzig und allein eine christliche Anthropologie vermag den absoluten Charakter der Menschenwürde zu statuieren. Der Mensch als Imago Dei erhält von Gott den besonderen, unendlichen, unverletzbaren, unverlierbaren, von allen anzuerkennenden Wert und die dementsprechende Würde. Weil der Mensch sich nicht selber Wert und Würde gegeben hat, sondern sie als Geschöpf empfangen hat, ist seine Menschenwürde unantastbar. So hat jeder Mensch einen unzerstörbaren Charakter (»character indelebilis«), einen geistigen Ursprung und ein geistiges Ziel seiner Existenz. Angesichts der Entwicklung der modernen Medizin und der Humanbiologie, die zu einer totalen Verfügbarkeit des Menschen führen können, ist es notwendig, an dem Grundwert der Menschenwürde als einem unveränderbaren Wert festzuhalten, der die Maxime des individuellen, gesellschaftlichen und staatlichen Handelns, in diesem Zusammenhang auch des ärztlichen Handelns, sein muß. Aufgrund der jüngsten deutschen Geschichte muß man zu dem Schluß kommen, daß die Humanität des Menschen von der Achtung vor der Divinität des Kranken geprägt sein muß, sonst ist sie nicht vor der Bestialität geschützt.[10]

Diese Divinität kommt dem Kranken in besonderer Weise zu.

9 Peter Vogelsanger, Der Kranke ist heilig. Über die Würde des Patienten, in: Die politische Meinung 26. Jahrgang, 1981, Nr. 195, Seite 11.

10 cf. Karl Barth, Mensch und Mitmensch, Die Grundformen der Menschlichkeit, Seite 71 f.

Der alte lateinische Satz, dessen Herkunft ich nicht eruieren konnte, »Res sacra miser« (der Elende ist heilig) beschreibt die Sonderstellung des Patienten in seiner Unantastbarkeit einerseits und Hilfsbedürftigkeit andererseits und damit die Verantwortung des Gesunden für den Kranken. Die Divinität des Kranken ist in der Geschichte der Medizin nicht immer erkannt worden, »gerade von den ethisch höchst achtbaren älteren Vertretern des Positivismus«, nicht, »so wenn etwa Virchow resolut erklärt, Krankheit sei ›nichts anderes als eine Lebensäußerung der Materie‹, oder ähnlich Herwig, daß ›das Organische nur eine höhere Form des Mechanischen‹ sei, oder wenn Lotze definiert, daß der Organismus nichts anderes sei ›als eine bestimmte Richtung und Kombination rein mechanischer Prozesse‹«.[11]

Nicht erstaunlich ist es, daß zur gleichen Zeit Friedrich Nietzsche mit seiner Propagierung des »Übermenschen« verächtlich auf Kranke und Elende herabsieht. Der gesunde, starke, herrschende Mensch wird von Nietzsche zum Ideal erklärt, der Kranke und Elende verdient nicht Schonung, Rücksicht, Pflege und Mitleid, geschweige denn liebende Zuwendung, denn dies wäre die Moral einer dekadenten, zum Untergang bestimmten Sklavengesellschaft, die er im christlichen Glauben zu finden meint. In seiner Polemik verkennt Nietzsche, daß Jesus im Kranken und Elenden weder den von Gott verfluchten und gestraften Menschen sieht (wie seine Zeitgenossen), noch ihm eine besondere Affinität zu Gott zuspricht, sondern er sieht im Kranken einen Menschen, der in seinem Elend an Gott und seiner guten Schöpfung zweifelt und verzweifelt und dessen Vertrauen zu Gott wiederhergestellt wird. Darum sagt Jesus fast immer zu einem Geheilten: »Dein Glaube hat dir geholfen!«

Zur Überwindung des Positivismus haben Viktor von Weizsäkker und die anthropologische Schule der Medizin wesentlich beigetragen, indem deutlich wurde, »daß eine rein naturalistische Erklärung der Krankheit durchaus unzureichend sei. Ohne die naturwissenschaftlichen Zusammenhänge zu vernachlässigen, be-

11 Peter Vogelsanger, a.a.O., Seite 12.

tont diese Schule, daß Krankheit weitgehend als eine Kritik und Krise des menschlichen Daseins, also des Subjektseins, sich aufdrängt und daß wir uns mit ihr als einem Prüfstein menschlichen Verhaltens auseinandersetzen müssen. Darin liegt die seit Hippokrates von der abendländischen Ethik nicht angezweifelte, vom christlichen Ethos vertiefte Verbindlichkeit und Verantwortlichkeit der Medizin.«[12]

12 Peter Vogelsanger, a. a. O. Seite 12.

I. Das Selbstbestimmungsrecht des Patienten und seine philosophische Begründung

»Das Selbstbestimmungsrecht des Patienten« scheint auf den ersten Blick ein Paradoxon zu sein. Wie kann ein Patient, ein Leidender also, ein Kranker über sich selbst bestimmen? Raubt ihm doch die Krankheit körperliche, geistige und seelische Kräfte, so daß die geistige Verfügungsgewalt über sich selbst, also die Fähigkeit, über sich selbst zu bestimmen, eingeschränkt ist!

Wenn auf der einen Seite zweifellos ein »kranker Wille« nicht der vollen Bestimmung über sich selbst fähig und mächtig ist, steht auf der anderen Seite das grundgesetzlich garantierte Selbstbestimmungsrecht des Menschen, das ihm unabhängig von seinem gesundheitlichen Zustand oder seinem Krankheitsstadium zusteht.

Das Selbstbestimmungsrecht des Patienten ist a priori gegeben. Es kann nur philosophisch begründet werden und resultiert letzten Endes einzig und allein aus der Würde des Menschen, die nicht mehr kritisch befragt oder bezweifelt werden kann. Sie ist eine unveräußerliche Qualität, die den Menschen zum Menschen macht und ihn vom Tier unterscheidet.

Ob ein Mensch gesund oder krank ist, jedem steht diese a priori gegebene Würde und damit das Selbstbestimmungsrecht zu. So ist das Selbstbestimmungsrecht des Patienten kein juristisches und kein medizinisches, sondern ein philosophisches Problem. Karl Jaspers hat sich mit dem Argument »mancher Psychiater« auseinandergesetzt, »seine Wissenschaft habe mit Philosophie nichts zu tun«. Was für die Psychiatrie im besonderen gilt, gilt für die Medizin im allgemeinen genauso, »insofern die Richtigkeit wissenschaftlicher Einsichten überhaupt... durch Philosophie weder begründet noch widerlegt wird. Aber die Ausschaltung der Philosophie wird trotzdem für die Psychiatrie« (und auch für die gesamte Medizin, füge ich hinzu) »verhängnisvoll«.[13]

Alle Argumente, die darauf abzielen, daß der Patient seines Zustandes wegen auf das Selbstbestimmungsrecht insgesamt oder zumindest teilweise verzichten müsse, da er nicht immer selbst wissen könne, was seiner Gesundheit förderlich oder abträglich sei, verkennen, daß im demokratischen Rechtsstaat jede Entscheidung, sei sie wissenschaftlicher, juristischer oder medizinischer Art, vom Handelnden begründet, verantwortet und gerechtfertigt werden muß.

So sehr es Ärzten mißfallen mag, daß ihre Entscheidungen unter Umständen vom Patienten abgelehnt werden können, so ändert weder die Rechtsprechung noch die Medizin selber etwas an dieser Priorität des Selbstbestimmungsrechtes. Das Selbstbestimmungsrecht des Patienten kann nicht durch Zweckmäßigkeitserwägungen, was für den Patienten gut oder schlecht sei, relativiert werden:

»Eine jede Handlung ist recht, die oder nach deren Maxime die Freiheit oder Willkür eines jeden mit jedermanns Freiheit nach allgemeinen Gesetzen zusammen bestehen kann.«[14]

Durch das Selbstbestimmungsrecht ist der Patient eine Person sui generis (eigener Art), die zunächst unabhängig gesehen werden muß und nicht wie bisher in allen möglichen Relationen: in der Relation zum Arzt als Patient, zum Pflegepersonal im Krankenhaus als Pflegling, zur Krankenkasse als Versicherter, zum Arzt als Partner eines Behandlungs- oder Krankenhausaufnahmevertrages.

Der Patient ist also in seiner Menschenwürde und mit dem daraus abgeleiteten Selbstbestimmungsrecht, das seiner Freiheit entspringt, als Individuum und Person zu respektieren.

Das Selbstbestimmungsrecht des Patienten umfaßt auch das Recht auf Krankheit – in einem existentiellen theologischen Sinn zum Beispiel, wenn ein Mensch auf einem langen und schweren

13 Karl Jaspers, Allgemeine Psychopathologie, S. 643.

14 Immanuel Kant, Metaphysik der Sitten, Seite 35.

Krankenlager über sich selbst und sein bisheriges Leben nachzudenken beginnt, auf sich geladene Schuld erkennt und bekennt und durch die Erleichterung seines Gewissens aufgrund psychosomatischer Zusammenhänge den Heilungsprozeß erleichtert.

Dies alles kann nur gesagt werden mit zwei Einschränkungen:

1. Das Selbstbestimmungsrecht des Patienten kann nicht schrankenlos sein. Es unterliegt nach Artikel 2 des Grundgesetzes der Maßnahme, daß die Rechte anderer nicht verletzt werden.

2. Unter Umständen muß ein Patient auch vor sich selber geschützt werden, wenn ihm z. B. nach gewissenhaftem ärztlichem Urteil die Wahrheit über seinen Zustand nicht zugemutet werden kann.

Im Laufe der Untersuchung muß deutlich werden, daß Freiheit des Patienten und Freiheit des Arztes einander bedingen und daß ohne innere und äußere Freiheit weder Gesundung des Patienten noch Handeln des Arztes möglich sind. Die Freiheit des Patienten und die Freiheit des Arztes sind die zwei Kehrseiten ein und desselben Sachverhaltes. Nur der Patient, der seinen Arzt frei wählen kann, hat die Chance des Vertrauens zum Arzt und damit zum Gesundwerden. Wenn allein ökonomische Gesichtspunkte (Restriktionen durch die Krankenkassen zum Beispiel) das Handeln des Arztes bestimmen, ist die Freiheit ärztlichen Handelns zu Ende. Weder Patient noch Arzt dürfen irgendeiner Form von »Fremdbestimmung« unterworfen werden.

Wilhelm Weischedel[15] hat dargestellt, »daß das innerste Wesen der Freiheit die Selbstbestimmung ist und daß der Wille zur Freiheit ursprünglicher ist als die Angst vor der Freiheit«!

Frei sei der Mensch, »wenn nicht von außen her über ihn verfügt wird, wenn er sich vielmehr aus sich selber heraus bestimmt«.[16] Ein Leben, in dem bloß über uns verfügt würde, sei nicht eigentlich lebenswert.

Für unseren Zusammenhang ist wichtig, worauf Weischedel ebenso aufmerksam macht, daß es »Freiheit im Sinne der Selbst-

15 Philosophische Grenzgänge, S. 60.

16 Philosophische Grenzgänge, Seite 60, 61.

bestimmung nicht nur im Verhältnis des Menschen zu seiner Umwelt und Mitwelt gibt«, sondern auch im einzelnen Menschen selber.[17] Gerade dort werde Freiheit wirksam, »wenn er sich von dem freimacht, was so selbstherrlich in ihm aufsteigt: von der Gewalt der Leidenschaften und von der Macht der Gewohnheit ... Freiheit bedeutet in diesem Zusammenhang Selbstbestimmung im Sinne des Herrseins über sich selbst.«[16]

Weischedel verfolgt diese Sicht der Freiheit durch die Geschichte der Philosophie, sieht die Ursprünge dieser Sichtweise in der stoischen und sokratischen Philosophie, die die Philosophen bis hin zu Kant geleitet haben, »daß sich Freiheit als Macht der Vernunft über die Sinnlichkeit verwirklicht«.[16] Weischedel fährt fort: »Aristoteles sieht das Wesen des freiwilligen Tuns darin, daß es seinen Ursprung im Handelnden selber hat. Entsprechend nennt Albertus Magnus denjenigen frei, der Ursache seiner selbst ist. Duns Scotus faßt den Gedanken der Selbstbestimmung noch schärfer, indem er betont, Ursache des freien Wollens könne nichts anderes als das Wollen selber sein. Wenn dann Spinoza als frei das bezeichnet, was allein aus der Notwendigkeit seiner Natur heraus existiert und von sich selber zum Handeln bestimmt wird, so kann er diese radikale Selbstbestimmung nur noch Gott zusprechen. Schelling dagegen will seine ähnlich lautende Definition der Freiheit auch und gerade auf den Menschen angewendet wissen: ›Frei ist, was nur den Gesetzen seines eignen Wesens gemäß handelt und von nichts anderem weder in noch außer ihm bestimmt ist.‹ Fichte schließlich begreift die Freiheit als das Absolute im Menschen: ›Wir schreiben uns, so gewiß wir uns unserer selbst bewußt werden, ein absolutes Vermögen der Freiheit zu.‹

Auch der Blick auf die gegenwärtige Philosophie zeigt bei allen Unterschieden im einzelnen, daß die Freiheit vorzüglich im Sinne der Selbstbestimmung verstanden wird. Scheler formuliert eindeutig: ›Freisein und Selbstwirksamkeit, das ist ein und dasselbe‹.

17 Philosophische Grenzgänge, Seite 61.

Heidegger erblickt das eigentliche Dasein des Menschen darin, daß er nicht dem ›Man‹ hörig, sondern sich selbst zu eigen ist; Freiheit ist demgemäß ›Freisein für die Freiheit des Sich-selbst-Wählens und -Ergreifens‹.

Jaspers versteht den Menschen so, daß er sich ständig vor Möglichkeiten gestellt weiß, zwischen denen er frei zu wählen hat. ›In aller Abhängigkeit und Bestimmtheit meines Daseins wird mir gewiß, daß etwas zuletzt allein an mir liegt.‹ Sartre schließlich zieht daraus die extreme Konsequenz; er begreift die Freiheit als absolute Selbstbestimmung und faßt den Menschen als das Wesen der Freiheit: ›Der Mensch ist frei, der Mensch ist Freiheit; Freiheit ist die Definition des Menschen.‹«[18]

Zieht man die Summe aus dem Gesagten und wendet es auf das Selbstbestimmungsrecht des Patienten an, dann folgt daraus, daß »Herrsein über sich selbst als Inbegriff der inneren Freiheit« die Pflicht nach sich zieht, für die eigene Gesundheit an erster Stelle selber die Verantwortung zu tragen und nicht den Arzt, das Krankenhaus oder das Gesundheitswesen dafür verantwortlich zu machen. Freiheit, die nicht zur Pflicht wird, kann zum schrankenlosen Egoismus werden. Die Pflicht, alles das, was in den eigenen Kräften steht, für die eigene Gesundheit zu tun, wird oft von Patienten nicht gesehen.

So gesehen ist Freiheit nicht nur Befreiung von Bevormundung, Zwang oder Herrschaft, sondern auch Impetus zur Gestaltung und Bewahrung eigenen Handelns; im Rahmen des Themas ist also die Behandlung einer Krankheit Aufgabe auch des Patienten und nicht allein die des Arztes.

Unter ethischem Aspekt ist das Selbstbestimmungsrecht des Patienten auch eine Selbstbestimmungspflicht, nämlich die, Ratschläge und Verordnungen des Arztes zu befolgen, nicht als Zwang, sondern freiwillig. Mehr und besser als der vom Arzt auferlegte Zwang wird die freiheitliche Bejahung ärztlichen Handelns die Krankheit besiegen.

18 Philosophische Grenzgänge, S. 61 f.

Der sich selbst bestimmende Patient wird sein Recht als Freiheit begreifen, an der Überwindung der Krankheit selber mitzuwirken und mitzuarbeiten. Dadurch wird aus einem passiven Patienten ein aktiver Mensch, der die Behandlung durch eigenen Kampf gegen die Krankheit unterstützt. Das Recht auf Selbstbestimmung gibt so die Möglichkeit, in Freiheit den Krankheitsprozeß mitzugestalten.

Zu keiner Zeit und von keiner Instanz kann einem Patienten die Verantwortung für die eigene Gesundheit abgenommen werden. »Verantwortung und Freiheit sind einander korrespondierende Begriffe«, sagt Dietrich Bonhoeffer in seiner Ethik[19], und fährt fort: »Verantwortung setzt sachlich – nicht zeitlich – Freiheit voraus, wie Freiheit nur in der Verantwortung bestehen kann.«

Das Selbstbestimmungsrecht des Patienten – als verantwortete Freiheit definiert – ist also unabdingbare Voraussetzung für das partnerschaftliche Verhältnis zwischen Arzt und Patient und somit eine Grundlage für den Heilungsprozeß.

Der von Dietrich Bonhoeffer zitierte Satz kann dahingehend interpretiert werden, daß man sagt: Aus Freiheit folgt Verantwortung – Verantwortung für die eigene Gesundheit. So gesehen muß der Patient Subjekt seines Heilungsprozesses und nicht Objekt ärztlichen Handelns sein.

Die Würde des Menschen erfordert eine solche Haltung. Die Entmündigung des Patienten, seine Degradierung zum Objekt ärztlichen Handelns verstößt gegen die Menschenwürde. Der als Partner des Arztes ernstgenommene Patient nimmt seine Behandlung nicht mehr nur entgegen, sondern wird Krankheit als seine ureigenste Sache erfahren: »mea res agitur!« Seit Sören Kirkegaard gelten Angst, Sorge, Leiden und Schuld als Existentialien, als philosophische Begriffe[20]. Wenn die Philosophie bis dahin mit Hegel »das Zusichselberkommen des absoluten Gei-

19 Dietrich Bonhoeffer, Ethik, 3. Auflage, 1956, München, Seite 193.

20 Sören Kierkegaard, Abschließende Unwissenschaftliche Nachschrift, 2. Teil, Seite 92 ff, D'dorf/Köln 1958.

stes« behandelte, kommt mit Kierkegaard der Mensch selber in seiner ganzen Existenz in den Blick der Philosophie.

Krankheit, Leiden, Schmerz und Tod sind Existentialien in ihrer deutlichsten und für den Menschen gravierendsten Form, die ihn an den Rand und das Ende der Existenz führen.

Den Sinn menschlicher Existenz erfüllen oder verfehlen, dies nennt Kierkegaard »den anfänglichen Ausdruck des existentiellen Pathos, die absolute Richtung auf das absolute Ziel hin, handelnd in der Umbildung der Existenz ausgedrückt...«[21]. Wo anders als in Krankheit und Tod wird »diese Vorstellung den Existierenden in seiner ganzen Existenz umbilden.«[21] Hinzufügen möchte ich einen anderen Satz von Kierkegaard: »Das wesentliche Bewußtsein von Schuld ist die größtmögliche Vertiefung in die Existenz.«[22] Da der mögliche Zusammenhang von Krankheit und Schuld einer besonderen Untersuchung bedürfte, greife ich diese Formulierung Kierkegaards auf und wandle sie ab: Krankheit ist eine der größtmöglichen Vertiefungen in die Existenz. Wie anders kann sich der Mensch in die eigene Existenz vertiefen, wenn nicht als Subjekt dieser Existenz!

Folgt man also Kierkegaard und fragt: »Was geschieht, wenn die Krankheit eines Patienten vom Arzt behandelt wird?«, dann kann die Antwort nur lauten: Nicht die Symptome, nicht die Ursachen einer Krankheit, nicht einzelne Organe werden Objekte der ärztlichen Kunst, sondern der Patient als Mensch. Als Subjekt in der Gesamtheit seiner Existenz begegnet er dem Arzt und benötigt Hilfe. Ist dies richtig, so ist der Patient nicht Objekt ärztlicher Behandlung, sondern Subjekt der eigenen Krankheit, das diese Krankheit als Existenzgefährdung und möglicherweise als Existenzvertiefung gemeinsam mit dem Arzt erfährt.

Dies aber ist nur möglich, wenn der Arzt in unserem Gesundheitswesen ebenso Subjekt seines eigenen ärztlichen Handelns sein kann. Arztsein darf nicht denaturieren durch Fremdbestim-

21 Sören Kierkegaard, a. a. O. 2. Teil, Seite 92.
22 Sören Kierkegaard, a. a. O. 2. Teil, Seite 241.

mung des Staates oder durch falsche gesellschaftliche Paradigmen. Arztsein darf nicht zur reinen Erbringung von Dienstleistungen denaturieren. Jeder Patient muß sich bewußt sein, daß er selber dazu beitragen kann, vom Arzt ernst genommen zu werden, wenn er seinerseits den Arzt nicht mit einem Dienstleistungsbetrieb gleichsetzt, denn ärztliche Tätigkeit in ihrer Verantwortung für Leben und Tod der sich dem Arzt anvertrauenden Menschen kann nicht mit Beamtentätigkeit gleichgesetzt werden, bei der es allein um die Erfüllung gesetzlicher Aufgaben geht. Daß der Arzt Arzt sein kann, ist auch Sache des Patienten.

Arztsein darf nicht denaturieren durch Formalisierung ärztlicher Entscheidungen, indem Krankenkassen bei bestimmten Diagnosen bestimmte Behandlungsarten mit bestimmten Kosten festlegen: Weil jeder Mensch in seiner absoluten Einmaligkeit einer absoluten individuellen Behandlung bedarf, die keine vorgegebenen Schemata erträgt, muß der Arzt Subjekt seiner selbst sein können, um ebenso individuell dem Individuum Patient begegnen zu können. Nur wenn beide, Patient und Arzt, Subjekt ihrer spezifischen Verantwortung und Freiheit sind, kann das Verhältnis zueinander gelingen.

Aus der Tatsache, daß das Arzt-Patient-Verhältnis kein Subjekt-Objekt, sondern ein Subjekt-Subjekt-Verhältnis ist, folgt, daß es in dieser Partnerschaft keine Vorrangigkeit bzw. Nachrangigkeit geben darf.

Dabei kommt dem Arzt eine besondere Verantwortung zu. Wenn Karl Jaspers die Aufgabe des Psychotherapeuten beschreibt, so gilt dies ohne Abstriche für jeden Arzt: »Wo... die Autorität gehörig ist, da darf der Arzt aus seiner physischen soziologischen, psychologischen Situation der Überlegenheit niemals eine absolute Überlegenheit ableiten, als ob der andere nicht mehr ein Mensch wie er selber wäre.«[23] Die rasante Entwicklung der modernen Medizin mit ihren vielfältigen neuen diagnostischen und therapeutischen Methoden, insbesondere auf dem Gebiet der

23 Karl Jaspers, Allgemeine Psychopathologie, Seite 673.

Intensivmedizin und der Chirurgie, hat es mit sich gebracht, daß zur Ich-Du-Beziehung von Patient und Arzt, diesem oben beschriebenen Subjekt-Subjekt-Verhältnis, eine andere Komponente hinzutritt: Der Patient wird nach »objektiven« wissenschaftlichen Kriterien untersucht und behandelt, er wird neben der personalen Beziehung zum Objekt ärztlicher Kunst und exakter naturwissenschaftlicher Beobachtung und Behandlung. Damit kommt ein objektives Element in das Patient-Arzt-Verhältnis. Bei allem Mißtrauen gegen eine Nur-Apparate-Medizin ist vor einer Verketzerung der modernen Medizin als einer inhumanen Technisierung und Technologie und der Krankenhäuser als automatisierten Fabrikbetrieben zu warnen. Hinter dem Streben nach einer äußerst verfeinerten medizinischen Technik und ihrer bestmöglichen Anwendung muß nicht nur ärztlicher Ehrgeiz stehen, ebenso kann und wird hinter aller medizinischer Technik eine äußerst verantwortungsbewußte ethische Haltung und ausgeprägte Humanität stehen, die dem Patienten eine dem neuesten Stand menschlicher Erkenntnis entsprechende Technik angedeihen lassen will. So sehr die personale, menschliche Zuwendung des Arztes beim Patienten Vertrauen schafft, so wird aber auch ebenso Vertrauen des Patienten zum Arzt dadurch begründet, daß er sich der wissenschaftlichen Objektivität, der Zuverlässigkeit medizinischen Wissens und des Könnens des Arztes sicher weiß.

II. Die Personalität von Patient und Arzt

Die Beziehungen zwischen Arzt und Patient sind ebenso komplex wie differenziert, wie überhaupt Beziehungen zwischen Menschen nur sein können, ebenso schwierig, spannungsvoll und oft auch tragisch, aber auch glückhaft und gelungen. Das Besondere dieser Beziehung hat Viktor von Weizsäcker erfaßt, wenn er sagt: »Nur wenn die Natur im Arzt von der Krankheit berührt, angesteckt, erregt, erschreckt, erschüttert wird; nur wenn die Krankheit auf ihn übertragen, in ihm fortgesetzt, über sein Bewußtsein zu sich selbst zurückgeführt wird – nur dann und nur so weit, als dies geschieht ist ihre Überwindung durch ihn möglich.«[24]

Nichts anderes als die Identifikation des Arztes mit dem Patienten, mit seiner Krankheit und seinem Leiden, ist hier gefordert.

Diese Identifikation geschieht von Person zu Person, nicht von Institution zu Institution, auch nicht von Funktion zu Funktion. Viktor von Weizsäcker beschreibt das Mitleiden des Arztes mit dem Patienten nicht als oberflächliches Mitleid, sondern vielmehr das, was in dem englischen Wort »compassion« zum Ausdruck kommt. Das Wort Person – abgeleitet vom lateinischen »personare« = hindurchtönen: Was durch die Maske des antiken Schauspielers hindurchtönt, also aus dem Innersten kommt – zeigt, daß Mitleiden des Arztes mit dem Patienten aus dem Innersten kommen muß.

Daher ist das Verhältnis von Arzt und Patient nicht nur ein Subjekt-Subjekt-Verhältnis, sondern darüber hinaus auch ein personales. Der Arzt kann in der Behandlung sich selbst nicht »draußen« lassen, sondern muß sich in das Verhältnis zum Patienten mit einbeziehen. Besitzt er Autorität, so nicht allein aufgrund seiner

24 V. v. Weizsäcker, Ärztliche Fragen, Seite 90.

Ausbildung oder gesellschaftlichen Stellung, sondern aufgrund dessen, daß er seine eigene Person in die Beziehung einbringt, die das Vertrauen des Patienten zu ihm erweckt. Das wird ihm gelingen, wenn er seinerseits dem Patienten ebenfalls Vertrauen entgegenbringt und ihn als Menschen akzeptiert und nicht nur als jemanden sieht, der ihm einen Behandlungsauftrag erteilt hat und ihn nach Abschluß der Behandlung honoriert.

In vor- und frühgeschichtlicher Zeit, als das Amt des Priesters und des Medizinmannes noch in einer Hand lag, war das Verhältnis dieses mit Macht über Menschen ausgestatteten Amtsträgers zu den ihm untergeordneten Stammesangehörigen ein magisches. An die Stelle dieses Atavismus ist eine neue, andere Qualität des Arzt-Patienten-Verhältnisses getreten; soll dieses Verhältnis gelingen und Heilung der Krankheit erreicht werden, muß es ein sachliches sein. »Die Struktur der personalen Verantwortung« gliedert sich nach Dietrich von Oppen »in drei Bereiche: in das Verhältnis zur Sache, zum Sachverhalt; in das Verhältnis zum anderen Menschen; und in das Verhältnis zu sich selbst«.[25]

Die Sache, um die es zwischen Arzt und Patient geht, ist die Behandlung, Linderung und Heilung von Leiden und Krankheit. Aus dem Verhältnis zur Sache resultiert die Forderung der Sachlichkeit, die der Arzt erstens dem gegebenen Sachverhalt, also der Krankheit, zweitens den besonderen Umständen, also der Lebenssituation des Patienten, und drittens der Summe aller bisherigen Lebenssituationen, also der Lebensgeschichte des Patienten, entgegenbringt. Aus dieser Sachlichkeit folgt »das Handeln nach den Umständen«.[26] Jeder Patient in seiner jeweils besonderen Lebenssituation, in der Bedrohung einer ganz persönlich treffenden Krankheit, bei seiner ganz persönlichen Lebensgeschichte, benötigt daher die diesen Umständen Rechnung tragende einmalige, spezifische Behandlung. Aber auch der Arzt kann für sich beanspruchen, aufgrund seiner ebenso einmaligen Lebensgeschichte und -situation als eine einmalige Person angesehen zu werden, die

25 Dietrich von Oppen, Das personale Zeitalter, Seite 172.

26 Dietrich von Oppen, a. a. O., Seite 173.

dem Patienten seinerseits begegnet. Einerseits muß der Arzt die Situation des Patienten durchdenken, andererseits sie erleben und sich zu eigen machen. Sachlichkeit erfordert also Distanz und Identität zugleich. Das Verhältnis zum anderen Menschen beschreibt von Oppen als Partnerschaft, die ein dialogisches Strukturprinzip habe, ähnlich wie die Sachlichkeit: »Ein distanziertes Gegenübertreten und zugleich engste Verbundenheit, ja Einheit; und im Gegenüber herrscht grundsätzliche Gleichrangigkeit.«[27] Distanz also und Identität sind zwischen Arzt und Patient gleichzeitig erforderlich, Identität und Mitgefühl – wie V. von Weizsäkker dargestellt hat – mit dem Leiden des Patienten, gleichzeitig Distanz zu ihm, um analysierend und beobachtend die Diagnose stellen oder das Skalpell ansetzen zu können. Umgekehrt, vom Patienten aus gesehen, sind Distanz und Identität ebenso notwendig. Identität – wie sie zum Ausdruck kommt in der Aussage: »Mein Arzt« und damit Vertrauen zum Arzt artikuliert, und Distanz, die das Handeln des Arztes kritisch begleitet und auf Effektivität hin prüft. Denn nur so ist neben Distanz und Identität gleichzeitig die Gleichrangigkeit von Arzt und Patient gegeben.

Den dritten Aspekt »der personalen Verantwortung« nennt von Oppen »das Verhältnis zu sich selbst« oder Selbstverantwortung.[27] Auch hier entdeckt er »das gleiche dialogische Strukturprinzip«, wie es die beiden anderen Verhältnisse – Sachverhalt und Verhältnis zum anderen Menschen – enthalten: »das Mit- und -Gegeneinander von Abstand, Einheit und Mündigkeit«.[28]

Der Abstand, den der Mensch zu sich selbst haben muß, drückt sich darin aus, daß er ein Wesen ist, das »zu sich selbst Stellung nimmt«.[29] Selbstkritik und Selbstverantwortung verlangen von uns, »daß wir selbstkritisch Abstand zu uns selbst halten, uns beobachten und uns Rechenschaft von unserem Denken und Tun

27 Dietrich von Oppen, Das personale Zeitalter, Seite 177.

28 Dietrich von Oppen, a. a. O., Seite 181.

29 Arnold Gehlen, Der Mensch (Seine Natur und seine Stellung in der Welt), Berlin 1941, S. 20.

ablegen«.[30] Kritischer Abstand zu sich selbst als Wesensmerkmal des Menschen allein würde ihn auf die Dauer zerstören, zumindest seine Entfaltung, Selbstsicherheit und Handlungsfähigkeit hemmen, ihn handlungs- und entschlußlos machen. Daher muß das freie Einssein mit sich selbst die Balance im Menschen halten, damit bei Selbstbeobachtung und Selbstkritik dennoch der Reifeprozeß erfolgt. Von Oppen faßt das folgendermaßen zusammen:

»So etwa läßt sich also das umreißen, was von unserer Gesellschaftsverfassung als Haltung von uns gefordert ist, und was hier mit dem Wort ›Person-Sein‹ bezeichnet wird: dieses spannungs- und widerspruchsreiche Stehen vor dem Sachverhalt und in der Situation, das ›Sachlichkeit‹ genannt wurde; dieses einsame Leben neben dem anderen, mit dem wir doch zugleich unausweichlich verbunden sind – es soll als ›Partnerschaft‹ bezeichnet werden; endlich die notwendige Selbstkritik, die doch nicht in lähmender Selbstzergliederung enden darf, sondern zu freier handlungsfähiger Unbefangenheit führen muß, und die unter dem Namen ›Selbstverantwortung‹ begriffen werden kann. Und alles dies im Zeichen einer großen Mündigkeit, die keine Bevormundung erträgt, sondern eigenständig vor der Sache, vor dem andern und vor sich selbst sein muß. Diese verschiedenen Haltungen hängen eng miteinander zusammen; sie werden auch nicht einzeln bald hier, bald da von uns verlangt, sondern sie sind ständig gleichzeitig im Spiel. Es gibt keine Sachlichkeit ohne partnerhafte Einstellung, und es gibt keine unsachliche Partnerschaft, wenn beide in diesem strengen Sinne verstanden werden. Beide bauen stets wieder auf der handlungsfähigen Selbstkritik auf.«[31]

Sachlichkeit, Partnerschaft und Selbstverantwortung – damit sind Kriterien gewonnen, die auf das Verhältnis zwischen Arzt und Patient anwendbar sind und für beide gleichermaßen gelten.

Die Sachlichkeit, die dem Arzt aufgegeben ist, ergibt sich von selbst, denn die ärztliche Kunst, die sich der Erfahrung und Ra-

30 Dietrich von Oppen, a. a. O., Seite 182.
31 Dietrich von Oppen, a. a. O., Seite 183.

tionalität bedient, arbeitet schließlich mit naturwissenschaftlichen Erkenntnissen, die sachgerecht angewandt werden müssen.

Die Mitwirkung an der eigenen Behandlung und Heilung kann dem Patienten sinnvollerweise nicht verwehrt werden, denn sie wird beides fördern; so gesehen ist der Patient Partner des Arztes und unterstützt um seiner selbst willen die Behandlung.

Verantwortung – wörtlich genommen jemandem antworten – braucht immer ein Gegenüber. Wem gegenüber fühle ich mich verantwortlich? Wem schulde ich Verantwortung und Rechenschaft?

Der Politiker dem Bürger und Wähler, der Beamte dem Staat, der Arzt dem Patienten und der Patient dem Arzt, und jeder seinem Gewissen. Darin liegt die Selbstverantwortung begründet. Selbstverantwortung in diesem Sinne ist die Verpflichtung für den Arzt, sich in die Lage des Patienten hineinzuversetzen, sich also in Gedanken mit ihm zu identifizieren und das aus eigener Sicht Beste, das er gegebenenfalls auf sich selbst anwenden würde, dem Patienten zu geben. Wendet man die drei Begriffe, Sachlichkeit, Partnerschaft und Selbstverantwortung auf den Patienten an, ergeben sich ähnliche Strukturen: Oft richten Patienten falsche oder überzogene Erwartungen an den Arzt, insbesondere dann, wenn eine Krankheit nicht mehr geheilt, sondern höchstens nur noch gelindert oder in ihrem Fortgang verlangsamt werden kann. Dann bedeutet Sachlichkeit die Bejahung der Krankheit und, wenn sie zum Tod führt, die Bejahung der Endlichkeit menschlichen Lebens. So hadern oft Angehörige eines Verstorbenen nicht mit der Härte des Schicksals, nicht damit, daß am Ende jedes Menschenlebens unausweichlich der Tod steht, daß jedes Leben Sein zum Tode ist, sondern vielmehr hadern sie mit angeblichen Behandlungsfehlern des Arztes. Daß der Patient ein Partner des Arztes sein muß, wird deutlich an dem Problem der Compliance, nämlich, daß die Verordnungen des Arztes über die Einnahme von Medikamenten auch befolgt werden: »Die Diskrepanz zwischen der ärztlichen Verordnung und dem tatsächlichen Verhalten der Patienten ist besorgniserregend. Es ist besonders paradox, daß gerade der Arzt daran oft zuletzt denkt.

Zugegeben, die Ärzte glauben oft, daß die von ihnen versorgten Patienten sich nicht strikt an ihre Anordnungen halten, aber sie überschätzen... die Compliance ihrer eigenen Patienten... und können nachgewiesenermaßen nur sehr unzuverlässig vorhersagen, ob ihre Patienten ihre Anordnungen befolgen.«[32]

Wie schon einmal in dieser Untersuchung wird auch an dieser Stelle wieder deutlich, daß das Selbstbestimmungsrecht nur dem Patienten letzten Endes zustehen kann, der auch zur Selbstverantwortung bereit ist. Rauchen, Trinken und Übergewicht sind die bekanntesten Risikofaktoren für die Gesundheit, auf die der Patient selber Einfluß hat. Schädliche Umwelteinflüsse und gesundheitsgefährdende Arbeitsbedingungen jedoch können vom einzelnen nicht beseitigt werden, denn diese sind in erster Linie ein politisches Problem.

Zur Selbstverantwortung gehört auch die Selbstkritik, und Kritik am anderen ist erst dann berechtigt und glaubwürdig, wenn sie zuerst an sich selbst geübt wurde. Die Kritik des Patienten am Arzt und die Kritik des Arztes am Patienten müssen der Kritik am eigenen Verhalten und Handeln nachstehen. Das zeigt, daß jeder, Arzt und Patient, seine ganze Person einbringen muß, wenn das Miteinander zum Erfolg führen soll. Der Patient darf nichts verschweigen, noch hinzufügen im Hinblick auf seine Biographie, Lebensumstände, Beschwerden und Leiden. Der Arzt darf, ja muß sich als Persönlichkeit und damit als iatrogene Wirkung einbringen.

Die Gelegenheit, bei der dies alles sich ereignet, ist das Gespräch zwischen Arzt und Patient. Alle drei Forderungen, die von Oppen an das Personsein stellt, werden hier erfüllt: Sachlichkeit, Partnerschaft, Selbstverantwortung: »Zum Gelingen des Gespräches sind die personalen Haltungen notwendig, die offene, bewegliche Sachlichkeit, die Anerkennung des anderen als eigenständiger und doch verbundener Gesprächspartner und endlich die Selbstverantwortung, die Selbstkritik und Sicherheit zu vereinen

32 David L. Sackett und John C. Snow in Compliance Handbuch, Seite 19, Ausmaß des Compliance-Problems.

weiß.«[33] Das Gespräch als die entscheidende primäre Kommunikationsform weist also nicht zufällig die »Strukturen von Abstand, Einssein und Gleichrangigkeit«[34] auf.

Unwillkürlich drängt sich die Erinnerung an Martin Buber auf, der 1923 das Dialogprinzip der Erkenntnis entdeckt.[35] Danach steht der Mensch zu der ihn umgebenden Wirklichkeit nicht nur in der Ich-Es-Beziehung (»Es« ist alles Gegenständliche, sowohl im materiellen wie im geistigen Sinn), sondern zugleich in der Ich-Du-Beziehung.

Im »dialogischen« Sein erlebe ich den anderen Menschen, aber auch mich selbst erst konkret, d. h. in Verantwortlichkeit. Als Religionsphilosoph zieht Buber den Schluß, daß der Mensch hinter allem menschlichen Du Gott als das Ur-Du erfährt, nicht als Gegenstand des Erkennens, sondern als personales Gegenüber, dem ich Liebe schuldig bin und von dem ich Liebe empfange.

Das jeweilige Personsein von Arzt und Patient, ihr Subjekt-Subjekt-Verhältnis zueinander und die Transzendentalität des Menschen, der nicht nur somatischer Behandlung unterworfen wird, hat Karl Jaspers beschrieben in der »Anknüpfung an die Stufen der allgemeinen ärztlichen Therapie. Was der Arzt zur Heilung tut, liegt auf verschiedenen Sinnebenen. Wir vergegenwärtigen Stufen des therapeutischen Handelns. Jede Stufe stößt an eine Grenze, an der die Wirkung versagt und an der daher der Sprung zu einer neuen Stufe notwendig wird.

1. Der Arzt entfernt chirurgisch einen Tumor, öffnet einen Furunkel, gibt Chinin gegen Malaria, Salvarsan gegen Syphilis. In diesen Fällen handelt er technisch-kausal, bringt, mechanisch und chemisch, gestörte Zusammenhänge der Lebensapparate wieder in Ordnung. Es ist der Bereich der wirksamsten und in ihrer Wirkung durchschauten Therapie. Die Grenze ist das Leben im Ganzen.

2. Der Arzt bringt das Leben unter Bedingungen der Diät, der

33 Dietrich von Oppen, a. a. O., Seite 184.
34 Dietrich von Oppen, a. a. O., Seite 184.
35 Martin Buber, Ich und Du, Heidelberg, 1958.

Umwelt, der Schonung und der Anstrengung, der Übung usw. In diesen Fällen trifft er Veranstaltungen für das Gelingen der Selbsthilfe des Lebens im Ganzen. Er handelt wie ein Gärtner, indem er pflegt, reizt und dabei ständig versucht, je nach Ergebnis sein Verfahren ändert. Es ist der Bereich der Therapie als rational geregelter Kunst, gegründet auf ein instinktives Erfühlen des Lebens. Die Grenze ist, daß im Menschen nicht nur ein Leben geschieht, sondern daß der Mensch denkende Seele ist.

3. Statt nur den Leib technisch im einzelnen, durch Pflegekunst im ganzen in Ordnung zu bringen, wendet der Arzt sich an den Kranken als ein verständiges Wesen. Statt ihn als Objekt zu behandeln, tritt er mit ihm in Kommunikation. Der Kranke muß wissen, was mit ihm geschieht, damit er gemeinsam mit dem Arzt die Krankheit wie ein Fremdes in Ordnung bringen hilft; die Krankheit ist für Arzt und Kranken gemeinsam zum Objekt geworden, der Behandelte bleibt als er selbst außer dem Spiel, wenn er mit dem Arzt das Gelingen der kausalen und der veranstaltenden Therapie fördert. Aber der Kranke will auch wissen, was mit ihm geschieht. Er rechnet es zu seiner Würde, Bescheid zu wissen. Der Arzt erkennt den Anspruch der Freiheit an und teilt rückhaltlos mit, was er weiß und denkt, es dem Kranken überlassend, wie er dies Wissen verwendet und verarbeitet. Die Grenze ist, daß der Mensch nicht verläßliches Vernunftwesen ist, sondern eine denkende Seele, deren Denken das vitale Dasein des Leibes tiefgehend beeinflußt.«[36]

An dem Ort und in dem Augenblick, da das Verhältnis des Arztes und des Patienten zueinander eine Ich-Du-Beziehung und nicht eine Ich-Es-Beziehung ist, um es noch einmal mit Martin Buber zu sagen, ist dieses Verhältnis ein menschliches, ein personales, ein geglücktes, das von gegenseitiger Achtung vor der Menschenwürde des anderen getragen ist. Die Beziehungen von Menschen und ihr Verhältnis zueinander, also auch das Arzt-Patienten-Verhältnis, muß – um es präziser darzustellen – ein personales, ganzheitliches und geschichtliches sein. Die Grundvorausset-

36 Karl Jaspers, Allgemeine Psychopathologie, Seite 665.

zung dazu ist die Humanität, die Karl Barth so definiert hat: »Die Humanität jedes Menschen besteht in der Bestimmtheit seines Seins als Zusammensein mit dem anderen Menschen. Nicht indem er für sich, sondern indem er mit dem anderen Menschen zusammen ist, nicht in der Einsamkeit, sondern in der Zweisamkeit ist er konkret menschlich, ist er in der Eigentümlichkeit des menschlichen Seins...«[37]

Dieses Zusammensein konkretisiert sich in der Begegnung mit dem anderen Menschen. Der Gehalt dieser Begegnung kommt zum Ausdruck in der Beschreibung: »Ich bin, indem Du bist«, so daß die Individualität des einzelnen gewahrt wird – ich werde nicht du, du wirst nicht ich, die eigene Geltung, Würde und Selbstgewißheit besteht, zugleich aber wird das esse zum existere, das Sein zum Tätigwerden, Begegnen, Handeln: »Wenn wir also formulieren: Ich bin, indem Du bist, beschreiben wir nicht das Verhältnis zweier in sich ruhender, sondern aus sich herausgehender, zweier existierender – und nun eben: zweier in ihrem Existieren aufeinander treffender, sich begegnender Seinskomplexe. Als zwei Geschichten begegnen sich das ›Ich bin‹ und das ›Du bist.‹«[38] Aus diesen Sätzen von Karl Barth, die das Wesen der Humanität beschreiben, leite ich die Bestimmung des Verhältnisses zweier Menschen, hier von Arzt und Patient, als personal, ganzheitlich und geschichtlich ab. Der ganzheitliche Aspekt kommt bei Karl Barth darin zum Ausdruck, daß er erstens »Sein in der Begegnung« als ein solches Sein schildert, »in welchem der Eine dem Anderen in die Augen sieht... großer, feierlicher, unvergleichlicher Augenblick, wo es zwischen Mensch und Mensch nun wirklich zum ›Augenblick‹, nämlich dazu kommt, daß sie sich in die Augen blicken, sich gegenseitig entdecken! Dieser Augenblick ist gewissermaßen die Wurzelbildung aller Humanität«.[39] Zweites Element der Humanität besteht darin, daß man miteinander redet, aufeinander hört. »Ich und Du müssen reden. Ich und Du müssen hören, und

37 Karl Barth, Mensch und Mitmensch, Seite 35.

38 Karl Barth, a. a. O., Seite 44.

39 Karl Barth, a. a. O., Seite 47 und 49.

zwar miteinander reden, aufeinander hören, kein Element darf hier fehlen. Das ist der humane Sinn der Sprache.«[40]

Zur Personalität und Ganzheitlichkeit der Arzt-Patienten-Beziehung gehört deshalb, daß der kranke Mensch insgesamt und nicht nur die einzelne Krankheit behandelt wird. Die Krankheit darf nicht vom kranken Menschen abstrahiert werden, sondern da jeder Patient *seine* Krankheit hat und sich seine Individualität in eben dieser Krankheit äußert, muß der Patient nicht nur abstrakt nach den Regeln der Lehrbücher, sondern konkret nach der jeweiligen Anschauung des Arztes behandelt werden. Das Vordringen der Technik hat zu einer Entpersönlichung in den Arzt-Patienten-Beziehungen geführt. Der Kranke tritt mehr und mehr hinter all die vielen Daten zurück, die Aufschluß über seine Krankheit geben. Besonders bei einem Krankenhausaufenthalt besteht die Gefahr, daß durch eine unpersönliche Atmosphäre der Patient sich der Maschinerie des Betriebes ausgeliefert fühlt. Ein Gefühl der Verlassenheit, der Hilflosigkeit, der Einsamkeit und Angst kann sich schnell einstellen. Von der Persönlichkeit des Arztes, seinem personalen, ganzheitlichen, geschichtlichen Wesen gehen heilende, iatrogene Kräfte aus. Je mehr der Arzt diese seine Wesenszüge hervortreten und die funktionalen, rollenspezifisch geprägten dahinter zurücktreten läßt, um so mehr vermittelt er dem Kranken Sicherheit, innere Ausgeglichenheit, Vertrauen und Hoffnung.

So aktiviert er die Selbstheilungskräfte des Patienten: »Natura naturam sanat« (Paracelsus). Der Arzt hilft ihm, aus der eigenen Seele Lebensmut und Kraft zu schöpfen. Eine einseitig naturwissenschaftliche Medizin, die auf den somatischen Teil der Krankheit allzu einseitig fixiert ist und die psychische und soziale Seite des Patienten außer acht läßt, kann das nicht erreichen.

Krankheiten sind als ein lebensgeschichtlicher Prozeß und nicht nur als ein organischer Vorgang anzusehen. Krankheit und Lebensgeschichte sind mehr miteinander verknüpft, als man auf den ersten Blick ahnen kann. Die Krankheit als Schicksal ist ein Teil

40 Karl Barth, a. a. O., Seite 51.

der Biographie und wirkt auf diese zurück; beide sind kongruent und reziprok zugleich. So müssen auch die tief in der Lebensgeschichte verwurzelten Ursachen der Krankheit diagnostiziert und therapiert werden. Dies ist der geschichtliche Aspekt des Arzt-Patienten-Verhältnisses. Nur noch wenige Ärzte begleiten ihre Patienten von der Geburt über die Kindheit bis ins frühe Erwachsenenalter, sie erleben nicht mehr deren Familiengeschichte, sind nicht zugleich Arzt von Eltern und Kindern. Dabei brauchen Arzt und Patient eine gemeinsame Geschichte, hier liegt die große Bedeutung des Haus- und Familienarztes. Dort, wo das personale Verhältnis der Menschen ersetzt wird durch ein funktionales, ist die Humanität und damit gleichzeitig die Menschenwürde bedroht.

Die Anonymität eines Krankenhausbetriebes, die Technisierung der Medizin, der wirtschaftliche Zwang durch die Vorgaben der Krankenkassen und vieles andere mehr bedrohen Humanität und Menschenwürde im Gesundheitswesen. Die gesamte Medizin steht aber im Dienste des Menschen. Seine Würde zu achten ist oberstes Gebot. Ihr gilt daher im Gesundheitswesen höchste Aufmerksamkeit.

III. Das Selbstbestimmungsrecht des Patienten im Grundgesetz

Als einer der geistigen Wegbereiter der Grundrechte, wie sie im Grundgesetz verankert sind, ist Immanuel Kant anzusehen. Entscheidend für die Philosophie der Neuzeit und die Ausbildung der Menschenrechte ist das metaphysische Bild vom Menschen, das er in seiner Philosophie gewinnt. Kant unterscheidet den Menschen einerseits als Phänomenon (Erscheinung), andererseits als Ding an sich; und beide Teile können im Menschen zugleich existieren: »Die Vereinigung der Kausalität als Freiheit mit ihr als Naturmechanismus, davon die erste durch das Naturgesetz, und zwar in ein und demselben Subjekt, dem Menschen feststeht, ist unmöglich, ohne diesen in Beziehung auf das erstere als Wesen an sich selbst, auf das zweite aber als Erscheinung, jenes im reinen, dieses im empirischen Bewußtsein vorzustellen, ohne diese ist der Widerspruch der Vernunft mit sich selbst unvermeidlich.«[41]

Daher muß der Mensch als Bürger zweier Welten, das heißt als ein »Ding in der Erscheinung« und als »ein Ding oder Wesen an sich selbst« betrachtet werden. In der Postulatenlehre der »Kritik der praktischen Vernunft« begründet Kant eine neue Ideenwelt, die an die Ideenlehre der »Kritik der reinen Vernunft« anknüpft.

Hier liegt die zentrale Bedeutung seines Spätwerkes: Der Zugang zu den Gegenständen der reinen Vernunft wird jetzt durch den Begriff der Freiheit genommen. Die Doppelexistenz des Menschen wird auch darin deutlich, daß er für zwei ganz verschiedene Welten bestimmt sein muß, einmal für das Reich der Sinne und des Verstandes, also für diese Erdenwelt; dann aber noch für eine an-

41 Immanuel Kant, Vorrede zur Kritik der praktischen Vernunft (V,6) Werke herausgeg. von der Königlich Preußischen Akademie der Wissensch.

dere Welt, die wir nicht kennen, die aber konstitutiv ist für alle sittlichen Entscheidungen des Menschen.[42]

Der Mensch im System der Natur gesehen, als homo phaenomenon, ist ein Wesen von geringer Bedeutung. Von diesem Standpunkt aus hat er mit den übrigen Lebewesen gleichen Wert. Der Verstand allein, mit dem er Zwecke setzen kann, gibt ihm nur einen äußeren Wert. Erst als Träger einer moralisch-praktischen Vernunft ist er »über allen Preis« erhaben. Der Mensch als homo noumenon *ist Zweck an sich*, d. h. *kein Mittel für andere Menschen oder für sich selbst*. Er trägt in seinem Innern absoluten Wert. Es ist die spezifische Erhabenheit und Würde der menschlichen Natur, die im Spätwerk von Kant über jede Wertskala hinaus als absolut geltend gesetzt wird. Indem der Mensch »Zweck an sich« ist, ist seine Würde nicht eine übertragene oder verliehene oder könnte aberkannt werden, sondern sie ist ebenso »Zweck an sich«, ein nicht gesetzter Wert, sondern das Wesen des Menschen schlechthin.

Menschenwürde ist bei Kant nicht existentiell, sondern ontologisch definiert. Das Sein des Menschen und seine Würde sind miteinander identisch. Ebenso sieht Kant die Freiheit des Menschen. Der Mensch ist als Mensch frei. Das klassische Beispiel dieses idealistischen Freiheitsverständnisses bietet die Stoa. Hier geschieht die Umwandlung des primär politischen, am Gegenbild der selbstverständlichen Einrichtung des Sklaventums orientierten Freiheitsbegriffes im Griechentum zu einer Freiheit der reinen Innerlichkeit als der Grundstimmung des stoischen Idealmenschen. Es ist die Freiheit des restlos über sich selbst Verfügens gegenüber den Zwängen der Natur und des Schicksals und gegenüber der Knechtschaft der Leidenschaften. Diese Freiheit folgt aus der Weisheit und Güte des Menschen und steht in freiwilliger Einordnung in die Gesetze des Alls (Physis, Kosmos). Sie ist zugleich die Freiheit absoluter Bedürfnislosigkeit, Apathie und Ataraxie (Unerschütterlichkeit). Ähnlich konstituiert und realisiert sich auch nach Kant Freiheit im aktuellen Vollzug der vernunftbe-

42 Immanuel Kant, Band VI, Seite 70.

stimmten Entscheidung unter dem moralischen Gesetz Kraft »reinen« Willens. »Also ist ein freier Wille und ein Wille unter sittlichen Gesetzen einerlei«, bzw. Freiheit wird definiert »durch Unabhängigkeit des Willens von jedem anderen außer allein dem moralischen Gesetze«. Freiheit ist ein unableitbares Faktum. Diese idealistisch verstandene Freiheit reicht hier wie in der Stoa genauso weit wie die Beschränkung auf das je Eigene des Subjektes, so weit wie die Isolierung auf ein autarkes Ich unter kosmischen oder moralischen Gesetzen gelingt. Es ist Freiheit gegenüber Zwang, Determination, Kausalität. Sie wird Freiheit zur Seinsbestimmtheit des Tugendhaften, das heißt des idealen Menschen. Freiheit ist damit ontologisch, nicht existentiell gefaßt, ebenso wie die Würde des Menschen ontologisch als Seinsbestimmtheit. So geht letztendlich der Kantsche Freiheitsbegriff über den der Stoa hinaus: Freiheit, dem ursprünglichen Wortsinn nach primär Freiheit von etwas, ist wesenhaft immer auch Freiheit zu etwas – zu dem, was das Gesetz, das ich als mein Gesetz anerkenne, fordert, also Freiheit zu mir selbst. Nach dem »Homo homini lupus« gilt nun das »Homo homini res sacra«, nämlich der Grundsatz, daß der Mensch nicht als Sache zu behandeln ist, nicht als Mittel zum Erreichen von Zwecken.

So gewinnt Kant die Begriffe der Würde des Menschen und der Freiheit, die Konstitutive für das moderne Verfassungsrecht geworden ist: »*In der ganzen Schöpfung kann alles, was man will und worüber man etwas vermag, auch bloß als Mittel gebraucht werden. Nur der Mensch und mit ihm jedes vernünftige Wesen, jedes vernünftige Geschöpf ist Zweck an sich selbst. Er nämlich ist das Subjekt des moralischen Gesetzes, welches heilig ist vermöge der Autonomie seiner Freiheit.*«[43]

Die Würde des Menschen liegt also darin, daß er seinen Daseinswert selbst bestimmt, seine Freiheit liegt darin, daß er sich freiwillig unter ein moralisches Gesetz stellt und diesem aus eigenem Antrieb folgt und nicht durch Tyrannei.

Der Grundgesetzgeber ist meines Erachtens zu Recht der Philo-

43 Immanuel Kant, Kritik der praktischen Vernunft, Seite 87.

sophie Immanuel Kants gefolgt und hat die Menschenwürde als obersten Wert an den Anfang des Grundgesetzes gestellt und sie als Maxime allem, insbesondere dem staatlichen Handeln, vorausgestellt, mit dem kategorischen Imperativ: *»Freiheit, sofern sie mit jedes andern Freiheit nach einem allgemeinen Gesetz zusammen bestehen kann, ist dieses einzige, ursprüngliche, jedem Menschen Kraft seiner Menschheit zustehende Recht.«*[44]

Wenn ich jetzt die Frage stelle, welche Artikel des Grundgesetzes relevant für das Selbstbestimmungsrecht des Patienten sind, will ich der Reihenfolge des Grundgesetzes folgen.

1. Unantastbarkeit der Würde des Menschen (Art. 1, Abs. 1).
2. Die freie Entfaltung der Persönlichkeit (Art. 2, Abs. 1).
3. Das Recht auf Leben und körperliche Unversehrtheit (Art. 2, Abs. 2) und
4. Recht auf Schutz vor seelischer und körperlicher Mißhandlung (Art. 104, Abs. 1).

Einige Autoren wählen eine andere Reihenfolge:

Jost Gross beginnt damit, daß er als »Voraussetzung der Ausübung der persönlichen Freiheit, der persönlichen Entfaltung, primär die persönliche Existenz, das Leben« ansieht, »Lebenssicherung ist der Kernbereich der Interessensphäre des Patienten«.[45]

Eugen Bucher unterscheidet in hierarchischer Reihenfolge: das Leben, das Bewußtsein, die Gesundheit, der er die Erwerbsfähigkeit und die körperliche Unberührtheit hinzufügt.[46]

Ottfried Seewald behandelt die Relevanz der Grundrechte für den Patienten unter dem Titel »Die Dimensionen des Rechts auf Gesundheit« und beginnt mit dem Abwehrrecht gegen staatliche Maßnahmen aus Art. 2, Abs. 1 GG – Recht auf körperliche Unversehrtheit, fährt fort mit dem Abwehrrecht aus Art. 2, Abs. 2 S. GG – Recht auf Leben, Abwehrrecht aus Art. 104 Abs. 1, S. GG – Verbot

44 Immanuel Kant, Metaphysik der Sitten, Seite 237.

45 Jost Gross, Die persönliche Freiheit des Patienten, Seite 49.

46 Eugen Bucher, Die Ausübung der Persönlichkeitsrechte, insbesondere die Persönlichkeitsrechte des Patienten als Schranken der ärztlichen Tätigkeit, Seite 235 ff.

der seelischen und körperlichen Mißhandlung – und endet mit dem Abwehrrecht aus Art. 1, Abs. 1 GG, Abwehrrecht gegen menschenwürdeverletzende Maßnahmen.[47]

Schon in den Titeln der beiden letztgenannten Autoren »Das Recht auf Gesundheit« und »Zum Verfassungsrecht auf Gesundheit« kommt eine abgekürzte Redeweise zum Zuge, die leicht zu Mißverständnissen führen kann.

Weder das Grundgesetz noch der Gesetzgeber postulieren ein Recht auf Gesundheit, bestenfalls ein Recht auf Schutz der Gesundheit. Grundrechte sind in erster Linie Abwehrrechte. So hat das Bundesverfassungsgericht in seiner Entscheidung über Fluglärm, bei der es um den Schutz von Flughafenanliegern vor Lärmbelästigung ging, dargelegt, Artikel 2, Abs. 2 GG schütze zwar die körperliche Unversehrtheit, aber das Grundrecht beinhalte auch eine Pflicht des Staates, sich schützend vor und fördernd hinter die in Art. 2, Abs. 2 GG genannten Rechtsgüter zu stellen und sie ganz besonders vor rechtswidrigen Eingriffen anderer zu bewahren.[48]

Nach Art. 20 (Die Bundesrepublik Deutschland ist ein demokratischer und sozialer Rechtsstaat) hat der Staat nicht nur ein Gestaltungsrecht, sondern auch die Gestaltungspflicht, soziale Sicherheit und soziale Gerechtigkeit zu verwirklichen. So gesehen hat der Staat die Pflicht, Lebensbedingungen und Lebensvoraussetzungen für die Erhaltung und Wiederherstellung der Gesundheit des einzelnen zu schaffen und zu verbessern.

Ein Recht des einzelnen auf Gesundheit kann es jedoch nicht geben, da zur Natur und Existenz des Menschen Krankheit und Tod gehören, wie wir bereits ausgeführt haben. Deshalb kann niemand gegenüber dem Staat den Anspruch erheben, dieser habe seine Gesundheit oder gar sein Wohlbefinden herzustellen und zu garantieren. Wie oben dargelegt, kann der einzelne Patient nicht aus seiner personalen Verantwortung für seine Gesundheit entlassen werden, weder durch die Übertragung der Verantwortung auf den Arzt oder das Krankenhaus noch auf staatliche oder gesell-

47 Ottfried Seewald, Zum Verfassungsrecht auf Gesundheit, Seite 70 ff.
48 Bundesverfassungsgerichtsentscheidung 56, 54.

schaftliche Wohlfahrtseinrichtungen. Ein Recht auf Gesundheit kann es daher auch aus diesem Grund nicht geben. Die Rolle des Staates zum Wohl der Gesundheit muß sich also einerseits auf die Schutzfunktion beschränken, wie auch im Urteil des Bundesverfassungsgerichtes zum Kernkraftwerk Mülheim-Kärlich zum Ausdruck kommt:

»Als verfassungsrechtlicher Prüfungsstab kommt das in Art. 2, Abs. 2 GG gewährleistete Grundrecht auf Leben und körperliche Unversehrtheit in Verbindung mit dem Anspruch auf effektiven Rechtsschutz in Betracht.

Nach anerkannter Rechtsprechung schützt dieses Grundrecht nicht nur als subjektives Abwehrrecht gegen staatliche Eingriffe. Vielmehr folgt darüber hinaus aus seinem objektiv-rechtlichen Gehalt die Pflicht der staatlichen Organe, sich schützend und fördernd vor die darin genannten Rechtsgüter zu stellen und sie insbesondere vor rechtswidrigen Eingriffen von seiten anderer zu bewahren. Rechtsprechung ist auch zur verfassungsrechtlichen Beurteilung atomrechtlicher Normen herangezogen und dabei ausgeführt worden, daß angesichts der Art und Schwere möglicher Gefahren bei der friedlichen Nutzung der Kernenergie bereits eine entfernte Wahrscheinlichkeit ihres Eintritts genügen müsse, um die Schutzpflicht des Gesetzgebers konkret auszulösen (BVerfGE 49, 89, 141 f)«. Selbst das behördliche Genehmigungsverfahren hat sich der Schutzweisung des Art. 2, Abs. 2 GG zu unterwerfen. »Das Grundrecht des Art. 2, Abs. 2 GG beeinflußt auch die Anwendung der Vorschriften über das behördliche und gerichtliche Verfahren bei der Genehmigung von Kernkraftwerken, deren vorrangige Aufgabe gerade darin besteht, Leben und Gesundheit vor den Gefahren der Kernenergie zu schützen« (BVerfGE 53, 30 (57)).

Andererseits gilt das Subsidaritätsprinzip, das dem einzelnen Menschen zuweist, was er zu seiner Lebensgestaltung und Lebenserhaltung beizutragen hat, wie es nicht besser formuliert sein könnte als in der päpstlichen Enzyklika Quadragesimo Anno:

»Wie dasjenige, was der Einzelmensch aus eigener Initiative

und mit seinen eigenen Kräften leisten kann, ihm nicht entzogen und der Gesellschaftstätigkeit zugewiesen werden darf, so verstößt es gegen die Gerechtigkeit, das, was die kleineren und untergeordneten Gemeinwesen leisten und zum guten Ende führen können, für die weitere und übergeordnete Gemeinschaft in Anspruch zu nehmen; zugleich ist es überaus nachteilig und verwirrt die ganze Gesellschaftsordnung. Jedwede Gesellschaftstätigkeit ist ja ihrem Wesen und Begriff nach subsidiär; sie soll die Glieder des Sozialkörpers unterstützen, darf sie aber niemals erschlagen oder aussaugen.«[49]

Das heißt also, daß die Sorge um die Gesundheit primär Sache des einzelnen ist. Sache des Staates ist es jedoch, Einrichtungen wie z.B. Krankenhäuser zu stellen beziehungsweise Träger solcher Einrichtungen finanziell so auszustatten, daß der einzelne die notwendige subsidiäre Hilfe erfährt, seine Gesundheit wieder herzustellen oder zu bessern oder zu erhalten.

Auch aus sozialrechtlicher Sicht verbietet sich die Postulierung eines Rechtes auf Gesundheit mit Grundrechtsqualität. Diese Postulierung liefe auf einen Leistungsanspruch hinaus, der sich nicht objektiv qualifizieren und quantifizieren ließe, sondern würde dazu führen, daß Anspruchsberechtigte subjektiv von Fall zu Fall selber bestimmen, was der Staat zu leisten hätte. Am Ende stünde ein verstaatlichtes Gesundheitswesen, und »Gesundheit« würde ein einklagbares Rechtsgut – zu einem ähnlichen Ergebnis kommt Josef Gross:

»Ein so als Sozialrecht verstandenes ›Grundrecht auf Gesundheit‹ stünde unter dem Vorbehalt, daß der Staat die notwendigen Leistungseinrichtungen für alle in der Zukunft aktuell werdenden Gesundheitsbedürfnisse zur Verfügung stellt.

Er müßte zudem von der nicht haltbaren Voraussetzung ausgehen, jeder vermöge sein Gesundheitsbedürfnis in gleicher Weise zu artikulieren und durchzusetzen. – Es muß nicht weiter begründet werden, daß ein solcher Anspruch vom Staat nicht erfüllt werden könnte. Ein auf die subjektiven Bedürfnisse des einzelnen

49 Enzyklika »Quadrogesimo Anno« Nr. 79.

ausgerichteter genereller Leistungsanspruch auf Gesundheit würde aber – selbst wenn er von der Leistungsfähigkeit des Staates her realisierbar wäre – fraglos rechtsungleich wirken.«[50] Ein Recht auf Gesundheit als Anspruch an den Staat könnte am Ende auch zu einer Bedrohung des Selbstbestimmungsrechtes des Patienten von einer Seite her führen, von der es niemand erwartet hat: Ein anonymer Staat bestimmt, was dem Patienten frommt und nutzt und was nicht. In einer Entmündigung des Patienten und zu einer Aushöhlung seiner Patientenrechte kann ebenso eine Krankenversicherung führen, die die Kosten-Nutzen-Analyse zum alleinigen Maßstab dafür erhebt, was der einzelne Patient als Versicherter als Leistung der Krankenkasse erhält, oder die die sogenannte Schulmedizin als einzig mögliche Behandlungsform erklärt und die Kosten für andere anerkannte und bewährte Heilverfahren für die Versicherten als nicht erstattungsfähig erklärt.

Auch diese Gefahr würde zu einer Beschränkung des Selbstbestimmungsrechtes des Patienten führen. Ein weiteres Argument gegen »das Recht auf Gesundheit« ergibt sich aus der Aporie, den Begriff »Gesundheit« so schlüssig zu definieren, daß die Definition medizinischen, juristischen und sozialpolitischen Kategorien entspricht.

In der Präambel der Satzung der Weltgesundheitsorganisation (WHO) wird Gesundheit im weitesten Sinn als »Zustand des vollständigen körperlichen, geistigen und sozialen Wohlbefindens«[51] verstanden »und nicht nur des Freiseins von Krankheit und Gebrechen«. Sich des bestmöglichen Gesundheitszustandes zu erfreuen, ist eines der Grundrechte jedes Menschen, ohne Unterschied der Rasse, der Religion, der politischen Überzeugung, der wirtschaftlichen oder sozialen Stellung.«

Artikel 1 der Satzung führt als Ziel der WHO an, »den bestmöglichen Gesundheitszustand für alle Völker zu erreichen«.

So gesehen kann der Satz der Präambel »Gesundheit als Zustand des vollständigen körperlichen, geistigen und sozialen

50 Jost Gross, Die persönliche Freiheit des Patienten, Seite 51.

51 Deutsche Übersetzung in: Friedrich Berber, Völkerrecht, Band I, Seite 196 ff.

Wohlbefindens« zwar nicht im Sinn eines individuell einklagbaren Anspruchs verstanden werden, aber die WHO will die Mitgliedsstaaten verpflichten, dieses Ziel anzustreben.

In der Resolution 23.41 der UNO-Generalversammlung vom 19. 12. 1968 wird eindeutig festgestellt, daß »the right to health« ein fundamentales Menschenrecht ist. Dieser Auffassung kann nicht gefolgt werden, da sie keinerlei Realitätsbezug hat, weil Krankheit, Leid und Existenzbedrohung nicht unzumutbare Attribute, sondern konstruktive Elemente des menschlichen Daseins sind. Krankheit und Tod muß der Mensch erleiden, ertragen und überwinden, er erfährt sie als sein Schicksal. So gesehen ist »Gesundheit« kein einklagbares Rechtsgut. Einzig und allein der Schutz vor Mißhandlungen, Folterungen und Seuchen kann ein Menschenrecht sein.

Nach der Definition der WHO bedeutet ein Recht auf Gesundheit ein Recht auf absolutes Glück und vollkommene Lebenserfüllung, was immer der einzelne für sich darunter versteht. Das aber ist eine Utopie. In diesem Kontext halte ich die Formulierung des Sozialgesetzbuches 1. Teil vom 11. 12. 1975 für zutreffender, das in § 4, Satz 1 den Zugang zur Sozialversicherung für jeden sicherstellt und dann in Satz 2 fortfährt: »Wer in der Sozialversicherung versichert ist, hat im Rahmen der gesetzlichen Kranken-, Unfall- und Rentenversicherung einschließlich der Altershilfe für Landwirte ein Recht auf 1. die notwendigen Maßnahmen zum Schutz, zur Erhaltung, zur Besserung und zur Wiederherstellung der Gesundheit und der Leistungsfähigkeit...« Hier wird nicht ein »Recht auf Gesundheit« aufgestellt, sondern konkret ein Anspruch des Versicherten im Rahmen geltender Gesetze festgestellt, der durch die Versicherungspflicht begründet und durch die Zahlung von Beiträgen an die Krankenversicherung erworben sein muß.

Der Weg, ein »Recht auf Gesundheit« in den Rang eines Menschen- oder Grundrechtes zu heben, stellt sich somit als nicht gangbar dar. Daher ist es sinnvoller zu fragen, welche Grundlagen das Grundgesetz für ein Selbstbestimmungsrecht des Patienten bietet.

1. Unantastbarkeit der Würde des Menschen (Art. 1, Abs. 1 GG)

Aus der großen Zahl der Versuche, den Begriff der »Menschenwürde« zu definieren, sei derjenige herausgegriffen, der sehr deutlich werden läßt, daß die Väter des Grundgesetzes Immanuel Kant gefolgt sind, als sie die Menschenwürde zum obersten Schutzgut allen staatlichen, sozialethischen und invidualethischen Handelns machten.

Dürig erklärt, indem er Kantsche Begriffe aufgreift: »Die Menschenwürde ist getroffen, wenn der konkrete Mensch zum Objekt, zu einem bloßen Mittel, zur vertretbaren Größe herabgewürdigt wird.«[52]

An anderer Stelle heißt es bei demselben Autor: »Es verstößt gegen die Menschenwürde, wenn der Mensch zum Objekt eines staatlichen Verfahrens gemacht wird.« Auch hier begegnet uns wieder die Warnung, daß der Mensch – in unserem Fall der Patient – nicht als Objekt behandelt werden darf, wenn seine Würde unbeschadet bleiben soll. Dieser Gedanke wird uns bei unserer Untersuchung des Selbstbestimmungsrechtes des Patienten fortwährend als Ausdruck seiner »Patientenwürde« begleiten.

Das Grundrecht auf die Unantastbarkeit der Menschenwürde hat seine Wurzel in einem inneren Wert, der dem Menschen als Seinsgegebenheit zugrunde liegt. Er verknüpft Menschenwürde und Selbstbestimmungsrecht unmittelbar miteinander: »Jeder Mensch ist Mensch kraft seines Geistes, der ihn abhebt von der unpersönlichen Natur und ihn aus eigener Entscheidung dazu befähigt, seiner selbst bewußt zu werden, sich selbst zu bestimmen und sich und die Umwelt zu gestalten.«[53]

Drei Postulate ergeben sich daraus für unser Thema:

a) Es gehört zur Menschenwürde des Patienten, »sich selbst bewußt zu werden«, also über seine Krankheit, sein Befinden und seine Chancen, gesund zu werden, Bescheid zu wissen und infor-

52 Dürig in Maunz-Dürig, Kommentar zum GG, Art. 1 Abs. 1 N 28.

53 Dürig in Maunz-Dürig GG-Kommentar, Art. 1 Abs. 1 18 N.

miert zu werden – sofern er es selber will, sei einschränkend hinzugefügt. Wo also die Grenzen dieses Rechtes auf »Selbstbewußtsein« liegen könnten, wird im einzelnen zu unterscheiden sein.

b) Es gehört ebenso zur Menschenwürde des Patienten, »sich selbst zu bestimmen«, das heißt nach dem Recht auf Information selbst zu entscheiden, welcher medizinische, chirurgische Eingriff – nach welcher Methode zum Beispiel – und welches Medikament bei welchen unerwünschten Nebenwirkungen zumutbar sind. Dies setzt allerdings in der Praxis große medizinische Kenntnisse des Patienten voraus und ist als Forderung nur in dem »Ideal«-Fall zu verwirklichen, wenn der Arzt selber zum Patient wird. Die begrenzte Einsichtsfähigkeit des Patienten in medizinische, pharmakologische, psychosomatische usw. Zusammenhänge setzt dem Selbstbestimmungsrecht des Patienten Grenzen und verpflichtet den Arzt zu gebührender Verantwortung. Als Grundsatz jedoch ist festzuhalten, daß Menschenwürde und Selbstbestimmungsrecht des Patienten nicht voneinander zu trennen sind, sofern der Patient von diesem seinem Recht Gebrauch machen kann und will. Konstitutiv ist in jedem Fall der Behandlungsauftrag des Patienten an den Arzt als primäres Selbstbestimmungsrecht des Patienten. Inwieweit durch den Behandlungsauftrag Rechte des Patienten auf den Arzt zumindest partiell übertragen werden, muß im einzelnen im folgenden untersucht werden, denn das einfache Beispiel des Patienten, der in Vollnarkose einen schweren chirurgischen Eingriff durchmacht, der anders verläuft als ursprünglich geplant, macht deutlich, daß Selbstbestimmungsrechte durch den Behandlungsauftrag an den Arzt übergehen *können*, sofern dies im gegenseitigen Vertrauen geschieht.

Das Selbstbestimmungsrecht des Patienten kann also nicht isoliert gesehen werden, sondern bleibt immer gebunden an die Umstände und Konditionen, die eine Krankheit hervorrufen, und an das spezifische, immer singuläre Patienten-Arzt-Verhältnis, das eine besondere Qualität hat und haben muß und nicht mit anderen Verhältnissen vergleichbar ist wie z. B. mit der Beziehung zwischen Arbeitgeber und Arbeitnehmer.

c) Es gehört ebenso zur Menschenwürde, »sich und die Umwelt zu gestalten«. Hier tritt wiederum zutage, daß jedes Selbstbestimmungsrecht – also auch das des Patienten – undenkbar ist ohne die Pflicht zu eigenem Handeln und zu eigener Verantwortung. Verantwortung des Patienten und Verantwortung des Arztes sind komplementär. Ein Patient, der sich von der eigenen Verantwortung dispensieren will und sie allein dem Arzt überläßt, entäußert sich selbst seiner Würde und seines Selbstbestimmungsrechtes.

Daß Grundrechte einer Ordnung von Grundwerten entspringen müssen, sei an zwei Beispielen dargestellt: Ist ein »nasciturus« ein Träger und Inhaber von Menschenrechten, wenn ja, welche Konsequenzen hat es dann für sein Selbstbestimmungsrecht, wenn eine Abtreibung vorgenommen werden soll? Mit Absicht wähle ich den Begriff »nasciturus« und nicht »foetus« oder »Embryo«. »Nasciturus« (lat.) bedeutet in der wörtlichen Übersetzung »einer, der geboren werden wird«. Denn der lateinische Ausdruck läßt gar nicht erst den Eindruck entstehen, als handele es sich bei dem werdenden Menschen um eine Sache oder eine Befindlichkeit der Schwangeren, über die »frei« verfügt werden könne: Der »nasciturus« wird im Augenblick der Geburt ein »natus« *sein*, ein geborener Mensch. Die Qualität des Geboren-Seins kann nicht getrennt werden oder anders beurteilt werden als die Qualität des Werden und Entstehens. Das »nasci« – Geborenwerden – zielt auf »nasciturus« und »natus«, denn was der nasciturus sein wird als natus: ein Mensch, das ist im Augenblick des Werdens, der Zeugung, bereits in ihm angelegt. Es kann kein Trennungsstrich gezogen werden zwischen einem geborenen Menschen und einem zu gebärenden, denn »auch dem nasciturus kommt Menschenwürde zu«.[54]

Dürig zieht daraus die Folgerung: »Das vom Staat geduldete oder gar legalisierte Töten des Kindes im Mutterleib wäre bereits nach Art. 1 Verfassungsrecht.«[55]

54 Dürig in: Maunz-Dürig, Kommentar zum GG, Art. 1m Abs. 1, N 24, dort auch ist die Literatur zu dieser Frage referiert.

55 Dürig, a. a. O.

Da der Katalog des Grundrechtes auf Grundwerten beruht, kann auch für den moralisch-ethischen Aspekt der Abtreibung nicht unbeachtet bleiben, daß das ungeborene Leben Menschenwürde hat. Daher kann nicht darüber verfügt werden, und es kann nicht zum Objekt des Handelns anderer gemacht werden, sofern nicht das Leben der Mutter bedroht ist. (Von der sozialen, ethischen und eugenischen Indikation wird in dem Abschnitt »Recht auf Leben« die Rede sein). Wird also im Konfliktfall eine Abtreibung erwogen, so hat der im Mutterleib werdende Mensch – so wie alle unmündigen Kinder und entmündigten, unter Vormundschaft stehenden Personen im Grunde Anspruch auf einen Anwalt, damit seine Rechte, seine Würde, sein Leben gewahrt werden. Ich kann nicht verhehlen, daß mich in diesem Zusammenhang der Satz des preußischen Landrechts (I 1, 10), an dem sich nichts drehen und deuteln läßt, tief beeindruckt hat: »Die allgemeinen Rechte der Menschheit gebühren auch den noch ungeborenen Kindern schon von der Zeit ihrer Empfängnis an.« Die Bewahrerin dieser Rechte der Ungeborenen sollte die Mutter sein, ist sie es nicht, sollte es im Konfliktfall der Arzt sein.

Ein weiteres abschreckendes Beispiel dafür, daß Menschen zum Objekt fremden Handelns herabgewürdigt werden können, ist die künstliche Insemination. Es soll hier nicht davon die Rede sein, daß bei einer heterologen Insemination (durch fremden Samenspender) die gewollte Anonymität dazu führt, daß es dem Samenspender völlig gleichgültig ist, was aus »seinem« Kind wird, daß der Ehemann zu einem völlig Unbeteiligten degradiert wird, daß die Mutter es dem Zufall der Retorte überläßt, wer der Vater ihres Kindes ist, sondern ich will hier einzig und allein darauf abheben, daß es zur Würde und zum Selbstbestimmungsrecht jedes Menschen gehört zu erfahren, von wem er abstammt: »Die heterologe Insemination verstößt gegen die Menschenwürde.«[56] Ebenso verstößt gegen die Menschenwürde die Manipulation am Embryo, weil hier »ohne Einverständnis des nasciturus« Eingriffe in sein

56 Dürig, a. a. O. N 39, dort auch Hinweise auf die Rechtsprechung des BHG und Literaturhinweise.

zukünftiges Leben von nicht absehbarer Tragweite vorgenommen werden. Der verständliche Wunsch nach einem Kind kann nicht die medizinischen »Mittel heiligen«. Hier und bei anderen medizinischen Methoden wird man fragen müssen, welcher Begriff von Wissenschaft in der Medizin herrscht. Ist dort immer noch die Auffassung von Hobbes gültig: »Wissenschaft dient nur der Macht. Die Theorie, die in der Geometrie der Weg der Forschung ist, dient nur der Konstruktion! Und alle Spekulation geht am Ende auf eine Leistung aus... Die größte Förderung verdankt das menschliche Geschlecht der Technik«? Diese Wissenschaftsauffassung ist jedenfalls die des Faschismus geworden. Die Definition des Auftrages der Wissenschaft, wie sie Rudolf Steiner gegeben hat, nämlich dem Menschen zu dienen, ist überzeugender:

»Alle Wissenschaft wäre nur Befriedigung müßiger Neugierde, wenn sie nicht auf die Erhöhung des Daseinswertes der menschlichen Persönlichkeit hinstrebte. Den wahren Wert erhalten die Wissenschaften erst durch eine Darstellung der menschlichen Bedeutung ihrer Resultate... Das Wissen hat nur dadurch Wert, daß es einen Beitrag liefert zur allseitigen Entfaltung der ganzen Menschennatur.«[57]

Diese Wissenschaftsauffassung hat ihre Wurzel in der Achtung vor der Würde des Menschen und erhebt sie zur Maxime des wissenschaftlichen Handelns.

2. *Die freie Entfaltung der Persönlichkeit*

Der Artikel 2, Abs. 1 GG ist die eigentliche Begründung des Selbstbestimmungsrechtes des Patienten: »Jeder hat das Recht auf die freie Entfaltung seiner Persönlichkeit, soweit er nicht die Rechte anderer verletzt und nicht gegen die verfassungsmäßige Ordnung oder das Sittengesetz verstößt.« Durch die Bestimmung des Artikels 19, Abs. II, daß »in keinem Fall ein Grundrecht in seinem Wesensgehalt« durch ein Gesetz »angetastet werden darf«, bewirkt das Freiheitsrecht des Artikel 2, Abs. 1, »daß es

57 Rudolf Steiner, Philosophie der Freiheit, Dornach 1965 2. Anhang, Seite 271.

nirgends mehr grundrechtsfreie Lebensbereiche gibt, in denen der Mensch zum Objekt des staatlichen Geschehens gemacht werden darf«. Das sagt Dürig,[58] meines Erachtens mit Recht. Ich füge hinzu, daß unter dem Vorbehalt des »soweit« Satzes des Art. 2, Abs. 1 der Mensch auch in anderen Bereichen, also auch im Gesundheitswesen, nicht zum Objekt irgendeines Geschehens gemacht werden darf, das ihn seines Selbstbestimmungsrechtes beraubt oder ihn darin einschränkt. Ein entscheidender Wesensgehalt des Grundgesetzes ist der, daß es aus offenen Normen besteht, die innerhalb der grundgesetzgemäßen Ordnung der staatlichen Gesetze und des Sittengesetzes Freiheit möglich machen; dieses Freiheitsrecht erlaubt eine eigene Lebensgestaltung innerhalb der Grenzen, die den Menschen davor bewahren, in seiner Freiheit schrankenlos zu werden. Das Grundgesetz hat dafür gesorgt, daß die Bundesrepublik Deutschland nicht ein Weltanschauungs- oder ein von einer bestimmten Ideologie geprägter Staat geworden ist oder werden kann, solange es gewahrt wird. Das Recht zur freien Entfaltung der Persönlichkeit ist darin eingeschlossen. Auf dem Gebiet der Kultur, der Religion und der Wissenschaft findet es sichtbaren Ausdruck: Vielfalt in Freiheit ermöglicht das Grundgesetz innerhalb seiner Grenzen. Ebenso wehrt es ab, daß der Staat sich zum Richter über »richtige« oder »falsche« Wissenschaft oder Medizin erhebt. Eine einseitige Begünstigung oder Rechtfertigung einer bestimmten Wissenschaftsrichtung, z. B. der sogenannten Schulmedizin, durch den Staat berührt das Grundrecht der Wissenschaftsfreiheit, das Selbstbestimmungsrecht des Patienten und die Therapiefreiheit des Arztes.[59] Reglementiert der Staat z. B. den Arzneimittelmarkt derart, daß nur noch chemotherapeutische Medikamente, aber nicht mehr die der anderen Therapierichtungen zur Verfügung stehen, greift er in die genannten Grundrechte ein. Das Recht des Patienten, zwischen verschiedenen Therapierichtungen wählen zu können, also

58 Dürig, a. a. O. Art. 2, Abs. 1, N 31.

59 Burkhardt u. Kienle, die Zulassung von Arzneimitteln und der Widerruf von Zulassungen nach dem AMG 1976, Seite 14.

zwischen einem chemotherapeutischen, homöopathischen, anthroposophischen oder einem Naturheilverfahren, ist ein genuines Freiheitsrecht, das eng mit der freien Arztwahl und der Therapiefreiheit zusammenhängt.

Wie wir am Beispiel der gesundheitlichen Gefahren der Kernenergie gesehen haben, hat der Staat eine Pflicht zum Schutz der körperlichen, gesundheitlichen Integrität. Alles, was darüber hinausgeht, kann »nur als Freiheitsrecht verstanden werden... mit dem Inhalt nämlich, den Zustand persönlichen Wohlbefindens – in den Schranken der Freiheit der anderen – selbst zu bestimmen. Dieses Recht ist aber im Grundrecht der persönlichen Freiheit – als persönlicher Entfaltungsfreiheit – mit enthalten. Denn die Bestimmung des persönlichen Wohlbefindens ist im freiheitlichen Gemeinwesen nicht Aufgabe des Staates, sondern grundsätzlich dem einzelnen aufgegeben.«[60]

Zum Wohlbefinden gehört in der Tat die freie Wahl des Therapeuten und der Therapie. Die voluntas aegroti wird oft mehr zum Wohlbefinden beitragen als das von einem nichtärztlichen Dritten konstatierte salus aegroti, wenn z. B. das Bundesgesundheitsamt den Pluralismus in der Medizin durch »eine einseitige Bevorzugung bestimmter wissenschaftlicher Standards mit technologisch-positivistischem Charakter« vernachlässigt.[61]

Die voluntas aegroti allein als Selbstbestimmungsrecht des Patienten bestimmt Therapie und Therapeuten, weil diese voluntas am ehesten noch auch das salus aegroti bestimmen kann. Was dem Patienten »nutzt und frommt«, ist in erster Linie seine eigene Entscheidung. In letzter Konsequenz ergibt sich aus diesem Recht zur Selbstbestimmung auch die Entscheidung des Patienten.

1. daß er auf den Einsatz moderner medizinischer Apparate auf der Intensivstation des Krankenhauses verzichtet, weil dadurch sein Leben zwar verlängert wird, aber dies nur durch Qualen, Leiden und Isolation erkauft werden kann,

2. daß er Krankheit als einen notwendigen Prozeß begreift, den

60 Jost Gross, a. a. O. Seite 51.

61 Burkhardt und Kienle, a. a. O. Seite 14.

es durchzustehen und zu erleiden gilt, statt sich der Krankheit durch eine medikamentöse Behandlung schneller und bequemer zu entledigen, weil bewußt erlebte Krankheit menschliche Reifung bedeuten kann,

3. daß er es vorzieht, zu Hause innerhalb der Familie zu sterben.

Der Frage, ob der Patient aus dem Recht der Selbstbestimmung des Art. 2, Abs. 1 GG auf freie Entfaltung seiner Persönlichkeit auch das Recht ableiten kann, seinem Leben selber ein Ende zu setzen, will ich nicht ausweichen.

Die Literatur zu diesem Thema ist nicht mehr zu übersehen, daher verzichte ich darauf, sie zu referieren oder einzelne Standpunkte kritisch zu beleuchten. Nach meiner Auffassung steht dem Menschen nicht das Recht zu, bewußt seinem Leben selber ein Ende zu setzen. Wenn dies dennoch geschieht, hat niemand ein Recht, diesen Menschen zu verurteilen oder sich selbstherrlich über ihn zu erheben. Der Selbstmord ist immer eine Tat der Verzweiflung, die sich menschlichem Richterspruch entzieht. Daher stellt unsere Rechtsordnung den Selbstmordversuch nicht unter Bestrafung. Aber dennoch kann dem Menschen nicht a priori das Recht zugebilligt werden, Hand an sich selbst zu legen, denn aus der Sicht des Artikel 2, Abs. 2 des GG (Recht auf Leben und körperliche Unversehrtheit) folgt: »Das Grundrecht auf Leben ist kein Verfügungsrecht über das eigene Leben.« Dazu muß bemerkt werden, daß derjenige, der sich ein Verfügungsrecht über das eigene Leben anmaßt, dann leicht den nur noch sehr kleinen Schritt tun könnte, sich auch das Recht zu nehmen, im guten Willen das Leiden eines anderen zu verkürzen und notwendige Hilfeleistungen zu unterlassen, so daß der Tod eintritt oder zumindest schneller erfolgt. Die Grenze zwischen der Achtung vor dem Sterbenwollen eines Kranken und einer aktiven Sterbehilfe, um das Leiden aus Humanität zu verkürzen, ist sehr leicht zu überschreiten.

Aus der Sicht einer religiös gebundenen Ethik kann weder das Freiheitsrecht »der freien Entfaltung der Persönlichkeit« den

Selbstmord, noch Humanität aktive Sterbehilfe legitimieren. Der Mensch hat sich nicht selber das Leben gegeben, er darf daher weder das eigene wegwerfen noch ein anderes, das kein menschenwürdiges mehr zu sein scheint, beenden. »Das Recht auf Leben besteht im Seienden und nicht in irgendwelchen Werten. Es gibt vor Gott kein lebensunwertes Leben; denn das Leben ist vor Gott wertgehalten. Daß Gott der Schöpfer, Erhalter und Erlöser des Lebens ist, macht auch das armseligste Leben vor Gott lebenswert.«[62] So wie Dietrich Bonhoeffer sieht die gesamte christliche Theologie im Schöpfungsglauben die Tatsache begründet, daß das natürliche Leben sein Recht nicht in sich selbst, sondern in Gott hat. Ob ein Leben menschenwürdig ist oder nicht, unterliegt nicht der Urteilskraft eines anderen Menschen, denn die Verbrechen des Nationalsozialismus, die unter der irreführenden Verwendung des Begriffs »Euthanasie« geschahen, haben dies gezeigt. Der Wunsch eines sterbenden Patienten jedoch, daß auf lebensverlängernde Maßnahmen verzichtet werden soll, weil sie ihm angesichts der Unheilbarkeit seines Leidens sinnlos erscheinen, muß aus der Sicht der gleichen Ethik erfüllt werden, denn dieser Wunsch läßt – theologisch gesprochen – Ergebenheit in den Willen Gottes erkennen, der Leben gibt und nimmt. Bereits Thomas von Aquin geht von einer legitimen Selbstbestimmung des Menschen aus, denn der Mensch ist von seinem Wesen her dazu bestimmt, nicht nur über seine leibliche Existenz, sondern über sich als Ganzes selbst zu verfügen. Das Ziel dieses »Über-sich-selbst-Verfügens« ist die bestmögliche Daseinsform, die der Mensch nicht nur anstreben darf, sondern sogar soll: »Gott wird nämlich nur dann von uns beleidigt, wenn wir gegen unser eigenes Gut handeln.«[63] Hier bereits wird die geistesgeschichtliche Entwicklung der Neuzeit antizipiert, daß die Auffassung des Sittlichen, die im »principium suorum propiorum actuum« liegt, anerkannt wird. Als Korrektiv tritt dann zur Vernunft die Offenbarung

62 Dietrich Bonhoeffer, Ethik, München 1949, Seite 108f.

63 Thomas von Aquin, Summa contra Gentiles III, 122: Non enim Deus a nobis offenditur nisi ex eo quod contra nostrum bonum agimus.

Gottes, mit der er den Menschen wissen läßt, daß Wesen und Würde des Menschen nicht von ihm selbst absolut gesetzt, sondern von Gott gegeben sind. Der konkrete Daseinsvollzug, Würde und Wesen des Menschen entsprechend, ist dann Sache des Menschen und ist seiner Verantwortung anheimgegeben. Denkt man die Frage zu Ende, ob das Recht auf freie Entfaltung der Persönlichkeit das Recht zum Selbstmord einschließt, dann kommt man zu dem Ergebnis, daß allein der christliche Glaube ein begründetes, entschiedenes Nein zum Selbstmord ausspricht. Karl Löwith hat aufgezeigt[64], daß bereits Augustinus im »Gottesstaat«, ausgehend von der Ebenbildlichkeit des Menschen zu Gott, das Tötungsverbot des Dekalogs nicht nur auf andere, sondern auch auf den Selbstmord bezieht. Augustinus mußte sich mit der Lehre der Stoa auseinandersetzen, die im frei gewählten Tod den Beweis menschlicher Würde sah.

Auch Rom sah in den Selbstmorden des Cato und der Lukretia hochgeachtete Beispiele, die Augustinus jedoch verurteilte, weil der Mensch gegenüber Gott kein Recht habe, über sein Leben zu verfügen und alle Leiden und Erniedrungen gering zu bewerten seien gegenüber der Unsterblichkeit der Seele, deren der Mensch durch Selbstmord verlustig gehe. Selbst Kant, wenn er auch vordergründig Gott und die Unsterblichkeit der Seele als moralische Postulate der praktischen Vernunft begreift, zieht die Konsequenz, daß der Mensch als Person sein eigener Zweck ist und weder sich noch andere als Mittel zum Zweck benutzen darf[65] und kann bei dieser Argumentation den im Hintergrund stehenden Glauben nicht verleugnen, daß »die Menschheit«, d.h. das Leben, uns als etwas »Heiliges anvertraut« ist und der Selbstmord den »Absichten des Schöpfers« widerspreche.[66]

Der Vollständigkeit halber sei die andere Linie erwähnt, die sich durch die Geistesgeschichte zieht: Platon im Gorgias[67] und

64 Karl Löwith, Freiheit zum Tode Seite 278.
65 Immanuel Kant, Grundlegung zur Metaphysik der Sitten, Seite 56 und 65 ff.
66 Immanuel Kant, Ethik-Vorlesung, S. 189 und 193.
67 511 c.

Aristoteles in der Eudemischen Ethik[68] werden von der Frage grundsätzlich bewegt, ob es besser sei, geboren zu sein als nicht zu sein. Platon spricht unheilbar Kranken das Lebensrecht ab und sieht es als selbstverständlich an, daß altersschwache Menschen die Welt verlassen.

Auch die Tötung und Aussetzung von mißgeborenen Kindern war in der Antike erlaubt. Die Anschauung, daß Selbstmord erlaubt sei, wird von D. Hume in seiner Schrift »Essays on Suicide and the Immortality of the Soul« fortgesetzt: »... ich danke der Vorsehung sowohl für das Gute, das ich genossen, als für die Macht, womit sie mich ausgestattet, den drohenden Übeln mich zu entziehen. Agamus Deo gratias, quod nemo in vita teneri potest, Seneca Epist. XII«.

Auch Jacob Burckhardt in seiner Griechischen Kulturgeschichte sah im Dasein ein Übel und im Menschen einen Dulder, dessen Selbstmord kein Frevel sei. Der Artikel 2, Abs. 2 des GG gibt also dem Patienten ein Selbstbestimmungsrecht, das allerdings nicht schrankenlos sein kann. Es relativiert sich dort, wo der Patient in Beziehung zu anderen tritt, zum Beispiel zum Arzt, der ebenfalls an Recht und Ethik gebunden ist. Damit sind die aktive Euthanasie und Tötung auf Verlangen ausgeschlossen. In der Regel wird der Patient sein Selbstbestimmungsrecht in der Art und Weise ausüben, daß es dem Ziel der Gesundung förderlich ist. Es kann aber auch Grenzsituationen menschlichen Lebens geben, in denen das Ziel der Heilung oder der Lebensverlängerung hinter das Selbstbestimmungsrecht zurückzutreten hat, weil der Verzicht auf künstliche Lebensverlängerung angesichts nicht mehr zu ertragender Qualen und Schmerzen und einer vollkommenen Ausweglosigkeit nicht nur ethisch legitim ist, sondern auch aus Barmherzigkeit. Mit R. Spaemann muß davor gewarnt werden, daß ein totaler Autonomismus sich wieder durchsetzt, der versucht, Leiden zu mildern und dort, wo er es nicht kann, »da kann man nur den Leidenden oder Sterbenden der Absurdität seines lebensunwerten Lebens überlassen oder aber besser diesem ein Ende ma-

68 1215 b.

chen. Ich halte es für vollkommen sicher, daß die Euthanasie ein großes Come-back erleben wird, sie liegt zu sehr in der Logik dieses Denkens.«[69]

3. Das Recht auf Leben

Das Recht auf Leben ist in seiner Verankerung im Grundrechtskatalog des Grundgesetzes erstmalig in der Geschichte deutscher Verfassungen. Die Väter des Grundgesetzes standen unter dem Eindruck der Gewaltherrschaft des Nationalsozialismus und seiner Verbrechen, die zur »Vernichtung lebensunwerten Lebens«, »zur Endlösung der Judenfrage« und damit zum Genocid geführt hatten, und beabsichtigten damit sicherlich allen folgenden Generationen die Unantastbarkeit menschlichen Lebens tief in das Gewissen einzuprägen.

Unter anderen Gesichtspunkten wird das Recht auf Leben gegenwärtig in der Literatur diskutiert. Wenn im vorigen Kapitel die Frage erörtert wurde, ob ein sterbenskranker Mensch das Recht hat, lebensverlängernde Maßnahmen abzulehnen, so muß diese Frage jetzt erneut betrachtet werden unter dem Gesichtspunkt des Rechts auf Leben.

Jost Gross geht in seiner Dissertation der Frage nach, ob nicht dennoch – auch angesichts der massenweisen Vernichtung sogenannten »lebensunwerten Lebens« im Dritten Reich – Bewertung von Leben notwendig sei, da z.B. »die Feststellung von Leben und Tod unumgänglich eine Bewertung von Leben voraussetze« und da »jede Indikationslösung einer gesetzlichen Regelung des Schwangerschaftsabbruchs notwendigerweise zwischen werdendem und geborenem Leben als Lebensformen unterschiedlicher Schutzwürdigkeit differenzieren muß.«[70]

Gerade in Anbetracht der unvorstellbaren Greueltaten des Dritten Reiches, in dem Undenkbares Wirklichkeit geworden ist, soll

69 R. Spaemann, Christliche Religion und Ethik, in: Philosophisches Jahrbuch 80 (1973) S. 290.

70 Jost Gross, a. a. O. Seite 159.

im folgenden Jörg Paul Müller zitiert werden, der in seinem Aufsatz »Recht auf Leben« festhält: »Das Recht auf Leben schützt den lebenden Menschen in der ganzen Vielfalt seiner Erscheinung und darf nicht in seiner Schutzwirkung nach falsch angewandten Maßstäben einer idealistischen Anthropologie verkürzt werden. Es gibt schlechterdings kein lebensunwertes menschliches Leben, und sei es noch so ausgefallen und einmalig, keines kann gegen das andere aufgewogen werden.«[71]

Eine einzige Ausnahme von diesem Grundsatz, daß Leben und Leben nicht gegeneinander aufgewogen werden dürfen, läßt Dürig vom Standpunkt des Grundgesetzes aus zu: »Wenn aber der nasciturus Inhaber des Grundrechts auf Leben im Sinne des Artikel 2 II, Satz 1 ist, dann trifft den Staat auch hier eine doppelte Verpflichtung. Er muß sich eigener Eingriffe in das ungeborene Leben enthalten (Achtungspflicht), und er muß Angriffe auf das ungeborene Leben, die von Privaten ausgehen, abwehren (Schutzpflicht).« Der Konfliktfall wird nun an zwei Beispielen dargestellt: »Für die Mutter besteht bei Nichtvornahme des Eingriffs eine akute Lebensgefahr, und der Tod der Mutter würde auch zum Tod der Leibesfrucht führen. Da hier der nasciturus auf keinen Fall gerettet werden kann, ist der Eingriff sicher zulässig. Die Frage: Ein Leben oder kein Leben, ist eindeutig damit zu beantworten, daß wenigstens ein Leben gerettet werden muß.

Problematisch ist aber der Fall, wo bei Nichtvornahme des Eingriffs das Kind am Leben erhalten werden kann, die Mutter aber stirbt. Hier steht das Leben der Mutter gegen das Leben des werdenden Kindes; eines muß geopfert werden, um das andere zu erhalten. Die Entscheidung des staatlichen Gesetzgebers fällt für das Leben der Mutter, sie ist sachlich gerechtfertigt und verstößt nicht gegen die Verfassungsvorschrift des Art. 19 II. Das Güterabwägungsprinzip kann hier allerdings nur sehr bedingt herangezogen werden, da es sich beide Male um ›Leben‹, also um gleichwertige Güter handelt.

71 J. P. Müller, Recht auf Leben, Zeitschrift für Schweizerisches Recht, 1971, Seite 463.

Bei dem Leben der Mutter – und das sollte auch die Moraltheologie beachten – muß der Staat aber einen Pflichtenkonflikt lösen, für dessen Lösung bedeutsam ist, daß es bei dem Leben der Mutter nicht nur um ihre eigene Existenz geht. In den meisten Fällen – sicherlich wenn noch weitere Kinder auf die Mutter angewiesen sind – geht es auch um Existenz von Ehe und Familie, also ebenfalls um so natürliche, vorstaatliche Werte wie die rein biologische Einzelexistenz (vgl. auch Art. 6 I).«[72]

Dürig lehnt die anderen Indikationen (eugenische, ethische und soziale) aus verfassungsrechtlichen Gründen ab, da weder spätere physische oder psychische Krankheit des werdenden Kindes noch ein verbrecherischer Angriff auf die Mutter die Tötung des Kindes rechtfertigen könnten, insbesondere sei die soziale Indikation abzulehnen, da »die Sozialentscheidung des GG (Art. 20, 28, 79 III) den Argumenten für die soziale Indikation ihre Berechtigung«[73] entzogen habe.

Ethisch-sittlich läßt sich in der Tat eine Abtreibung mit der einen Ausnahme der medizinischen Indikation nicht rechtfertigen, da Abtreibung Tötung von menschlichem Leben ist.

Jedoch vermag ich Dürig nicht zu folgen, wenn er aus der Sicht des GG folgert: »Wenn es die Strafvorschrift des § 218 StGB nicht gäbe, müßte sie – vom verfassungsrechtlichen Standpunkt aus – der Gesetzgeber einführen.«[74]

Die Strafvorschrift des § 218 StGB hat sich als eine stumpfe und falsche Waffe erwiesen, ungeborenes Leben zu schützen, denn sie bewirkte nur, daß Frauen in der Dunkelzone der illegalen Abtreibung von Hilfsangeboten des Staates, caritativer Organisationen oder privater Personen nicht erreicht wurden und die Sozialentscheidung des Grundgesetzes somit nicht zum Tragen kommen konnte.

Das Recht auf Leben nach Art. 2, Abs. 2 des GG verpflichtet

72 Dürig: GG Abs. II Art. 2 – Das Recht auf Leben als Recht auf biologisch-physische Existenz.

73 Dürig, a. a. O. Art. 2 Abs. II N 24.

74 Dürig, a. a. O. Art. 2, Abs. II N 22.

also den Staat, Leben zu schützen. Dies gilt für den Beginn des Lebens vom Zeitpunkt der Zeugung an bis zu dem des Todes. Ganz entschieden muß allen menschlich noch so verständlich erscheinenden Überlegungen entgegengetreten werden, »die Freigabe der Vernichtung lebensunwerten Lebens«, wie die bekannte Schrift von Bindig-Hoche im Jahre 1920 lautete, sei angesichts von »Monstren, bei denen keinerlei Merkmal eines seelischen Bewußtseins erkennbar ist«[75], die die »Stufe menschlicher Seinsform nie erreichen«[75], die nur »vegetieren«, bedenkenswert. Im Reichstagsausschuß äußerte 1929 der Abgeordnete Moses, durch nichts sei er im Leben so erschüttert worden wie durch den Anblick von »20 bis 30 Jahre alten Menschen in Bethel, die noch nie aus dem Bett gekommen seien, die noch unter sich machten, die nicht hätten reden, sondern nur lallen können, die, wie ein Mediziner gesagt habe, nichts als Stoffwechselmaschinen seien.«[76]

Das Recht auf Leben, ob am Anfang, ob am Ende, ist unteilbar, andernfalls wird das Vertrauen zur Ärzteschaft untergraben und das Pflicht- und Verantwortungsbewußtsein gegenüber den Mitmenschen abgebaut, ganz abgesehen davon, daß kein Mensch dazu berufen ist, Richter über Leben und Tod zu sein.

Umstritten ist die Frage, inwieweit der Arzt einem Sterbenden schmerzlindernde Mittel verabreichen darf, wenn dadurch die Gefahr entstehen könnte, daß das Leben verkürzt wird. Mehrere Autoren vertreten die Auffassung, daß gegen den eigenen Willen des Kranken keine Schmerzlinderung stattfinden dürfe, sonst läge eigenmächtige Heilbehandlung oder sogar Nötigung vor.[77] Der Arzt und Dichter Gottfried Benn geriet mit seinem Vater, einem Pfarrer strenger Observanz, in einen schweren Konflikt, weil dieser dem Sohn untersagte, der an Brustkrebs erkrankten und sich mit unerträglichen Schmerzen quälenden Mutter Mor-

75 Catel, Grenzsituationen des Lebens, Juristenzeitung 1964, Seite 37f.
76 Reichstagsausschuß, 68. Sitzung, Seite 6.
77 so Paul Bockelmann, Strafrecht des Arztes, S. 25; Eb. Schmidt in: A. Ponsold, Lehrbuch der gerichtl. Medizin, S. 12/13; Kohlhaas, Medizin u. Recht S. 10.

phium zu verabreichen, »wie es in Berlin sogar bei den ärmsten Spitalinsassen in solchen Fällen ein Gebot der Menschlichkeit war«, weil die von Gott geschickten Schmerzen demütig hinzunehmen seien.[78]

Im Gegensatz dazu hat der Abgeordnete Moses im 21. Ausschuß des Reichstages der 4. Wahlperiode, 64. Sitzung, offen bekannt, daß er »in vielen Fällen dadurch Sterbehilfe geleistet habe, obwohl er sich dabei bewußt gewesen sei, daß dadurch die Lebensdauer höchstwahrscheinlich abgekürzt werden würde«, der Arzt handele in solchen Fällen »nach bestem Wissen und Gewissen«.[79]

Seit den zwanziger Jahren hat die Medizin enorme Fortschritte erzielen können: Menschliches Leben kann, oft unter großen Leiden des Patienten, verlängert werden. Der Siegeszug der sogenannten Apparate-Medizin hat mit der Organtransplantation neue Möglichkeiten eröffnet. »Zur Erklärung dieser Sachlage müssen kurz die Bedürfnisse der Transplantationschirurgie geschildert werden. Das Spendeorgan muß vollständig gesund sein und stammt deshalb meist von jungen Menschen. Gleichzeitig muß der Spender ›tot‹ sein. Eine prägnante Formulierung lautet: ›Der Spender soll so tot wie nötig sein, das Transplantat aber noch so lebendig wie möglich sein.‹ Der typische Organspender ist ein junger Mensch mit schwerster Schädelverletzung bei sonst gesundem Körper, häufig ein Motorradfahrer mit Unfall ohne Sturzhelm. Das Zeitintervall zwischen Schädelverletzung, d.h. Gesamthirntod, und Organentnahme, d.h. Abstellen der Beatmungsmaschine, darf 48 Stunden nicht überschreiten, da sonst das Spendeorgan, meist eine Niere, infolge ungenügender Durchblutung im Organempfänger nicht mehr funktionstüchtig ist. Diese äußerst kurze Zeitlimite bedingt absolut sichere, strenge und einschränkende Kriterien zur Todesbestimmung (in den Worten des Papstes: Wesen des Todes), da in dieser Situation das sonst wichtigste Kriterium des Arztes zur Diagnose der Irreversibilität

78 Walter Lennig, Gottfried Benn, Rowohlts-Monographie Seite 28.
79 Ausschußprotokoll Seite 3.

der Bewußtlosigkeit, nämlich die lange Beobachtung des Krankheitsverlaufes, fehlt.«[80]

Aber auch neue ethische Probleme werden aufgeworfen, die oft kaum lösbar sind. Im Jahre 1968 hat die Harvard Medical School ihre Regeln über die Organtransplantation unter dem Titel »A definition of irreversible coma« veröffentlicht. Diese Probleme der Organtransplantation haben es mit sich gebracht, daß man zur Feststellung des Todes und Todeszeitpunktes nicht mehr vom »Herztod« spricht, sondern den Begriff des Hirntodes eingeführt hat. Aufgrund der verbesserten technischen Möglichkeiten der Medizin werden aber auch immer mehr permanent bewußtlose Patienten durch künstliche Beatmung am Leben erhalten. Daher stellt sich die Frage nach dem Sinn einer weiteren künstlichen Lebensverlängerung (oder Verlängerung des Sterbeprozesses) neu. Hilfreich und zutreffend für die Bestimmung über den Eintritt des Todes und der zu ergreifenden Maßnahmen ist die Meinung des Weltärztebundes in seiner Deklaration von 1968 in bezug auf die Einstellung weiterer medizinischer Maßnahmen bei Bewußtlosen: »Clinical interest lies not in the state of preservation of isolated cells, but in the fate of a person.« (Das klinische Interesse liegt nicht im Erhaltenszustand einzelner Zellen, sondern im Schicksal der Person.) Dies geht über die Harvard-Kriterien hinaus, denn hier wird der Mensch in seiner personalen Gesamtheit gesehen und nicht nur in seiner biologischen Funktionalität. Urs Peter Haemmerli berichtet in seinem Aufsatz »Medizin und Menschenrecht«[81] über die Stellungnahme des Moraltheologen und Ethikers Prof. A. Sustar vor der nationalrätlichen Kommission der Schweiz zu einer parlamentarischen Initiative über die passive Sterbehilfe: »Der Grenzfall wird wesentlich durch das irreversible Absterben des personalmenschlichen Lebens gekennzeichnet. Es wird sich also um einen Bewußtlosen handeln, bei dem nach medizinischer

80 Urs Peter Haemmerli, in: Vorgänge, Zeitschrift für Gesellschaftspolitik, Nr. 36 (1978), Seite 63.

81 Urs Peter Haemmerli, a. a. O., Seite 36.

Erkenntnis keine Aussicht mehr besteht, daß er zu personalmenschlichem Leben zurückgerufen werden kann.«

Prof. A. Sustar definiert die Aufgabe des Arztes bei unheilbar kranken Sterbenden, die nicht mehr die absolute Pflicht zur Lebensverlängerung sein kann, sondern anderen Inhalt haben muß, folgendermaßen:

– die Pflicht, den Patienten seinen menschenwürdigen Tod sterben zu lassen,
– die Pflicht, nicht durch technische Mittel das biologische Leben beim Persönlichkeitstod sinnlos zu verlängern,
– die Pflicht, den Willen des Patienten zu respektieren, der auf außerordentliche und unangemessene Eingriffe verzichten will, weil er seinen unausweichlichen Tod annimmt und bejaht,
– die Pflicht, die Grenzen des technisch Möglichen der ärztlichen Kunst einzugestehen,
– die Pflicht, den unheilbar Kranken nicht nur noch als Experimentierobjekt zu betrachten.

Wer jedoch entscheidet, ob Leben verlängert wird oder nicht? Erwin Deutsch unterscheidet zwischen willensabhängiger und willensunabhängiger Sterbehilfe. Für die erstere ist sowohl ethisch als auch juristisch anerkannt, »daß nicht jede Lebensverlängerung einen Wert darstelle, sowie, daß der Patient ein rechtlich und moralisch anerkanntes Selbstbestimmungsrecht hat, ob seine sinkenden Kräfte noch medizinisch unterstützt werden dürfen oder nicht.«[82]

Für die willensunabhängige Sterbehilfe zieht Deutsch in Erwägung, daß ein Ausschuß dem Arzt zur Seite stehen könnte. Auch verweist er auf ein Patienten-Testament, das in Kalifornien durch den Natural Death Act 1977 eingeführt worden ist, jedoch wenig Anklang gefunden hat. Wenn Deutsch mit dem Satz »Eine aktive Euthanasie erkennen wir... noch nicht an« eine bestimmte Richtung andeuten will, so widerspreche ich. Wenn er andererseits in diesem Zusammenhang formuliert: »Insbesondere gewinnt die

82 Erwin Deutsch, Die rechtliche Seite des menschenwürdigen Sterbens, in: Vorgänge, Zeitschrift für Gesellschaftspolitik Nr. 36 (1078), Seite 76.

Qualität des Lebens den Vorrang gegenüber der Länge des Lebens«, so stimme ich zu, denn es ist auch eine Sache der Barmherzigkeit, wenn die Erleichterung unerträglicher Schmerzen gleichzeitig nicht lebensverlängernd wirkt. Den Gedanken vom lebensunwerten Leben aber darf es nie wieder geben. »Es gibt Wesen, die nicht mehr *lebensfähig* sind. Ihnen muß das Recht auf ihren Tod zuerkannt werden. Wir dürfen nicht zu einer Gesellschaft werden, die das Fleisch mehr achtet als den Geist.«[83]

4. Das Recht auf körperliche Unversehrtheit

Das Recht auf körperliche Unversehrtheit ist ebenso wie das Recht auf Leben ausschließlich ein Recht des Bürgers auf Schutz seiner Gesundheit durch den Staat, so weit der Staat dazu verpflichtet und in der Lage ist. Die Überlegungen, die im Parlamentarischen Rat dazu geführt haben, dieses Recht in den Rang eines Grundrechtes zu erheben, hatten – ätiologisch gesehen – ihren Ursprung ebenfalls in den Erfahrungen mit den Verbrechen des Dritten Reiches: Zwangssterilisationen sollten mit diesem Recht auf körperliche Unversehrtheit ausgeschlossen werden, nachdem mit der staatlichen Zwangssterilisation von Kranken im Dritten Reich auch an diesem Punkt die Menschenrechte mißachtet worden waren.[84]

»Die zwangsweise Kastration (Sterilisation) verstößt gegen die Menschenwürde (und damit gegen den Wesensgehalt des Grundrechts auf körperliche Unversehrtheit), weil sie den Menschen zum Objekt des staatlichen Geschehens degradiert und Praktiken ausliefert, die der Tierzucht angehören.«[85] Diese Feststellung von Dürig macht auch an dieser Stelle wieder deutlich, daß die Wahrung der Menschenwürde nicht nur oberste Richtschnur allen staatlichen Handelns sein muß, sondern auch alle Menschen-

83 a. a. O., Seite 60.
84 F. v. Mangoldt, Archiv des öffentlichen Rechts 75, Seite 280.
85 Dürig, a. a. O., Art. 2, Abs. 2 GG N 32.

rechte und damit auch alle Patientenrechte hier ihre unverletzbare Grundlage haben.

Dürig gliedert das Recht auf körperliche Unversehrtheit in vier Punkte auf:[86]

»a) Der menschliche Körper muß so beschaffen bleiben, daß er Leben weitergeben kann (Grundrecht auf Freiheit vor Unfruchtbarmachung).

b) Der menschliche Körper muß in einer objektiven Substanz belassen werden (Grundrecht auf Freiheit vor Verletzungen der körperlichen Gesundheit).

c) Der menschliche Körper muß so beschaffen bleiben, daß er dem Menschen keine Schmerzen vermittelt (Grundrecht auf Freiheit vor Schmerzen).

d) Der menschliche Körper muß so beschaffen bleiben, daß das subjektive Interesse an der äußeren körperlichen Erscheinung nicht verletzt wird (Grundrecht auf Freiheit vor Verunstaltungen).«

Eine freiwillige Unfruchtbarmachung ist zulässig, wenn sie Heilzwecken dient und medizinisch indiziert ist, z.B. ein Unterleibskarzinom entfernt werden muß, ebenfalls wenn sie medizinisch-kriminologisch indiziert ist, weil z.B. der Patient von einem entarteten Geschlechtstrieb befreit werden will. Als unzulässig wird in der Literatur die eugenische Indikation der Unfruchtbarmachung angesehen, selbst wenn sie auf absolut freiwilliger Basis beruht.[87] Kienzle sieht es als »ethisches Postulat« an, »daß über die Zulässigkeit einer eugenisch indizierten Sterilisation nur in einem rechtlich geregelten Verfahren entschieden wird.«[88]

Allerdings muß ich dem Diktum von Dürig und Kienzle[89] widersprechen, die soziale Indikation der Unfruchtbarmachung sei unzulässig, denn es ist nicht einzusehen, daß die Sterilisation bei Eheleuten, sei es Mann oder Frau, die bereits Kinder haben, abgelehnt wird, denn angesichts der Unverträglichkeit vieler oraler

86 Dürig, a.a.O., Art.2, Abs.2 GG N 30.
87 cf Kienzle, Goldtammer's Archiv für Strafrecht 57, Seite 68 ff.
88 Kienzle, a.a.O., Seite 72.
89 Dürig, a.a.O., Art.2, Abs.2 GG N 33, Kienzle, a.a.O., Seite 74.

Ovulationshemmer und ihrer immer noch nicht völlig abzuschätzenden Spätfolgen ist eine Sterilisation aus sozialer Indikation vorzuziehen, insbesondere wenn man eine Abtreibung aus sozialer Indikation ablehnt.

Unbestritten ist, daß niemand zwangsweise für wissenschaftliche Experimente »eingesetzt« oder »zur Verfügung« gestellt wird.

Dies gilt besonders im Hinblick auf Strafgefangene. Auch hier ist zu beachten, daß der Mensch nicht zum Mittel entwürdigt werden darf und das Recht auf körperliche Unversehrtheit in der Würde des Menschen wurzelt.

Das Recht des ärztlichen Heileingriffes ist an dieser Stelle allein aus der Sicht des Verfassungsrechtes zu betrachten. Die konservative Strafrechtsdogmatik geht davon aus, »daß auch der Heileingriff den äußeren Tatbestand des Art. 2, Abs. 2 Satz 1 erfüllt und daher durch einen Unrechtsausschließungsgrund gerechtfertigt werden muß.«[90] Modernere Richtungen der Strafrechtsdogmatik verneinen bei normalen ärztlichen Heileingriffen die äußere Tatbestandsmäßigkeit einer Körperverletzung. Verfassungsrechtlich gesehen »sind Heileingriffe ohne Einwilligung des Betroffenen unzulässig. Das Grundrecht auf körperliche Unversehrtheit wäre in seinem Wesensgehalt getroffen, wenn der Staat nicht prinzipiell gehalten wäre, lediglich die Einwilligung des Betroffenen als Rechtfertigungsgrund des Heileingriffs anzuerkennen. Diese sich aus Art. 2, Abs. 2 Satz 1 ergebende Sperre gegen ärztliche Eingriffe ohne Einverständnis des Kranken wird klar gesehen von dem insoweit grundsätzlichen Urteil B G H St vom 28. 11. 1957.[91]

»Dabei ist gar nicht zu bezweifeln, daß durch dieses Erfordernis der Einwilligung auch Heileingriffe aus ganz unvernünftigen Gründen (übertriebene Angst, Eitelkeit usw.) unterbleiben müssen. Aber wie jedes Freiheitsrecht enthält auch das Recht auf körperliche Unversehrtheit das Recht auf objektiv falsche Entscheidungen und ein immanentes Risiko des Scheiterns (hier der Gesundheitsverschlechterung durch Verweigerung des Heilein-

90 Dürig, a. a. O., Art. 2, Abs. 2, GG N 36.

91 Neue Juristische Wochenschrift 58, Seite 267 f.

griffs).«[92] Nach Dürig sind jedoch die ärztlichen Heileingriffe als »wirkliche Zwangsheilungen, also die Eingriffe, die gegen den Willen des Betroffenen unmittelbar in das Grundrecht auf körperliche Unversehrtheit eingreifen«[93], zu rechtfertigen, wenn selbstverständlich »die Volksgesundheit« erhalten werden muß. Der Impfgegner z. B. müsse sich vor Augen halten, daß es »um die medizinische Abwehr jener Krankheiten, die sich mit ihrem Auftreten auf eine theoretisch unbegrenzte Zahl von Mitmenschen übertragen können«[94], geht. Die Motive der Zwangsheilungen zwecks Seuchenbekämpfung und zwecks Bekämpfung übertragbarer Krankheiten seien nicht im geringsten sachfremd. Dem ist allerdings hinzuzufügen, daß dann der Staat auch Entschädigung für Impfschäden zu leisten hat.

Angesichts von Impfschäden ist auch die Frage zu stellen, wieweit die Aufopferungspflicht des einzelnen gegenüber der Gesamtheit der Bürger geht, solange überhaupt einzelne Impfungen wie z. B. Pockenimpfungen fragwürdig sind. Auch wäre denkbar, daß Arbeitgeber aus verständlichen Motiven an einer Impfpflicht gegen Grippe interessiert sein könnten, um die Zahl der Krankmeldungen in den Betrieben zu senken, was sozialpolitisch bedenklich wäre, da auch Krankenversicherungen sich einem derartigen Petitum anschließen könnten, was aber auch medizinisch bedenklich wäre, da viele Krankheitsverläufe »ausgelebt« werden müssen und nicht durch bestimmte Heilmaßnahmen »abgeschnitten« werden dürfen.

Auch Otfried Seewald kommt zu dem Ergebnis, daß »Einschränkungen des Grundrechtes auf körperliche Unversehrtheit grundsätzlich nur dann zulässig sind, wenn sie nicht zu einer Minderung der Gesundheit... führen«.[95] Dieses Verfassungsrecht sei »nur unter der Voraussetzung einschränkbar, daß damit zugleich Gesundheitsgefahren für andere Personen abgewendet wer-

92 Dürig, a. a. O., Art. 2, Abs. 2 GG N 37.
93 Dürig, a. a. O., Art. 2, Abs. 2 GG N 39.
94 Dürig, a. a. O., Art. 2, Abs. 2 GG N 39.
95 Otfried Seewald, Zum Verfassungsrecht auf Gesundheit, Seite 127.

den«.[96] Die Möglichkeit, das Recht auf körperliche Unversehrtheit einzuschränken, bestehe »nur in geringem Umfang, nämlich insoweit, als die zu erwartenden Beeinträchtigungen des Beschwerten lediglich gering sind und/oder nur eine geringe Wahrscheinlichkeit für ihr Eintreten besteht«.[97] Auch hier gilt »in erster Linie der Grundsatz, daß der Staat seine Bürger nicht zu ihrem Glück – hier: zu ihrer Gesundheit – zwingen darf, daß jeder Bürger also frei ist in der Entscheidung, ob er mit seiner Krankheit leben will oder sich einer – möglicherweise gesundheitsgefährdenden – Behandlung unterziehen will. Dieser Gesichtspunkt für die Frage der Beschränkbarkeit des Grundrechts auf körperliche Unversehrtheit läßt sich als freiheitliche Komponente jedes Grundrechts oder als ein gleichzeitiges Eingreifen von Spezialgrundrecht (Art. 2 Abs. 2 GG) und dem ›Recht auf freie Entfaltung der Persönlichkeit‹ (Art. 2 Abs. 1 GG) begreifen. Wenn zu der einzigen Ausnahme von diesem Grundsatz das Interesse der Mitbürger legitimiert, ihrerseits von – ansteckenden – Erkrankungen freizubleiben, so ist damit zugleich auch festgelegt, welches öffentliche Interesse von solchem Rang ist, daß es eine zwangsweise Heilungsmaßnahme zuläßt, ja sogar erfordert: Der Gesundheit des einer Zwangsheilung Unterworfenen wird lediglich die Gesundheit – sowie natürlich das Leben – der gefährdeten Mitbürger als gleichwertig erachtet.«[98] Das Recht auf Leben und auf körperliche Unversehrtheit sind also Rechte auf Schutz durch den Staat vor Gefahren, die Leben und Gesundheit bedrohen. Einige Beispiele möchte ich noch anführen, die neben den klassischen Schutzparagraphen des Strafrechtes zu nennen wären: § 311 a, Abs. 1, Satz 1 StGB bestraft den Mißbrauch ionisierender Strahlen, § 324 StGB gemeingefährliche Vergiftung. § 16 Abfallbeseitigungsgesetz bestraft denjenigen, der Abfälle, die Gifte oder Erreger übertragbarer Krankheiten enthalten, sachfremd lagert oder behandelt.

Das Arzneimittelgesetz verbietet u. a. das Inverkehrbringen

96 derselbe, a. a. O. Seite 125.
97 derselbe, a. a. O., Seite 125.
98 Otfried Seewald, Zum Verfassungsrecht auf Gesundheit, Seite 124.

von »schädlichen« Arzneimitteln, die z. B. nach Ablauf des Haltbarkeitsdatums die Gesundheit schädigen könnten. Das Atomgesetz ahndet eine Reihe von Gesetzesverstößen, wenn durch Kernspaltung oder ionisierende Strahlen Gefahren für Leib und Leben entstehen. Nach dem Betäubungsmittelgesetz werden »Dealer«, die mit Opium, Morphium, LSD, Heroin und anderen Drogen handeln und jemand »in die Gefahr des Todes« bringen, bestraft. Ebenso enthält das Lebensmittelgesetz eine Reihe von Strafbestimmungen mit gesundheitsschützender Funktion. § 8 des Lebensmittelgesetzes verbietet das Inverkehrbringen von gesundheitsschädigenden Stoffen in Lebensmitteln, § 24 ff. sagt das gleiche über schädliche Stoffe in Kosmetika. Das Recht auf freie Entfaltung der Persönlichkeit findet also auch eine Grenze an Leben und Gesundheit anderer.

5. *Das Recht auf Schutz vor seelischen und körperlichen Mißhandlungen*

Das Verbot, festgehaltene Personen seelisch oder körperlich zu mißhandeln, das in Art. 104, Abs. 1, Satz des GG festgelegt ist, sei hier der Vollständigkeit halber festgehalten. Der besondere Schutz, unter den Gefangene gestellt werden, ist eine »Konkretisierung der in Art. 1, Abs. 1 GG anerkannten und unter Schutz gestellten Würde des Menschen«.[99] An dieser Stelle des Grundgesetzes wird der Schutz des Gefangenen vor seelischen und körperlichen Mißhandlungen innerhalb anderer Rechtsgarantien für ihn besonders betont. Die Väter des Grundgesetzes haben dies angesichts der Mißhandlungen der politischen Gefangenen im Dritten Reich für erforderlich gehalten. Zur körperlichen Mißhandlung zählt unter anderem: »Einschließung in zu enge oder feuchte Zellen, grelle Beleuchtung, unzureichende hygienische Verhältnisse.«[100]

99 Dürig, a. a. O., Art. 104 GG, N 20.
100 Dürig, a. a. O., Art. 104 GG N 21.

Zur seelischen Mißhandlung ist zu rechnen: »Beleidigungen, Bloßstellungen, Vorenthalten der Post, unnötige psychologische Testversuche, Entzug jeglicher Literatur, ... Wahrheitsdrogen oder narcoanalytische Mittel...«[101]

Auch an dieser Stelle wird wieder deutlich, daß der Staat die Pflicht hat, alles zum Schutz der Gesundheit seiner Bürger zu tun, was möglich ist. In ganz besonderer Weise gilt dies für Gefangene, die zwar in ihren Freiheitsrechten eingeschränkt sind, aber gerade deswegen und im Hinblick darauf, daß der Staat in besonderer Weise für sie verantwortlich ist, der besonderen Fürsorge des Staates für ihre Gesundheit bedürfen. Über dem Selbstbestimmungsrecht des Gefangenen in seiner Eigenschaft als Patient wird der Gefängnisarzt besonders zu wachen haben.

Im Deutschen Ärzteblatt hat sich Günter Last unter der Überschrift »Der Arzt im Konflikt«[102] über seine Erfahrungen als Gefängnisarzt mit inhaftierten Mitgliedern der »Rote-Armee-Fraktion« geäußert, die in den Hungerstreik traten und auf Anweisung der Gefängnisleitung zwangsernährt werden sollten: »Während des RAF-Hungerstreiks fühlte ich mich, wie auch andere Ärzte, von der Justiz alleingelassen, unter Druck gesetzt und mit leblosen Paragraphen in bestem Juristendeutsch bedroht. Ich sollte, so deutete ich die diversen amtlichen Schreiben an mich, die hungernden Gefangenen um jeden Preis zwangsernähren, und zwar gegen deren ausdrücklichen Willen. Dabei gibt es selbst bei schweren Krankheitsfällen keine Möglichkeit für den Arzt, einen Patienten ohne sein Einverständnis zu behandeln. Das hat auch in Justizvollzugsanstalten noch seine Gültigkeit. Außerdem verneint die Deklaration der Generalversammlung des Weltärztebundes vom Jahre 1975 ausdrücklich die Zwangsernährung von zur freien Willensbildung fähigen Gefangenen.« Die Gefängnisleitung akzeptierte diese Haltung nicht, so daß sich Günter Last gezwungen sah, das Arbeitsverhältnis als Gefängnisarzt zu kündigen.

101 Dürig, a.a.O., Art. 104 GG N 22.

102 Deutsches Ärzteblatt, 80. Jahrgang, Heft 40, Seite 55–60.

IV. Das Selbstbestimmungsrecht des Patienten in den Deklarationen des Weltärztebundes

Die Deklarationen des Weltärztebundes – im Anhang dieser Arbeit wiedergegeben – spiegeln weltweite Entwicklungen des Gesundheitswesens wider, sei es auf dem Gebiet der medizinischen Wissenschaft, sei es auf dem Feld allgemeiner politischer Entwicklungen, sei es auf dem besonderen Feld der Sozialpolitik. So hat die XXIX. Generalversammlung des Weltärztebundes in Tokio im Jahre 1975 eine Deklaration über Grundsätze biomedizinischer Forschung verabschiedet und damit die Deklaration der XVIII. Generalversammlung von Helsinki im Jahre 1964 fortgeführt, die Empfehlungen an die Ärzte für die Durchführung wissenschaftlicher Versuche am Menschen herausgegeben hat.

Weltweite politische Entwicklungen finden ihren Niederschlag in der Deklaration von Tokio (1975) über ärztliches Verhalten bei Gefangenen: »Richtlinien für Ärzte bei Folterungen, Grausamkeiten und anderen unmenschlichen oder die Menschenwürde verletzenden Handlungen oder Mißhandlungen in Verbindung mit Haft und Gefangenschaft.« Bei sozialpolitischer Fragestellung enthält die Deklaration von Oslo (XXIV. Generalversammlung des Weltärztebundes 1970) eine klare Absage an die soziale Indikation des Schwangerschaftsabbruches: »Eine Schwangerschaftsunterbrechung sollte nur als therapeutische Maßnahme durchgeführt werden.« Dies ist zugleich eine Aussage zum Ethos des Arztberufes – wie auch in der Deklaration von Tokio Ärzte aufgefordert und ermutigt werden, sich jeder Mitwirkung bei unmenschlicher und entwürdigender Behandlung von Gefangenen zu widersetzen, so daß sich hier eine Parallele zum Artikel 104, Abs. 1, Satz 2 ergibt.

Von entscheidender Bedeutung jedoch ist, daß in den Deklarationen des Weltärztebundes und nicht etwa in Verlautbarungen der WHO das Selbstbestimmungsrecht des Patienten manifestiert und weiterentwickelt worden ist.

Vergleicht man das Ärztegelöbnis des Weltärztebundes aus dem Jahre 1948 und die Neuformulierung in der Deklaration des Weltärztebundes von Sydney aus dem Jahre 1968, so wird deutlich, daß erstens das Ethos des ärztlichen Berufes neben der primären Begründung des Selbstbestimmungsrechtes des Patienten durch die Menschenwürde eine weitere Begründung dieses Selbstbestimmungsrechtes darstellt, daß zweitens das Selbstbestimmungsrecht verstärkt worden ist. Hieß es 1948: »Die Gesundheit meines Patienten wird meine erste *Erwägung* sein«, so lautet 1968 der Satz: »Die Gesundheit meiner Patienten wiederherzustellen und zu erhalten, wird mein erstes Gebot sein.« Die ärztliche Schweigepflicht wird 1968 »über den Tod des Patienten hinaus« erweitert. Das Recht des Patienten auf vertrauliche Behandlung alles dessen, was ihn betrifft, hat also seinen Garanten im Ethos des Arztes, in der Schweigepflicht. Ähnlich verhält es sich mit dem Recht des Patienten auf Aufklärung. In der Deklaration des Weltärztebundes von Helsinki im Jahre 1964 wird der Arzt verpflichtet, im Rahmen eines therapeutischen Versuchs – der grundsätzlich nur gestattet ist, wenn die neue therapeutische Maßnahme die Hoffnung bietet, das Leben des Patienten zu retten, seine Gesundheit wieder herzustellen oder seine Leiden zu lindern –, den Patienten aufzuklären und seine freie Zustimmung einzuholen. Diese Deklaration wurde 1975 in Tokio revidiert und erweitert: »Bei jedem medizinischen Versuch sollte sichergestellt sein, daß alle Patienten – einschließlich derer einer eventuell vorhandenen Kontrollgruppe – die beste bewährte diagnostische und therapeutische Methode zur Verfügung gestellt erhalten.«

Umfassend niedergelegt sind die Grundrechte der Patienten in der Deklaration des Weltärztebundes von Lissabon im Jahre 1981:

- Der Patient hat das Recht auf freie Arztwahl.
- Der Patient hat das Recht von einem Arzt behandelt zu werden,

der seine klinischen und ethischen Entscheidungen frei und ohne Einfluß von außen treffen kann.

– Der Patient hat das Recht, einer Behandlung nach angemessener Aufklärung zuzustimmen oder sie abzulehnen.

– Der Patient hat das Recht zu erwarten, daß der Arzt über seine medizinischen und persönlichen Daten Schweigen bewahrt.

– Der Patient hat das Recht, in Würde zu sterben.

– Der Patient hat das Recht auf geistige und moralische Unterstützung, die er auch ablehnen kann; das schließt das Recht auf den Beistand eines Geistlichen seiner Religion ein.

Kritisch anmerken möchte ich, daß die Formulierung »Der Patient hat das Recht zu *erwarten*, daß der Arzt ...Schweigen bewahrt« zumindest eigenartig anmutet. Meines Erachtens hätte es besser heißen müssen: »Der Patient hat das Recht, darauf zu bestehen, daß...« oder: »Der Patient hat das Recht, zu fordern, daß...«, oder: »Der Patient hat das Recht, zu beanspruchen, daß...« Betont werden muß, daß die in Lissabon versammelten Vertreter der ärztlichen Berufsorganisationen einstimmig beschlossen, diesen Patientenrechten in allen Ländern Geltung zu verschaffen, auch wenn in einigen Ländern die Regierung dem Widerstand entgegensetzen sollte. Daraus geht hervor, daß nicht weltweite politische Organisationen sich der Patientenrechte angenommen haben, sondern die Weltärzteorganisation. Das Selbstbestimmungsrecht des Patienten hat also im Arzt keinen Gegner, sondern einen Befürworter; ideal ist es, wenn der Arzt auch Bewahrer und Vorkämpfer des Selbstbestimmungsrechtes des Patienten ist. Denn das Selbstbestimmungsrecht des Patienten ist in seinem Wesensgehalt – Aufklärung, Zustimmung, Mitbestimmung – ein demokratisches Element und daher nicht unbedingt immer in Diktaturen willkommen. Aus ganz anderen Gründen – nämlich aus Kostengründen – kann das Selbstbestimmungsrecht des Patienten nicht seine volle Entfaltung erfahren, wovon noch die Rede sein muß. In der 90. Sitzung der 9. Wahlperiode des Deutschen Bundestages habe ich die Bundesregierung gefragt: »Haben nach Ansicht der Bundesregierung die vom Weltärztebund in Lissabon deklarierten Patientenrechte auch für die Bundesrepublik Deutschland uneingeschränkt Geltung, oder wird eine Einschränkung dieser Rechte für zweckmäßig bzw. notwendig gehalten?«

Frau Fuchs, Parlamentarischer Staatssekretär:

»Herr Kollege, die von Ihnen angesprochene Deklaration von Lissabon über die Rechte des Patienten ist ein Beschluß der 34. Generalversammlung des Weltärztebunds aus dem Jahre 1981, der Richtlinien für ärztliches Handeln aus der Sicht der Ärzteschaft im Hinblick auf die Wahrung von ›Patientenrechten‹ enthält. Als Empfehlung einer Berufsgruppe, auch wenn sie auf internationaler Ebene getroffen wurde, hat die Deklaration keine unmittelbare rechtliche Verbindlichkeit. Die Rechte der Patienten sind in der Bundesrepublik durch die Verfassung, insbesondere den Grundrechtekatalog, und die Gesetze bestimmt.

Im Rahmen der ärztlichen Versorgung in der gesetzlichen Krankenversicherung halte ich die in der Deklaration aufgeführten Kriterien für gewahrt.« Ende der siebziger Jahre im Zusammenhang mit der Bekämpfung des Terrorismus hat es in der Bundesrepublik heftige Auseinandersetzungen über die Frage gegeben, ob ein Gefangener »zwangsernährt« werden soll oder nicht. Die Deklaration von Tokio gibt darauf im fünften Punkt ihrer »Richtlinien der Ärzte bei Folterungen usw.« eine klare, eindeutige Antwort: »Wenn ein Gefangener die Nahrungsaufnahme verweigert, der Arzt ihn aber für fähig hält, sich ein unbeeinflußtes und vernünftiges Urteil über die Folgen einer freiwilligen Nahrungsverweigerung zu bilden, so soll er nicht künstlich ernährt werden.« Diether Lauenstein, der in seinem Aufsatz »Die Würde des Menschen bei Arzt und Patient« die Frage der Zwangsernährung anspricht, kommt zu dem Ergebnis: »Die Deklaration könnte auf diese Frage keine so erstaunlich eindeutige Antwort geben, hätte sie diese nicht auf Kants Gedanken stützen können.«[103] Lauenstein stellt beide, Arzt und Patient unter das Gebot innerer Freiheit.

103 Diether Lauenstein, Die Würde des Menschen bei Arzt und Patient, Deutsches Ärzteblatt, 73. Jahrg., Heft 34, Seite 2173–1278.

Der Arzt müsse gründlich beobachten und noch gründlicher denken und die Folgen des Urteils persönlich tragen, »das sind die Bedingungen innerer Freiheit, die der Arzt aufbringen muß«.[104] Der Patient hätte den Willen zu Gesundheit und Leben als Vorbedingung innerer Freiheit aufzubringen. Wenn die sonst wirksame allgemeine Lebensverlockung aus natürlichen Trieben und aus sozialer Geltung zu schwach geworden sei, drohe für viele Menschen der Selbstmord: »So verwerflich dieser nach Kant auch ist, so wenig hat ein Arzt das Recht, ihn äußerlich zu verhindern.«[104]

Im sechsten Paragraphen seiner Tugendlehre in der »Metaphysik der Sitten« lehnt Kant den Selbstmord – denn auch die Verweigerung der Nahrungsaufnahme ist Selbstmord – ab: »Das Subjekt der Sittlichkeit in seiner eigenen Person vernichten ist ebenso viel, als die Sittlichkeit selbst aus der Welt vertilgen.« Lauenstein kommt zu dem Ergebnis: »Eine äußere Zwangsmaßnahme zur angeblichen Stützung des moralischen Lebenswillens ist selbst unmoralisch«, weil »die lebenserhaltende Moralität oder, was dasselbe ist, das Ich, durch keine äußere Maßnahme gestützt werden kann, wenn volle Urteilsfähigkeit gegeben ist.« Wiederum bewährt sich der an der Philosophie Kants gewonnene Grundsatz, daß der Mensch niemals Mittel, sondern Zweck an und für sich selbst ist, mit anderen Worten: Der Mensch darf niemals als Mittel benutzt werden, um fremde inhumane oder antihumane Ziele zu erreichen. Der die Nahrung verweigernde Gefangene, der bewußt das Risiko eingeht, seinem Leben ein Ende zu setzen, darf nicht aus politischen Gründen »zwangsernährt« werden, um ihn so zu einem Mittel zu machen, mit dem politische Ziele erreicht werden sollen, mögen sie auch noch so »ehrenhaft« sein. Der Respekt vor der Menschenwürde, deren auch ein verurteilter Gefangener nicht verlustig gehen kann, gebietet es, die *Zwangs*ernährung abzulehnen. Umgekehrt gilt, daß dieser Gefangene nicht aktiv unterstützt werden darf, wenn er seinem Leben auch angesichts einer lebenslangen Haftstrafe ein Ende setzen will.

Mit großer Anerkennung muß also hervorgehoben werden, daß

104 Diether Lauenstein, a. a. O.

der Weltärztebund für eine weltweit geltende Aufstellung und Zusammenfassung der Patientenrechte in der Deklaration von Lissabon gesorgt hat. Die Aufgabe einer nationalen Gesundheitspolitik wäre es, in Zusammenarbeit mit der nationalen Ärzteorganisation – in der BRD der Bundesärztekammer – diese Patientenrechte im Hinblick auf die jeweils spezifischen Gegebenheiten des nationalen Gesundheitswesen zu übertragen, sie in geeigneter Form zu kodifizieren und ihnen Geltung zu verschaffen.

In erster Linie sehe ich die Patientenrechte in der Bundesrepublik durch Strukturveränderungen des Gesundheitswesens gefährdet. Während in den siebziger Jahren der Leistungskatalog der gesetzlichen Krankenversicherung[105] ständig ausgeweitet

105 Gesetz über die Fortzahlung des Arbeitsentgelts im Krankheitsfalle vom 27.7.1969, BGBl I S. 946 (Lohnfortzahlung für Arbeiter im Krankheitsfall für 6 Wochen, Gleichstellung von Arbeitern und Angestellten, Fortfall des Karenztages);

Gesetz über Änderungen des Rechts der gesetzlichen Krankenversicherung vom 27.7.1969, BGBl I S. 946 (Regelungen zur Krankenpflege ohne zeitliche Begrenzung);

Gesetz zur Weiterentwicklung des Rechts der gesetzlichen Krankenversicherung, 2. Krankenversicherungsänderungsgesetz vom 21.12.1970, BGBl I S. 1770 (Frauen- und Männerfrüherkennungsuntersuchungen, zunächst nur als Krebsfrüherkennung, und Früherkennungsmaßnahmen für Säuglinge und Kleinkinder als weitere gesetzliche Pflichtleistungen der Krankenversicherung);

Gesetz zur Verbesserung von Leistungen in der gesetzlichen Krankenversicherung (Leistungsverbesserungsgesetz, KLVG) vom 19.12.1973, BGBl I S. 1925 (Rechtsanspruch auf zeitlich unbegrenzte Gewährung von Krankenhauspflege, Zahlung von Krankengeld bei Verdienstausfall wegen der Beaufsichtigung, Betreuung oder Pflege eines erkrankten Kindes);

Gesetz über die Angleichung der Leistungen zur Rehabilitation vom 7.8.1974, BGBl I S. 1881 (Rehabilitationsleistungen als Aufgaben der Krankenversicherung und volle Kostenerstattung für Zahnersatz und Zahnkronen als Leistung der Krankenpflege bzw. die entsprechende zahnärztliche Ausführung als Teil der kassenärztlichen Versorgung in die RVO aufgenommen);

Gesetz über ergänzende Maßnahmen zum Fünften Strafrechtsreformgesetz (Strafrechtsreform-Ergänzungsgesetz, StREG) vom 28.8.1975, BGBl I S. 2289 (Versicherte haben Anspruch auf ärztliche Beratung über Fragen der Empfängnisregelung; hierzu gehören auch die erforderlichen Untersuchun-

wurde, hat zu Beginn der achtziger Jahre eine entgegengesetzte Entwicklung eingesetzt, die sich »Kostendämpfung« zum Ziel gesetzt hat.

Bereits am 11. März 1977 legte die Bundesregierung den Entwurf eines Gesetzes zur Dämpfung der Ausgabenentwicklung und zur Strukturverbesserung in der gesetzlichen Krankenversicherung (KVKG) vor (Bundestagsdrucksache 8/166). In diesem Entwurf heißt es unter »A. Zielsetzung«: »Der Gesetzentwurf dient dazu, die Kostensteigerung im Gesundheitswesen zu dämpfen und damit die Belastbarkeit der Beitragszahler und der Wirtschaft in Grenzen zu halten. Dabei wird der Grundsatz der Freiberuflichkeit der Kassenärzte gestärkt und die Vertragsfreiheit beachtet sowie die Selbstverwaltung der Krankenkassen, Ärzte und Krankenhäuser gestärkt.

Hierbei sollen vor allem

1. die Entwicklung der Ausgaben der Krankenversicherung und der Einkommensentwicklung der Versicherten stärker in Übereinstimmung gebracht,

2. die Verantwortung der Selbstverwaltung für die finanzielle Entwicklung der gesetzlichen Krankenversicherung und für die Sicherung der medizinischen Versorgung gestärkt,

3. größere Beitragsgerechtigkeit erreicht und

4. das Zusammenwirken der an der medizinischen Versorgung Beteiligten unter Beachtung der Grundsätze der Wirtschaftlichkeit und Sparsamkeit verbessert werden.

Weitere Gesetzentwürfe sind gefolgt, die alle Gesetz geworden sind.[106] Allen gemeinsam war, daß es um nichts anderes ging als um Einnahmen und Ausgaben, Kosten und Nutzen, Wirtschaftlich-

gen und die Verordnung empfängnisverhütender Mittel. Auch die nicht rechtswidrige Sterilisation und der nicht rechtswidrige Schwangerschaftsabbruch sind nunmehr Kassenleistungen).

106 KVKG in der Fassung vom 27. 6. 1977 (BGBl I, S. 1069); KVKG in der Fassung vom 22. 12. 1981 (BGBl I, S. 1578); Krankenhaus-Kostendämpfungsgesetz in der Fassung vom 22. 12. 1981 (BGBl I, S. 1568); Haushaltsbegleitgesetz 1983 vom 22. 12. 1982 (BGBl I, S. 1857).

keit und Sparsamkeit. Zutreffend hat Rüdiger Zuck die Kritik der Gesetzgeber formuliert: »Wer unser Gesundheitswesen wie einen Behördenapparat verwaltet, darf sich nicht wundern, wenn die bürokratischen Kräfte dieses Apparates (und seiner Apparaturen) Eigengewicht erhalten. In dem – vorgeblichen – Zwang dieser Verhältnisse verkümmern die im Gesundheitswesen Tätigen zu bloßem Bedienungspersonal. Was einstmals Idealismus war, kann nur noch dazu dienen, die Gesetzmäßigkeit des eigenen Funktionierens zu erkennen. Der Patient, also das Zentrum und die Idee des gesamten Gesundheitswesens reduziert sich, wo er überhaupt noch wahrgenommen wird, zur kostspieligen Störquelle, leider immer noch nicht hinreichend fragebogenbewußt und computergerecht ›ja – nein‹-orientiert.«[107]

Unter dem politischen Zwang der Kostendämpfung hat es eine Weiterentwicklung der Patientenrechte nicht gegeben. § 368e RVO redet zwar vom Anspruch des Versicherten: »Der Versicherte hat Anspruch auf die ärztliche Versorgung, die zur Heilung oder Linderung nach den Regeln der ärztlichen Kunst *zweckmäßig* und *ausreichend* ist... Leistungen, die für die Erzielung des Teilerfolges nicht notwendig oder *unwirtschaftlich* sind, kann der Versicherte *nicht* beanspruchen, der an der kassenärztlichen Versorgung teilnehmende Arzt darf sie nicht bewirken oder verordnen; die Kasse darf sie nachträglich nicht bewilligen...« Damit wird die Zweckmäßigkeit der Behandlung vom Arzt gefordert, die Wirtschaftlichkeit ist das Gebot für die Krankenkasse, die Heilmaßnahmen bewilligt oder ablehnt, nur »ausreichend« muß die Behandlung für den Patienten sein. In einem Paragraphen wurden Kriterien für drei »Parteien« aufgestellt, die scheinbar gleichrangig nebeneinander stehen und für alle Beteiligten gelten sollen, während sie in Wahrheit allein die Interessen der Krankenkasse zutreffend wiedergeben, denn Wirtschaftlichkeit kann nicht unbedingt die Maxime der kassenärztlichen Versorgung sein. Im Vor-

107 Rüdiger Zuck, Grundrechtsschutz und Grundrechtsentfaltung im Gesundheitswesen, Seite 21.

dergrund der ärztlichen Behandlung kann nicht die Sorge um die Bilanz der Krankenkasse stehen, sondern *muß* die Sorge um die Gesundheit des Versicherten stehen.

Das Selbstbestimmungsrecht des Patienten ist hier in der RVO auf »ausreichend« reduziert.

V. Das Selbstbestimmungsrecht des Patienten in den Verlautbarungen des Europarates und der Europäischen Gemeinschaft

Am 29. Januar 1976 hat der Europarat auf Empfehlung seines Sozial- und Gesundheitsausschusses einen Beschluß über die Rechte der Kranken und Sterbenden angenommen:

»Die Versammlung,

1. bedenkend, daß der schnelle und kontinuierliche Fortschritt der medizinischen Wissenschaft in bezug auf die fundamentalen Menschenrechte und auf die Integrität der Kranken Probleme schafft und sogar gewisse Gefahren aufwirft;

2. feststellend, daß die Tendenz zur verbesserten medizinischen Technologie zu einer zunehmend technisierten und manchmal weniger humanen Behandlung der Patienten führt;

3. erkennend, daß die Verteidigung der eigenen Interessen für Kranke schwierig sein kann, speziell wenn sie in großen Spitälern behandelt werden;

4. bedenkend, daß sich in letzter Zeit die allgemeine Übereinstimmung durchsetzte, daß die Ärzte bezüglich der vorgesehenen Behandlungsmethoden in erster Linie den Willen des Kranken selbst respektieren sollen;

5. in der Ansicht, daß das Recht auf persönliche Würde und Integrität sowie das Recht auf Information und angemessene Betreuung für jede Person klar definiert und garantiert werden soll;

6. überzeugt, daß eine Lebensverlängerung an sich nicht das Hauptziel der medizinischen Berufsausübung sein soll, welche sich gleicherweise mit der Erleichterung von Leiden befassen muß;

7. betonend, daß eine künstliche Lebensverlängerung zu einem großen Teil von Faktoren wie der Verfügbarkeit wirksamer Apparaturen abhängig ist und daß Ärzte großer Spitäler mit technischen Apparaturen zur Ermöglichung einer besonders langen Le-

bensverlängerung oft in einer heiklen Situation bezüglich der Fortführung dieser Behandlung sind, speziell in Fällen, bei denen jede Hirnfunktion irreversibel erloschen ist;

8. darauf dringend, daß die Ärzte in Übereinstimmung mit der Wissenschaft und mit der anerkannten medizinischen Erfahrung handeln sollen und daß kein Arzt oder kein anderes Mitglied der medizinischen Berufe gegen sein eigenes Gewissen zu einer Handlung gezwungen werden darf, die gegen das Recht der Kranken, nicht unnötig leiden zu müssen, verstößt;

9. empfiehlt, daß das Ministerkomitee die Mitgliedstaaten einlädt;

alle speziell in Hinsicht auf die Ausbildung des medizinischen Berufspersonals und der Organisation der medizinischen Dienste notwendigen Schritte zu unternehmen, um sicherzustellen, daß alle kranken Personen, sei es in den Spitälern oder in ihrem eigenen Heim, eine so wirkungsvolle Linderung ihrer Leiden erhalten, wie es der momentane Stand des medizinischen Wissens erlaubt; den Ärzten einzuprägen, daß die Kranken ein Recht auf volle Information über ihre Krankheit und über die vorgeschlagene Behandlung haben, insofern sie dies verlangen, sowie dafür sorgen, daß die Patienten bei Spitaleintritt eine spezielle Information über die Routine, die Behandlungsarten und die medizinisch-technischen Apparaturen der Institution erhalten;...«

Darüber hinaus empfiehlt der Europarat den Mitgliedsstaaten, »nationale Berufungskommunen zu schaffen, welche Beschwerden gegen ärztliches Personal über Fehler oder Fahrlässigkeit in ihrer Berufsausübung beurteilen.«[108]

Im Vordergrund dieser Empfehlung steht die Betonung der Menschenwürde des Patienten, der in zunehmendem Maße mit einer immer mehr technisierten Medizin konfrontiert wird. Juristisch ist diese Proklamation unverbindlich. In der Antwort auf eine parlamentarische Anfrage hat die Bundesregierung darauf hingewiesen, daß Schlichtungs- und Gutachterstellen bei den

108 Text bei Wunderli/Weißhaupt, Medizin im Widerspruch, Seite 238–241.

Landesärztekammern eingerichtet worden seien sowie eine Arbeitsgruppe »Arzthaftpflicht« bei der Gesundheitsministerkonferenz.[109]

Auf der Ebene der Europäischen Gemeinschaft ist eine ebenfalls juristisch unverbindliche Charta der Rechte des Krankenhauspatienten entstanden. Der Ausschuß der Krankenhäuser der Europäischen Gemeinschaft hat sie auf seiner 20. Vollversammlung in der Zeit vom 7. bis 9. Mai 1979 in Luxemburg beschlossen:[110]

Die Rechte des Krankenhauspatienten:

1. Der Patient hat das Recht, Zugang zu den Leistungen des Krankenhauses zu erhalten, die der Art seiner Krankheit oder seines Zustandes angemessen sind.

2. Der Krankenhauspatient hat das Recht auf eine rücksichtsvolle Betreuung unter Respektierung seiner menschlichen Würde. Diese Betreuung umfaßt nicht nur medizinische, pflegerische und verwandte Dienstleistungen, sondern auch angemessene Beratung, Unterbringung, Amtshilfe und technische Hilfe.

3. Der Krankenhauspatient hat das Recht, der Durchführung jeglicher Diagnose- oder Behandlungsverfahren zuzustimmen oder sie zu verweigern. In den Fällen, in denen der Patient (gemäß den gesetzlichen Bestimmungen oder den gegebenen Umständen) nicht oder nur teilweise fähig ist, dieses Recht auszuüben, soll es in dem Maße, wie der Patient dazu selbst nicht in der Lage ist, in seinem Namen von seinem Vertreter oder einer vom Gesetz bestimmten Person ausgeübt werden.

4. Der Krankenhauspatient hat das Recht auf die Informationen, die entsprechend seiner Lage für ihn von Bedeutung sind. Bei der Weitergabe dieser Information an den Patienten sollten dessen höhere Interessen Vorrang haben. Unter Berücksichtigung dessen muß die erteilte Information dem Patienten erlauben, eine genaue Einsicht in alle Aspekte seiner medizinischen und sonstigen Lage zu gewinnen und ihn auf der Grundlage dieser Informa-

109 Bundestagsprotokoll 8, Seite 8089, Anlage 89, vom 23.6.1978.

110 Das öffentliche Gesundheitswesen, Seite 553f.

tion befähigen, seine eigenen Entscheidungen zu treffen oder sich an den Entscheidungen zu beteiligen, die Auswirkungen auf sein Befinden haben.

5. Der Krankenhauspatient oder sein Vertreter (im Sinne von Nr. 3) hat das Recht, vollständig über die mit der Anwendung noch unerprobter Diagnose- und Behandlungsmethoden verbundenen Risiken im voraus informiert zu werden. Die Zustimmung zu der Durchführung solcher Verfahren muß ausdrücklich gegeben werden und muß jederzeit widerrufbar sein. Bei der Beteiligung des Patienten an Lehre und Forschung im Krankenhaus ist es notwendig, den Patienten völlig frei entscheiden zu lassen, ob er seine Zustimmung dazu geben will oder nicht und wann er daran teilnehmen oder seine Zustimmung widerrufen will.

6. Der Krankenhauspatient hat innerhalb der Möglichkeiten der Umgebung, in der er untergebracht ist, das Recht auf den Schutz seiner Privatsphäre. Die Vertraulichkeit der Informationen und Aufzeichnungen persönlicher, vor allem medizinischer Art, muß gewährleistet werden.

7. Der Krankenhauspatient hat das Recht auf Respektierung und Anerkennung seiner religiösen und weltanschaulichen Überzeugungen.

8. Der Krankenhauspatient hat das Recht, sich zu beschweren, seine Beschwerde überprüfen zu lassen und über das Ergebnis informiert zu werden.

VI. Die Pflichten des Patienten

a) Die Honorarzahlungspflicht.

Primäre Pflicht des Patienten ist, das Honorar zu zahlen. Für die Privatpatienten ergibt sich diese Pflicht nach § 611 bzw. 631 BGB. Der Arzt kann das Ein- bis Dreifache der in der Gebührenordnung festgelegten Gebührensätze liquidieren, aber auch können Arzt und Privatpatient außerhalb jeder Gebührenordnung nach § 316 BGB das Honorar frei vereinbaren.

Der in der gesetzlichen Krankenversicherung versicherte Patient hat keine Honorarzahlungspflicht im oben angeführten Sinn, aber er hat die Pflicht, seine Beiträge an die gesetzliche Krankenversicherung zu zahlen und dem Arzt nach § 188 RVO den Krankenschein seiner Krankenkasse vorzulegen. Versäumt der Kassenpatient dieses, ist er zur Zahlung eines Privathonorars nach § 8 III BMV-Ä verpflichtet.

b) Die Mitwirkungspflicht.

Der Patient ist zur Einhaltung vereinbarter Termine verpflichtet. Erfüllt der Patient diese Pflicht nicht, hat er nach § 324 I BGB bei Nichterscheinen Schadenersatz zu leisten, d. h. er muß ein Privathonorar für die Ausfallzeit des Arztes zahlen.

»Gesundheitspflichten« fehlen in der RVO, ebenso gewisse Anreize dazu.

Eine Ausnahme bildet ab 1.7.1977 § 198 RVO bei der Mutterschaftshilfe: Nur die Versicherte erhält diese Leistung, die sich den vorgeschriebenen Vorsorgeuntersuchungen während der Schwangerschaft unterzogen hat.

Schon in den fünfziger und sechziger Jahren hat man über die Verpflichtung zur Teilnahme an Vorsorgemaßnahmen mit entsprechenden Sanktionen diskutiert: Der in der gesetzlichen Krankenversicherung Versicherte hätte sich einmal im Jahr einer ärztlichen und zahnärztlichen Vorsorgeuntersuchung zu unterziehen. Im Falle der Weigerung würde der Beitrag erhöht. Bei festgestelltem Übergewicht wäre ein erhöhter Beitrag als Risikozuschlag zu zahlen, um zu gesundheitsbezogener Ernährung zu verpflichten, ebenso bei Rauchern und Trinkern.

Alle diese Vorschläge ließen sich aber nicht durchsetzen.

Exkurs:
»Von den Pflichten der Kranken gegen die Ärzte.«

Nicht um der Kuriosität willen, sondern um des Nachweises willen, daß vieles in der Gesundheitspolitik gar nicht so neu ist – wie z. B. das Thema »Eigenverantwortung des Patienten« oder »Gesundheitsvorsorge« –, sei an dieser Stelle der Inhalt eines Buches etwas ausführlicher wiedergegeben, das fast zweihundert Jahre alt ist: Friedrich Henning, »Von den Pflichten der Kranken gegen die Ärzte«, das 1791 in Leipzig erschienen ist.

Friedrich Henning, der ein optimales Arzt-Kranken-Verhältnis in dem Aufbau einer freundschaftlichen Beziehung zwischen beiden erfüllt sieht, gibt dem Leser einige Verhaltensregeln zur Erlangung eines solchen Zustandes.

In seiner Einleitung weist der Autor auf eine allgemeine Pflicht zur Gesundheit hin und ermahnt gerade diejenigen, »die aus Nachlässigkeit und Trägheit, aus Mutwillen und Leidenschaftentaumel diese Pflicht versäumen, und ihr Leben verkürzen.«

Dieses Pflichtversäumnis führt primär zu einer Entsagung »der allgemeinsten Freuden, die der Freundschaft und Natur«, und damit zu einer Zerstörung des frohen Mutes der ihn Umgebenden. Der Kranke entwickelt sich mithin, durch Nicht-Erfüllung der ihn obliegenden Pflichten als Mensch und Bürger, zu einem »unbrauchbaren Mitglied des Staats«.

Henning stellt an dieser Stelle resignierend fest, daß selbst »Religion und der ernste Wille des gütigen Schöpfers, der die uns verliehenen herrlichen Kräfte wahrlich nicht zu solchem Mißbrauch bestimmte, je etwas bei ihnen auszurichten vermögen« und dementiert gleichzeitig die Vorstellung, ›Krankheit sei Einwirkung Gottes‹ als eine unrichtige Betrachtung von der Art der göttlichen Regierung dieser Welt. »Der Arzt«, so Henning, »sollte also wohl ›nach dem Willen des Schöpfers‹ ein Mann sein, der die

Jahre seiner Tugend dazu anwandte, aus dem Munde älterer Lehrer und aus den Erfahrungen der Vorzeit und seines Zeitalters so viel zu lernen, daß er mit einiger Sicherheit und ohne sich Vorwürfe wegen seiner schlecht angewandten Tugend machen zu dürfen, auf das Wohl seiner leidenden Mitbrüder wirke; ein Mann, der mit Behutsamkeit, aber Entschlossenheit und ohne auf das Gerede unkundiger Beurteiler zu achten, ruhig seines Weges fortwandele und so ein Retter der Leidenden, ein Freund der Ratbedürftigen, ein Tröster der Klagenden und Betrübten würde. Er sollte warnen, wo er Fehltritte gegen Gesundheitssorge säh; er sollte wenigstens lindern, wo er nicht helfen könnte, retten, wo er retten könnte, dem Staate den Bürger, den Freunden den Freund, der klagenden Gattin den Gatten und den hilfebedürftigen Kindern den Vater erhalten.

...Auch bedarf und verdient der Arzt wohl eher Entschuldigung, wenn er auch bisweilen gegen einzelne Regeln der Etiquette und Politik verstößt, weil es ihm äußerst schwer fallen muß, unter vielen, sehr oft vieles Nachdenken erheischenden Geschäften sich nach den tausend Nuancen der Laune und des Charakters seiner vielen Kranken aus so verschiedenen Klassen zu richten. Leichter wird dies dem Kranken, der ungestörter diesen einzigen Gegenstand, seinen Arzt, vor sich hat, und dessen Stimmung ihm durch längere Bekanntschaft oder durch Urteile anderer nicht mehr unbekannt sein wird. Es schiene also wohl der Arzt von seinem Kranken eher Genauigkeit im Betragen erwarten zu dürfen als umgekehrt der Kranke vom Arzte, wenngleich die Heftigkeit einer Krankheit oder derselben notwendig Mißlaune erregende Beschaffenheit, billig des Arztes ganze Nachsicht erfordert.«

Der Autor erwartet, »daß im allgemeinen durch gutes Betragen des Kranken das Interesse des Arztes für ihn sich vermehrt und er alsdann mit größerem Eifer, mit größerer Teilnahme für das Wohl desselben seine Kräfte verwendet«. Hierbei sind Staat und Geistliche dazu aufgerufen, das Volk zu hinlänglich anständigem Verhalten zu ermahnen.

Zu den Pflichten des Kranken gehört das frühzeitige Herbeirufen des Arztes. »Wenn also irgend jemand widernatürliche Veränderungen in seinem Körper bemerkt, so sei es seine erste Pflicht, so bald als möglich einen Arzt zu sich rufen zu lassen. Bei dem vornehmeren und aufgeklärteren Teile des Publikums mag diese Erinnerung freilich unnötig scheinen, da sie größtenteils hiergegen nicht sündigen.«

Daß jedoch trotzdem noch Menschen existieren, die sich dieser Pflicht »nicht bewußt« zu sein scheinen, führt Friedrich Henning auf mangelnde Bildung, auf den Glauben an die Selbsthilfe ihrer Naturkräfte und auf schlechte Vermögensumstände zurück. Die enorme Wichtigkeit des Zeitpunktes der Krankenmeldung bekräftigt er damit, »...daß die größte Kunst des Arztes darin besteht, dem Entstehen oder auch der weiteren Verbreitung der Krankheiten vorzubeugen; so ist es auch billig, ihn zu einem Zeitpunkt rufen zu lassen, wo er dieses noch zu leisten im Stande ist.

...Der Arzt wird ja stets nach dem glücklichen Ausgange seiner Kuren beurteilt. Darauf beruht größtenteils das Wachstum seines Zutrauens und seines Rufes, sogleich sein ganzes ärztliches Glück.

...Wenn nun gleich jedes späte Herbeirufen dem Arzte unangenehm und nachteilig ist, so ist es dies doch noch in weit härterem Grade, wenn der Kranke zuvor alle Klassen von Pfuschern und Afterärzten durchgegangen und seine Krankheit dadurch, wie gewöhnlich, verschlimmert ist.« Nicht zuletzt deshalb ist es die Pflicht eines jeden Kranken, sich ihrer vermeintlichen Hilfe nicht zu bedienen.

5. Die Wahl des Arztes und das ihm zu schenkende Vertrauen

Nach Hennings Ansicht ist die Voraussetzung für ein annehmbares Kranken-Arzt-Verhältnis, »...daß jeder Kranke, der einen Arzt zu seiner Besorgung sich wählt, demselben völliges Zutrauen schenke; und um dieses zu können, müßte er also seine

Wahl mit gehöriger Behutsamkeit und Nachdenken zu treffen suchen.«

Geschicklichkeit und sittlicher Charakter sind die beiden Kriterien, die bei einer möglichen Auswahl im Vordergrund stehen sollten, wobei dem Kranken nichts behilflicher sein wird, als »...seine Forderungen von der Wirksamkeit des Arztes nicht zu hoch zu spannen, wenn er betrachtet, daß auch der Arzt, so wie jeder Mensch, nicht im Stande sei, dem Laufe der Natur Einhalt zu tun... Freilich kann der Arzt mit weit größerer Wahrscheinlichkeit auf einen glücklichen Erfolg seiner Kur rechnen, da hier die Kraft des Zutrauens schon psychologisch wirkt, den sonst so oft niedergeschlagenen Mut des Kranken mit süßen Hoffnungen belebt, und demzufolge die Bemühungen der Naturkräfte nicht lindert, sondern vielmehr unterstützt. Er darf sich diesen glücklichen Erfolg um so mehr versprechen, da er, vermöge dieses Zutrauens, auch Folgsamkeit des Kranken bei Anwendung seiner vorgeschlagenen Regeln und Mittel erwarten kann. Er wird also auch mit desto größerer Teilnahme und Tätigkeit seine Einsichten zum Besten des, ihm gleichsam zum Freunde gewordenen, Kranken verwenden.«

c. Das gefällige Betragen gegen den Arzt

»Unfehlbar wird diese Stimmung auch Höflichkeit und eine freundliche Miene gegen den Arzt erzeugen. Freilich kann der Arzt, ohne unbillig zu sein, unmöglich immer die gefällige Heiterkeit erwarten, die in den Tagen der blühenden Gesundheit den Gesellschafter so sehr empfiehlt; aber kränkend muß es ihm doch sein, wenn der Kranke ihn mit mürrischem Tone und verdrießlicher Miene empfängt, ihm gleich mit Vorwürfen und Zweifeln an seiner Geschicklichkeit begegnet und kaum seine Fragen beantwortet.«

d. Die genaue Instruktion des Arztes über die Krankheit

»Allerdings entsteht auch aus dem festen Zutrauen jene herrliche Folge, daß der Kranke über die Entstehungsart und Beschaffenheit seiner Krankheit, über seine geführte Lebensart und über manche auf seine Gesundheit wirkenden Szenen seines Lebens dem Arzte den gehörigen Aufschluß gibt.« Dies ermöglicht nun dem Arzt, eine genaue Zusammenstellung aller möglichen Umstände zu verfassen, um einen vollständigen und damit möglichst präzisen Überblick über die Krankheit zu erhalten. Das hieraus resultierende Bekanntwerden von Dingen, die man sonst eventuell nicht bekennen würde – »Dinge, die vielleicht für die Moralität des Kranken oder anderer nicht am vorteilhaftesten sind« –, erfordert vom Arzt nicht nur die absolute Pflicht zur Schweigsamkeit, sondern auch eine gesteigerte Menschenkenntnis, kurz gesagt: Er sollte nicht über menschliche Schwachheit erstaunen. Henning weist in diesem Zusammenhang auch auf das Problem der besonderen Beziehung zu weiblichen Patienten bezüglich ihrer übergroßen Schamhaftigkeit hin. Ihm erscheint es daher wichtig, »...dem Arzte nicht allein auf seine Fragen getreulich und ausführlich zu antworten, sondern auch ungefragt schon ihm alles das zu erzählen, von dem man nur vermuten kann, daß es auf den Gesundheitszustand gewirkt haben könne«, dies jedoch so früh wie möglich, damit diese Informationen in den Heilmethoden noch verwertbar sind.

»Wie gut wäre es auch, wenn Kranke... sich gewisse Vorschriften oder Schemata zur Beobachtung der Veränderung des Krankheitszustandes von ihren Ärzten anschafften... So könnten sie sehr füglich ihre Bemerkungen dann nach diesen Vorschriften so genau wie möglich machen...

e. Die genaue Befolgung der Regeln des Arztes

Alle Hoffnungen auf Erfolg verschwinden jedoch, »...wenn der Kranke die ihm vom Arzte gegebenen Regeln nicht treu befolgt und die ihm verordneten Arzneimittel nicht treu gebraucht«, aus welchem Grunde auch immer (Sparsamkeit, Ungeduld, Mißtrauen etc.). »Daher wäre es auch allen Erziehern auf das nachdrücklichste zu empfehlen, kranke Kinder, wenn ihnen Arzneien verordnet sind, von den frühesten Jahren an zu dem richtigen Gebrauch derselben anzuhalten, damit die gewohnte Befolgung dieser Regel ihnen im Alter noch wohl täte, wo man die jugendlichen Zwangsmittel nicht mehr gebrauchen kann.« Die oftmals aus Leichtsinn, der versäumten Befolgung der ärztlichen Anordnungen und aus Unbedachtsamkeit entstehenden traurigen Folgen führen dann nicht selten zu vorschnellen, oberflächlichen Urteilen oder lassen schlechthin die Kraft zu dem Geständnis ›man habe selber gefehlt‹ missen. Dies führt nun häufig zu einem Sinken des ärztlichen Rufes und als Folgeerscheinung zu einem Sinken des praktischen Glücks. Henning empfiehlt deshalb, »nie ohne die Gewißheit zu frei und tadelnd« über die Ärzte zu urteilen.

f. Die Art der Unterhaltung mit Ärzten

Natürlich, daß es die Pflicht des Arztes ist, über die Launen seiner Patienten hinwegzusehen, so ist es jedoch gleichsam die Pflicht des Kranken, »...nicht zu viel zu begehren, sondern auch zu suchen, seine Launen ein wenig nach dem Charakter und den Absichten seines Arztes zu richten.«

g. *Die Sorge für die Gesundheit und Bequemlichkeit des Arztes*

Da der Stand des praktischen Arztes mit vielen Beschwerlichkeiten in Hinsicht auf seine Gesundheit verknüpft ist (Belastung durch Krankenbesuche, Witterung, Ansteckung usw.), hält es der Autor für nötig, »...dem hilfebedürftigen Publiko als Pflicht zu empfehlen, nicht allein alles, was des Arztes Gesundheit schaden könnte, aus dem Wege zu räumen, sondern ihn auch aller unnützen Unbequemlichkeiten und Beschwerden, wo möglich zu überheben, wenn hierdurch vielleicht auch nur seine Gemütsstimmung erheitert und seine Laufbahn auf Erden ihm erleichtert werden möchte«. Um dies zu realisieren, sieht er als vorrangige Ziele:

1. die Beseitigung der Unreinlichkeit und
2. ein zu häufiges Rufen zu Kranken zu verhindern.

h. *Die Geduld des Kranken*

Henning weist in diesem Abschnitt, wie schon zuvor, darauf hin, daß der Einsatz des Arztes es nicht verdient, grundlos seine Ratschläge zu mißachten und ihm bei einem Ausbleiben des Erfolges kalt und unzufrieden den Abschied zu geben. Es muß, seiner Ansicht nach, begriffen werden, »...daß auch der Arzt Zeit haben muß, um aus dem Gange der Krankheit ihre Natur nur näher aufzuspüren und danach immer besser und besser seine Heilmethode einzurichten...«, und er fordert deshalb einen Abbau der aus Ungeduld herrührenden Unbilligkeiten.

So sollte man z.B. den Versuch eines Arztes, den Patienten durch das Gespräch aufzumuntern, nicht sofort als zu große Geschwätzigkeit werten. Vielmehr bestünde weniger Grund in dieser Hinsicht über Ärzte zu klagen, »...wenn man von seiten des kranken Publikums es nicht auf so augenscheinliche, oft auf versteckte Weise sich angelegen sein ließe, den Arzt in dergleichen Gespräche zu verwickeln und allerhand geheime Nachrichten aus ihm herauszulocken... Um so mehr erwarte ich von jedem Kranken so viel Diskretion, daß er sich nach den Krankheitsumständen oder Familienverhältnissen anderer nicht zudringlich beim Arzte erkundige, dessen Urteil über diesen oder jenen Vorfall verlange, noch weniger auf listige Weise und unter dem Deckmantel der Freundschaft etwas von ihm zu erforschen sich bemühe. Und sollte auch der Arzt unvorsichtigerweise hierin einmal unbedachtsam handeln, so wird es dem Kranken bei weitem mehr Ehre bringen, wenn er hiervon keinen Gebrauch macht, als wenn er es bei erster bester Gelegenheit anderen, vielleicht noch ausgeschmückt und mit Zusätzen, wiedererzählt... Am dringendsten empfehle ich dem Publiko, gehörige Behutsamkeit in Gesprächen über andere Ärzte des Orts oder der Gegend...«, um kollegiale Freundschaft nicht in Brotneid und Zwistigkeiten zu verwandeln.

i. Das gute Betragen des Kranken bei Konsultation mehrerer Ärzte

Hat der Kranke den Wunsch, aufgrund von anscheinenden Gefahren, Verwicklungen, Sonderbarkeiten der Krankheitszufälle oder sonstigen hinreichenden Ursachen den Rat und die Hilfe eines oder noch mehrerer Ärzte aufzusuchen, so verlangt Henning, daß man den sonstigen Arzt »...zuförderst von diesem Entschlusse benachrichtige und ihn auch bei der Wahl der zu rufenden Ärzte zu Rate ziehe«.

j. Das gute Betragen des Kranken bei der Trennung von seinem sonstigen Arzte

Kommt es zu einer Trennung des Kranken von seinem gewöhnlichen Arzt, so hebt Friedrich Henning hervor, daß dieses »...behutsam und, wenn es doch einmal geschehen muß, mit möglicher

Schonung und Diskretion gegen den zu verabschiedenden Arzt geschehen müsse. Auch hier muß es eine Regel des Kranken sein, den Arzt nicht zu kränken, da es sich leicht einsehen läßt, daß man gar leicht verleitet werden könne, dem Arzte ungerechterweise Unzufriedenheit blicken zu lassen. Selbst dann aber auch, wenn man fest überzeugt ist, daß man gegründetere Ursache habe, unzufrieden mit ihm zu sein, selbst dann ist es ehrenvoller und richtiger, ihm nicht Schmähungen und Bitterkeiten zu entgegnen, sondern lieber offen zu erklären, daß man unter dergleichen Umständen das Zutrauen nicht gegen ihn fühlen könne, was zu beiderseitigem Glück notwendig sei, und daß man deshalb sich genötigt sähe, einen andern zu wählen...

Selbst auch nach der Trennung von ihm sollte man nicht durch Klagen über ihn, durch Verachtung seiner Kenntnisse, Erzählung und Ausbreitung unglücklicher Kuren ihm zu schaden suchen und seine Kollegen und andere nicht gegen ihn aufhetzen«.

k. Das Dankgefühl und die tätige Dankbarkeit gegen Ärzte

In seinem letzten Abschnitt verdeutlicht der Verfasser, daß er über die Bezahlung hinaus eine ehrenvolle Anerkennung und Dankbarkeit den Ärzten gegenüber für angemessen hielte. Er begründet dies mit den außerordentlichen Strapazen, die der Beruf des Arztes gegenüber den anderen Tätigkeiten mit sich bringt: »...der, der die zur Erlangung dieser ausgebreiteten Wissenschaft notwendigen Bemühungen und Kosten mutig überwand; der auch jetzt noch mit mehreren Kosten, als andere Stände nötig haben, sich die Materialien zur eigenen wissenschaftlichen Vervollkommnung herbeischafft; der bieder und treu das Glück seiner Kranken besorgt; nicht bloß ihr Retter, sondern auch ihr Freund zu sein sich bemüht; der eigner Gesundheit, eigner Bequemlichkeit nicht schonen darf, um sie nur andern zu verschaffen und der, vom Staate mehrteils verlassen, seine Versorgung der Willkür seiner Kranken anheimgestellt sieht.«

Die Ermahnungen und Anweisungen, die Friedrich Hennig als Arzt den damaligen Patienten zu bedenken gibt, sind auch nach zweihundert Jahren zum größten Teil für die Patienten von heute empfehlens- und nachahmenswert.

Von zehn Aussätzigen, die Jesus nach Lukas 17,11–19 heilte, kehrte nach der Heilung einer zurück und bedankte sich. Es ist nicht genug, wenn man meint, mit der Begleichung der Rechnung hätte sich der Dank erübrigt.

VII. Das abgeleitete Selbstbestimmungsrecht des Patienten

In den letzten Jahrzehnten hat die Medizin große Fortschritte erzielt. Dennoch bleiben viele Heilbehandlungen mit unvermeidbaren Risiken belastet, die auch durch größte Gewissenhaftigkeit des Arztes nicht ausgeschlossen werden können. Wenn eine Narkose noch so sorgfältig vorbereitet und durchgeführt wird, können Blutdruck- und Kreislaufkollaps den Erfolg einer Operation gefährden. Ein noch so sehr erprobtes Medikament kann bei einem Patienten bisher unbekannte Nebenwirkungen hervorrufen. Der Arzt kann deshalb dem Patienten größte Sorgfalt, nicht aber einen bestimmten Heilerfolg versprechen. Der Grundsatz des »nil nocere« verlangt vom Arzt, daß er jedes Risiko möglichst vermeidet, aber dieser Grundsatz entbindet ihn nicht von der Pflicht, die beste und wirkungsvollste Hilfe zu geben, auch wenn damit Gefahren verbunden sind. Keine Instanz kann den Arzt davon befreien, die Heilungschancen und die Eingriffsrisiken behutsam gegeneinander abzuwägen und die dann gebotene Therapie mit größter Sorgfaltspflicht durchzuführen. Darauf – aber auch auf alle anderen, durch die Standesethik gebotenen Pflichten – hat der Patient Anspruch aufgrund der sittlichen Maßstäbe für das Zusammenleben der Menschen untereinander.

Eberhard Schmidt hat immer wieder das Gewicht der ärztlichen Standesethik betont: »Das Verhältnis zwischen Arzt und Patient ist weit mehr als eine juristische Vertragsbeziehung, ist verankert in den sittlichen Beziehungen der Menschen untereinander und entfaltet sich nur da in einer gerade auch für die gesundheitliche Betreuung des Patienten förderlichen Weise, wo eben diese sittlichen Momente von Mensch zu Mensch es tragen und seinen Gehalt bestimmen... Die Standesethik des Arztes steht nicht isoliert neben dem Recht. Sie wirkt allenthalben und ständig in die rechtlichen Beziehungen des Arztes zum Patienten hinein. Was die Standesethik vom Arzte fordert, übernimmt das Recht weithin zugleich als rechtliche Pflicht. Weit mehr als sonst in den sozialen Beziehungen der Menschen fließt im ärztlichen Berufsbereich das Ethische mit dem Rechtlichen zusammen.«[111]

Wie jedes Ethos zielt dieses nicht auf das Wohl des zum ethischen Verhalten Verpflichteten oder seine Erhaltung, sondern auf diejenigen, die dem zum Ethos Verpflichteten anvertraut sind, in diesem Fall auf die Patienten. Die Pflichten des Arztes sind also »gesetzt« und nicht relativierbar, weil sie für den Patienten unerläßlich sind. Daher definiere ich die Pflichten des Arztes als solche, die aus den Rechten des Patienten *abgeleitet* sind: Der Patient kann sein Selbstbestimmungsrecht nur dann verwirklichen, wenn der Arzt die ihm zukommenden Pflichten erfüllt. Die Pflichten des Arztes sind sozusagen die Kehrseite der Patientenrechte.

Zu der besonders prägnanten Sorgfaltspflicht treten in der Berufsausübung des Arztes viele andere, die dem Hippokratischen Eid, der Standesethik und dem Selbstbestimmungsrecht des Patienten entspringen. Die Einhaltung aller ärztlichen Pflichten unterliegt der Kontrolle des ärztlichen Gewissens. Das Standesrecht des ärztlichen Berufes kennt keine Sanktionen, wenn ein Arzt einzelne Pflichten versäumt. Im Fall eines strafrechtlich relevanten Versagens kann nur ein Gericht ein Berufsverbot für einen Arzt verhängen.

Da eine solche Maßnahme aufgrund eines Kunstfehlers oder eines Schuldspruchs in einem Haftungsprozeß die Ausnahme darstellt, wird die alltägliche Arbeit des Arztes eher durch die Entscheidungen charakterisiert, die er »nach bestem Wissen und Gewissen« fällt: Die Jurisdiktion über ärztliches Handeln findet immer und zuerst im Gewissen des Arztes statt. In der Berufsordnung heißt es: »Der ärztliche Beruf verlangt, daß der Arzt

111 Eberhard Schmidt, Der Arzt im Strafrecht, in: Ponsold (Hrsg.), Lehrbuch der gerichtlichen Medizin, Seite 2.

seine Aufgaben nach seinem Gewissen und nach den Geboten der ärztlichen Sitte erfüllt.«[112] Vor allem im Konfliktfall ist das Gewissen gefordert: Der Arzt soll der Erhaltung menschlichen Lebens dienen, darum darf er zum Beispiel nicht dem Selbstmord Vorschub leisten. Der Hippokratische Eid verwirft grundsätzlich die Tötung werdenden Lebens, während eine pluralistische Gesellschaft sich mit der Indikationsregelung des Schwangerschaftsabbruchs ein weitgefaßtes Recht gegeben hat. So können sich in doppelter Hinsicht Widersprüche zwischen Recht und Gewissen entwickeln. Was das Gesetz erlaubt, kann das Gewissen verbieten, aber auch umgekehrt muß sich der Arzt auf sein Gewissen berufen können, wenn er Entscheidungen trifft, die mit rechtlichen Begriffen und Normen nicht mehr zu erfassen sind: »Gewiß steht der Arzt unter dem Recht, muß sein Tun und Lassen rechtlichen Geboten und Verboten genügen. Doch in bemessenem Raum soll das Recht den Arzt durchaus seinem pflichtgemäßen Ermessen und einem wachen Gewissen überlassen«,[113] so konzediert Adolf Laufs dem ärztlichen Gewissen die letzte Entscheidungsfreiheit in jenen Grenzbereichen zwischen Leben und Tod, in denen der Arzt vor der Frage steht, ob er, der dazu berufen ist, Krankheit und Tod abzuwenden, statt des Lebens in diesem Falle nicht in Wirklichkeit das Sterben verlängert. Hier eröffnet sich ein Feld, das der Gesetzgeber weder ausfüllen kann noch soll; keine Instanz kann den Arzt einer Gewissensentscheidung entheben. Eine einsamere und noch mehr einsam machende Entscheidung als die Gewissensentscheidung gibt es nicht!

»Der oft vereinsamte Patient der Massengesellschaft braucht in der Praxis wie in der Klinik die Person des opfer- und auch risikobereiten Arztes, wenn er sich ärztlich gut versorgt und nicht nur maximal mediziniert finden soll.

Die Person des Arztes: das bedeutet den in freier Selbstverantwortlichkeit den Kranken begleitenden Arzt, der imstande ist, in

112 Adolf Laufs, Das Gewissen als ärztl. Instanz – aus der Sicht des Juristen, in: Universitas Mai 1981, Seite 490.

113 Adolf Laufs, Arztrecht, Seite 17.

Übereinstimmung mit seinem Gewissen zu beraten, zu handeln und auch die Folgen mitzutragen.

Die Perfektion der Technik wie die des Sozialstaates und die Kommerzialisierung auch des Gesundheitswesens werfen indessen Schatten, die sich nicht übersehen lassen. Die verantwortliche Freiheit des Arztes und sein persönliches Band zum Patienten schwächen sich ab. Das ärztliche Berufsverständnis mit der ihm eigenen spezifischen Ethik beginnt sich abzuflachen in einer pluralistischen Gesellschaft, deren Sittenkodex sich in beliebige Teile aufzulösen droht. Die einebnenden gesellschaftlichen Kräfte fechten die hochstehende Standesmoral, den anspruchsvollen Werthintergrund der Ärzteschaft an, suchen das Berufsethos als Vorwand oder Mittel gruppenegoistischer Machtbedürfnisse zu verdächtigen. In einer weitgehend arbeitsteiligen, apparativen und öffentlich organisierten Gesundheitspflege breiten sich Anonymität und Verlassenheit aus und belasten einen Dienst, der doch als individueller immer wieder psychosomatische Einzelpersönlichkeiten in Anamnese, Diagnose und Therapie zu beobachten, zu informieren und zu behandeln hat.

Das Gewissen als ärztliche Instanz ist gerade unter diesen Umständen notwendiger denn je, auch im Interesse des Fortschritts der medizinischen Kunst. Die Forderung nach einem wissenschaftlich und sittlich hochstehenden Berufsstand bildet eine unverbrüchliche Einheit: Der Vorstoß in medizinisches Neuland verlangt den mutigen Gewissensentschluß. Die Begrenzung des technisch Möglichen auf das dem Menschen Gemäße erfordert das Gewissensbedenken, und die Kontrolle des ärztlichen Tuns überhaupt läßt sich wirksam letztlich nur durch den Berufsstand selbst üben.

Die Selbstkontrolle ist wirksamer als die gerichtliche. Sie setzt ethische Ansprüche und wachsame Gewissen voraus.«[114]

Wenn Adolf Laufs in diesem Zitat fordert, der Arzt habe »in Übereinstimmung mit seinem Gewissen zu beraten, zu handeln und auch die Folgen mitzutragen«, stellt er damit an den Arzt eine

114 Adolf Laufs, a. a. O., Seite 496.

hohe ethische Anforderung. Die Folgen des eigenen Handelns zu tragen, ist – ethisch gesehen – eine Selbstverständlichkeit, die nur allzu leicht in Vergessenheit gerät. So zu handeln, daß der Arzt »die Folgen mittragen« kann, könnte der kategorische Imperativ des Arztberufes sein: »Handle als Arzt stets so, daß du am eigenen Körper die gleiche Methode und Behandlung wählen würdest.«

VIII. Das genuine Selbstbestimmungsrecht

Neben den abgeleiteten stehen die genuinen Selbstbestimmungsrechte des Patienten, die unmittelbar aus den Grundrechten hervorgehen. Für deren Durchsetzung ist nicht der einzelne Arzt zuständig und verantwortlich, sondern Gesetzgeber, Regierung und die Bürger, die ihrem politischen Willen Ausdruck verleihen müssen und Träger und Inhaber der Grundrechte sind. Wie bereits dargestellt wurde, leitet sich nach Kant das Selbstbestimmungsrecht des Menschen aus seiner unantastbaren Würde ab, »sie zu achten und zu schützen ist Verpflichtung aller staatlichen Gewalt« (Art. 1 GG). So müßte oberster Maßstab jeder staatlichen Gesundheitspolitik die Herstellung und Erhaltung des Selbstbestimmungsrechtes des Patienten sein. So hat der Gesetzgeber dafür Sorge zu tragen, daß gesundheitsbezogene Daten als Ausdruck der Persönlichkeit vor Zugriff und Mißbrauch geschützt werden, daß kein Patient ohne Aufklärung und Einwilligung an der klinischen Erprobung von Medikamenten teilnimmt, daß nach dem Tod eines Patienten kein Organ zur Transplantation ohne persönliche Einwilligung des Organspenders zu Lebzeiten entnommen werden darf, um einige Beispiele für das Selbstbestimmungsrecht des Patienten zu nennen, die unmittelbar aus den Grundrechten hervorgehen.

Das aus den Grundrechten entstandene Selbstbestimmungsrecht, das genuine also, erstreckt sich auf eindeutige Rechtsgüter: Freie Arzt- und Krankenhauswahl, die damit verbundene Therapiefreiheit, Recht auf Information und Einsicht in die Krankenunterlagen.

Diese Selbstbestimmungsrechte zu wahren, ist der Patient unter Umständen selbst befähigt und in der Lage. Letzten Endes ist es seine Entscheidung, welchen Arzt er aufsucht, welche Therapie, ob Allopathie oder Homöopathie, er bevorzugt, ob er sich mit einer pauschalen Antwort auf seine Informationsfragen begnügt oder auf weiteren Auskünften insistiert.

Hat sich jedoch der Patient in die Obhut eines Arztes begeben und hat die Behandlung oder Operation begonnen, dann ist er nicht mehr allein Herr über die Wahrung seiner Grundrechte und seines Selbstbestimmungsrechtes.

Dem Subjekt des Selbstbestimmungsrechtes, dem Patienten, tritt ein anderes Subjekt, der Arzt, gegenüber, von dem es ganz entscheidend abhängt, ob die weiteren Selbstbestimmungsrechte des Patienten gewahrt werden und ihren Niederschlag im Handeln des Arztes finden: Sie sind in der Hilfs-, Aufklärungs-, Schweige- und Dokumentationspflicht des Arztes verankert. Es ist Sache des Gewissens eines Arztes, seine Pflichten auch als Ausdruck der Patientenrechte zu begreifen und zu befolgen. Das Gewissen des Arztes ist nur dann Gewissen, wenn es die Sache des Patienten an die erste Stelle rückt.

a) Das Recht auf freie Arzt- und Krankenhauswahl

Konstitutiv für ein Vertrauensverhältnis zwischen Arzt und Patient ist zunächst die freie Arztwahl. Ärger, Enttäuschung, Kummer und Leid blieben vielen Patienten erspart, wenn sie sich der Tatsache bewußt wären, daß die Arztwahl ihre eigene Entscheidung ist, die zwar rückgängig gemacht und durch die Wahl eines anderen Arztes ersetzt werden kann, aber dennoch für den Verlauf der Krankheit ausschlaggebend sein kann. Die erste Voraussetzung zu einer erfolgreichen Behandlung ist wechselseitiges Vertrauen, das heißt, nicht nur des Patienten zum Arzt, sondern auch umgekehrt. Auch der Arzt trifft eine Wahl, wenn er einen Patienten zur Behandlung »annimmt«; er muß ihn auch vor allem als Menschen innerlich annehmen. Geschieht dies von beiden Seiten, so wird ein Arzt-Patienten-Verhältnis als gelungen anzusehen sein.

Unterschiedlich wird die Frage beantwortet, ob es einem Arzt gestattet ist, die Behandlung eines Patienten abzulehnen. Die Berufsordnung für die deutschen Ärzte postuliert: »Der Arzt ist in der Ausübung seines Berufes frei. Er kann die ärztliche Behandlung ablehnen, insbesondere dann, wenn er der Überzeugung ist, daß das notwendige Vertrauensverhältnis zwischen ihm und dem Patienten nicht besteht. Seine Verpflichtung, in Notfällen zu helfen, bleibt hiervon unberührt.«[115]

Im Gegensatz dazu muß aber gesehen werden, daß durch die Nichtvornahme einer gebotenen Hilfsmaßnahme durch den Arzt der Tatbestand eines Begehungsdeliktes erfüllt wird. In diesem Zusammenhang verwendet Adolf Laufs den Begriff »Garantenpflicht«: »Hat der Arzt seine Garantenpflicht verletzt und läuft dennoch der Fall ohne Nachteil für den Kranken ab, so greift weder eine zivil- noch eine strafrechtliche Sanktion ein. Ist es zum Tode oder zu einer Körperverletzung gekommen, wofür das pflichtwidrige Aufrechterhalten erheblicher Schmerzen ausreichen kann, so hängen Ersatzpflicht und Strafbarkeit des Arztes noch davon ab, ob die Vornahme der unterlassenen Fürsorge den Kranken auch wirklich gerettet oder seinen Gesundheitszustand gebessert hätte oder ob nicht jede ärztliche Mühe ohne Nutzen geblieben wäre. Außerdem müßte den Arzt ein Schuldvorwurf treffen, wenn er haftbar sein sollte.«[116]

Ein Arzt kann sich jedoch auch wegen unterlassener Hilfeleistung strafbar machen, wenn sich nicht nachweisen läßt, daß die unterlassene Hilfeleistung den eingetretenen Schaden abgewendet hätte. Dann tritt subsidiär der Straftatbestand des § 330 c StBG ein: In akuten Notlagen gebietet das Allgemeininteresse jedem Bürger, alles zu tun, was in seinen Kräften steht.

Von weiteren Ausschließungsgründen einer Behandlung eines Patienten wird in dem Kapitel »Die Hilfspflicht des Arztes« noch die Rede sein. Dem Grundsatz des Rechtes auf freie Arztwahl des Patienten steht die Freiheit des Arztes gegenüber, zu behandeln,

115 § 1 Abs. 6, Berufsordnung 1976, Deutsches Ärzteblatt 1976, Seite 1543.
116 Adolf Laufs, Arztrecht, Seite 25.

wen er will. Diese Freiheit wird nur durch ärztliches Ethos, Kassenarztrecht und die strafrechtliche Bestimmung des § 330 c, StGB – unterlassene Hilfeleistung – eingeengt.

Hat ein Patient »seinen« Arzt frei gewählt – und davon ist unbestritten auszugehen –, ist dennoch das Verhältnis zwischen Arzt und Patient oft von externen Einflüssen belastet. Die Ansprüche der Patienten an die ärztlichen und therapeutischen Leistungen sind gestiegen. Patienten haben ihre Erwartungen, angeregt durch die erhöhten finanziellen Aufwendungen für gesundheitliche Leistungen, durch Fortschritte in der Medizin und Pharmazie und durch Berichte in den Massenmedien –, oft so hochgeschraubt, daß kein Arzt ihnen gerecht zu werden vermag. Oft sind es auch die Angehörigen, die sich nicht damit abfinden können, daß ihr Familienmitglied leidet und gegebenenfalls stirbt. Nicht die Endlichkeit menschlichen Lebens wird bedacht und existentiell erfahren, sondern schnell ist die Schuldzuweisung an den Arzt zur Hand. Vergessen ist der Augenblick, da man sich selber für einen bestimmten Arzt entschieden hat. Vergessen ist alles, was der Arzt zum Risiko einer Behandlung, zur Gefährdung des Lebens durch eine vielleicht nicht zu heilende Krankheit gesagt hat. Was als vertrauensvolle Zusammenarbeit zwischen Arzt und Patient begonnen hat, endet zuweilen im Scherbenhaufen eines Arzthaftpflichtprozesses. Die verhängnisvollen Auswirkungen eines materialistisch-positivistischen Denkens zeigen sich in einer falschen Wissenschaftsgläubigkeit und einer Überbewertung der Technik. Durch die Vorstellung, alles sei machbar, auch die Heilung der schwersten Krankheit, ist das Vertrauensverhältnis zwischen Patient und Arzt bedroht.

Die freie Wahl des Arztes durch den Patienten ist ein hohes Rechtsgut, das im Interesse beider Seiten liegt. Für den Patienten ist sie die Voraussetzung seines Vertrauens, für den Arzt Voraussetzung seines möglichen Erfolges seiner Behandlung.

b) *Das Recht auf Therapiefreiheit*

In engem Zusammenhang mit der freien Arztwahl steht die Wahl der Therapie für den Patienten: Mit dem Arzt wählt der Patient zugleich eine Therapierichtung und entscheidet darüber, mit welcher Methode und mit welchen Medikamenten er sich behandeln lassen will, sei es mit den Methoden der sogenannten Schulmedizin und folglich mit chemotherapeutischen Medikamenten, sei es mit homöopathischen Methoden und Arzneimitteln, sei es mit anthroposophischen Methoden und Medikamenten, sei es mit naturheilkundlichen Methoden und Medikamenten.

Hier ist nicht der Ort, die verschiedenen Auffassungen von medizinischer Wissenschaft, die im Widerstreit miteinander liegen, darzustellen. Die Auffassung von der Medizin als reiner Naturwissenschaft hat Virchow 1849 definiert: »Der Naturwissenschaftler kennt nur Körper und Eigenschaften von Körpern. Was darüber ist, nennt er Transzendenz, und die Transzendenz betrachtet er als eine Verwirrung des menschlichen Geistes.«[117] Eine zynischere Verhöhnung von Philosophie und Theologie kann man sich kaum vorstellen. Aber auch eine Medizin, die in falscher Ableitung einer trichotomischen Auffassung vom Menschen den Körper des Menschen allein zum Thema ihrer Wissenschaft macht, muß in die Irre gehen.

Oberste Maxime jeder medizinischen Wissenschaft ist die Erkenntnis von der Einheit von Körper, Seele und Geist und den jeweiligen Interdependenzen. Niemand mehr stimmt heute noch Virchow zu, der meinte, die Psyche des Menschen als Ursache von Krankheiten außer Betracht lassen zu können.[118]

117 Rudolf Virchow, Die naturwissenschaftliche Methode und die Standpunkte der Therapie, in: Archiv für pathologische Anatomie und Physiologie und für klinische Medizin, Band 2, 1849.

118 cf Viktor von Weizsäcker, Der kranke Mensch und Diesseits und Jenseits der Medizin, darin die Kapitel: Von den seelischen Ursachen der Krankheit. Grundfragen medizinischer Anthropologie. An Leib, Seele und Ehre krank. Der Mensch und seine Krankheiten.

Daß jedoch der Mensch ein Geistwesen ist und als solcher auch durch die Medizin gesehen werden muß, ist immer noch keine Selbstverständlichkeit. Die Jeweiligkeit der Auffassung vom Menschen wird die Definition der medizinischen Wissenschaft bestimmen. Virchow schien den Menschen als Konglomerat von Materie zu begreifen, die nach den physikalischen Gesetzen von Wirkung und Ursache »funktioniert«. Begreife ich jedoch den Menschen und damit mich selbst als ein auf Transzendenz angelegtes und zur Transzendenz bestimmtes Wesen und dazu noch als ein ganzheitliches, dann erfasse ich Medizin als eine Wissenschaft vom ganzen Menschen, der sich in seiner unendlichen Vielfalt mathematischen Berechnungen entzieht und Freiheit und Würde aus seiner metaphysischen Bestimmung als Geistwesen empfängt. Nur diese Auffassung vom Menschen in der medizinischen Wissenschaft erkennt die Begrenzung der Übertragung der Ergebnisse von Tierversuchen auf den Menschen. Was für die Ratte im Tierversuch gilt, muß nicht selbstverständlich auch für den Menschen gelten – und umgekehrt. Der Mensch ist ein unvergleichliches Wesen, ein Wesen sui generis, sei es im Scheitern, sei es im Gelingen seiner Existenz. So ist die medizinische Wissenschaft niemals voraussetzungslose Naturwissenschaft, sondern darauf angewiesen, das philosophische »A priori« stets mitzudenken.[119]

Nach Artikel 5, Abs. 3 des GG sind Forschung und Lehre frei. Die einzige Bindung, der die Wissenschaft unterworfen ist, ist die Treue zur Verfassung.

Diese Bestimmung des GG steht in engem Zusammenhang mit Artikel 2, Abs. 1 GG, dem Recht auf freie Entfaltung der Persönlichkeit. Gesetzgeber und staatliche Organe sind nicht befugt,

119 Engelhardt u. Schipperges, Die inneren Verbindungen zwischen Philosophie u. Medizin im 20. Jahrhundert, Seite 93: »Auf Theorie und Philosophie kann nach Rothschuh (1935 und 1936) in der Medizin nicht verzichtet werden, zur romantisch-spekulativen Philosophie, die sich über naturwissenschaftliche Ergebnisse großzügig hinweggesetzt habe, dürfe man allerdings nicht zurückkehren...«.

eine Entscheidung zugunsten der einen und zu ungunsten der anderen wissenschaftlichen Richtung zu treffen. Pluralismus im demokratisch verfaßten Staat gilt nicht nur für Weltanschauungsfragen, sondern ebenso für den Streit und die Konkurrenz verschiedenartiger wissenschaftlicher Auffassungen. Die Legislative und Exekutive sind nicht nur zur wissenschaftlichen Neutralität verpflichtet, sondern vielmehr sogar dazu, das Nebeneinander und die freie Konkurrenz verschiedener Wissenschaftsauffassungen zu fördern. Zu der Garantie der freien Arztwahl tritt die Garantie für den Patienten, zwischen verschiedenen medizinischen Richtungen und den jeweiligen Methoden frei wählen zu können. Gesetzgeber und Regierung müssen also nach dem Grundgesetz dafür sorgen, daß

1. der Pluralismus in der Medizin als verbrieftes Verfassungsrecht auch Verfassungswirklichkeit wird.

2. Jeder Arzt muß die Möglichkeit und das Recht haben, sich in der medizinischen Richtung seiner freien Wahl ausbilden lassen zu können, darin praktizieren zu können und die entsprechenden Medikamente zur Verfügung zu haben – mit der Konsequenz, daß auch der Patient mit dem Arzt frei die medizinische Richtung wählen kann. So wenig der Staat die metaphysische Wahrheitsfrage zu entscheiden hat, ebenso wenig steht ihm ein Urteil darüber zu, welche Therapie einem Patienten zur Verfügung zu stehen hat und welche nicht.

Seit Gotthold Ephraim Lessings unvergleichlicher Ringparabel im »Nathan dem Weisen« dürfte dies philosophisch unbestritten sein, staatsrechtlich spätestens mit Inkrafttreten des Grundgesetzes am 23. Mai 1949.

Dennoch hat die staatliche Gesundheitsverwaltung, die von Anhängern der Schulmedizin beherrscht wurde, sich dieser Erkenntnis sehr lange verschlossen. Die Auseinandersetzungen um das AMG von 1976 haben dies gezeigt.[120] Im Vordergrund stand der Streit um den Wirksamkeitsnachweis von Medikamenten durch kontrollierte klinische Versuche und den doppelten Blind-

120 Protokoll der Anhörung zum AMG des BT-Ausschusses JFG.

versuch, den Paradigmen eines positivistischen Wissenschaftsverständnisses, mit denen eine objektivierbare Entscheidungsbasis angestrebt wurde, um darauf administrative Eingriffsmöglichkeiten bei Zulassung und Widerruf von Arzneimitteln aufzubauen.[121] Sogenannte objektive Standards seien erforderlich, um einen übersichtlichen Arzneimittelmarkt zu erreichen, die Kosten für die Arzneimittelversorgung zu senken und unwirksame Arzneimittel vom Markt zu entfernen. Um diese Ziele zu erreichen, sah der Regierungsentwurf zum AMG 1976 einen rigiden Wirksamkeitsnachweis vor, der jegliche ärztliche Erfahrung als Kriterium der Wirksamkeit ausschloß, um unanfechtbare administrative Regelungen zu erreichen, die auch einem Verwaltungsgerichtsverfahren standhalten würden.

»Der Gesetzgeber hat im Arzneimittelgesetz demgegenüber auf der grundgesetzlich verankerten Wissenschaftsfreiheit, der Therapiefreiheit und dem Selbstbestimmungsrecht des Patienten bestanden. Die von der Orthodoxie viel beklagten Sätze 2 und 3 von § 25 Abs. 2 AMG, die von dem federführenden Bundestagsausschuß in den Regierungsentwurf eingefügt wurden, sind ein Schutz für die medizinische Wissenschaft gegenüber den Techniken des medizinischen Positivismus. Auf der Basis des Grundgesetzes hat der Gesetzgeber der wissenschaftlichen Erkenntnisleistung, obwohl sie sich einer behördlichen Reglementierung entzieht, gegenüber administrativ handhabbaren Regelungen den Vorzug gegeben.

Er hat damit auch einer Entwicklung vorgebeugt, die analog zu der unhaltbaren Erweiterung der allgemein anerkannten Grundsätze ärztlicher Wissenschaft zu normativen Vorgaben möglich gewesen wäre. Nach § 8 AMG ist es u. a. verboten, Arzneimittel in den Verkehr zu bringen, denen eine therapeutische Wirksamkeit beigelegt wird, die sie nicht haben. Der Sinn dieser Vorschrift ist es, Patienten bzw. Ärzte vor betrügerischen Machenschaften zu schützen. Ohne die erwähnten Sätze 2 und 3 von § 25 AMG wäre

121 cf. Burkhardt u. Kienle, Die Zulassung von Arzneimitteln und der Widerruf von Zulassungen nach dem AMG von 1976, Seite 14ff.

es möglich gewesen, sie im Sinne einer positivistischen Regelung zu interpretieren, derzufolge alle Medikamente wegen Irreführung der Patienten vom Markt zu verschwinden hätten, deren Wirksamkeit nicht in kontrollierten Experimenten nachgewiesen ist oder die nicht sonstigen normativen Vorgaben entsprechen. Was früher gegenüber Außenseitern nur im Rahmen von Kunstfehlerprozessen möglich war, hätte als genereller Freibrief benutzt werden können, wenn die Abweichung von der Lehrmeinung zum Strafbestand erhoben worden wäre. Es wäre dann möglich gewesen, geistige Auseinandersetzungen mit Mitteln des Strafrechts zu entscheiden.«[122]

Hinter diesen Auseinandersetzungen standen aber auch handfeste wirtschaftliche Interessen. Die Hersteller von chemotherapeutischen Präparaten wollten sich mit Hilfe des AMG der Konkurrenz der anderen Therapierichtungen entledigen. Dabei wurde ihnen nicht deutlich, daß Freiheit unteilbar ist. Ist die Therapiefreiheit erst in einem Teilbereich (z.B. dem der besonderen Heilverfahren) eingeschränkt, so wird es nicht lange dauern, bis die Therapiefreiheit insgesamt zur Disposition gestellt wird und einer staatlich verordneten Medizin weichen muß, der es vordergründig um Kostensenkung geht, die in Wahrheit aber einer positivistischen Wissenschaftsauffassung zum Sieg verhelfen will. Auch die Interessenvertretung der Krankenkassen bestand damals »auf einem Wirksamkeitsnachweis im Sinne der positivistischen Konzeption«,[123] um damit angeblich unwirksame Medikamente nicht finanzieren zu müssen. Der Bundesverband der Ortskrankenkassen gab vor, die Interessen der Versicherten schützen zu wollen, indem nur »wirksame« Arzneimittel vom Arzt verordnet werden könnten. Hätte sich diese Auffassung im Parlament durchgesetzt, so hätte dies einen Eingriff in die Therapiefreiheit des Arztes bedeutet und zugleich das Ende der Wahlfreiheit der Therapierichtung durch den Patienten. Die Medikamente der besonderen Therapierichtungen hätten von den Versicherten selber

122 Burkhardt und Kienle, a.a.O., Seite 15 f.
123 Burkhardt und Kienle, a.a.O., Seite 17.

bezahlt werden müssen – zusätzlich zu den Beiträgen zur Krankenversicherung.

Die Angehörigen des öffentlichen Dienstes hätten die Kosten für diese Medikamente, die nicht mehr beihilfefähig wären, selber zu tragen.

Auf dem Umweg über den Geldbeutel wäre die Therapiefreiheit beendet worden. Die Einnahme von Medikamenten der besonderen Heilverfahren wäre ein Luxus geworden, den die große Mehrheit der Patienten aus eigener Tasche nicht hätte finanzieren können. Eine einseitige medizinische Richtung hätte – nicht wissenschaftlich, sondern politisch obsiegt. Dies alles hat der Gesetzgeber durch die im Parlament verabschiedete Form des Arzneimittelgesetzes am 6.5.1976 verhindert.

Der Pluralismus in der Medizin und damit die Gleichberechtigung der verschiedenen Therapierichtungen sind erstmals in der deutschen Parlamentsgeschichte vom Gesetzgeber festgestellt und festgeschrieben worden. Im Bericht des federführenden Bundestagsausschusses heißt es dazu: »Nach einmütiger Auffassung des Ausschusses kann und darf es nicht Aufgabe des Gesetzgebers sein, durch die einseitige Festlegung bestimmter Methoden für den Nachweis der Wirksamkeit eines Arzneimittels eine der miteinander konkurrierenden Therapierichtungen in den Rang eines allgemein verbindlichen ›Standes der wissenschaftlichen Erkenntnisse‹ und damit zum ausschließlichen Maßstab für die Zulassung eines Arzneimittels zu erheben.

Der Ausschuß hat sich vielmehr bei der Beschlußfassung über die Zulassungsvorschriften, insbesondere bei der Ausgestaltung der Anforderungen an den Wirksamkeitsnachweis, von der politischen Zielsetzung leiten lassen, daß sich im Zulassungsbereich der in der Arzneimitteltherapie vorhandene Wissenschaftspluralismus deutlich widerspiegeln muß.«[124]

Um ein Gegengewicht gegen denkbare einseitige Auffassungen des Bundesgesundheitsamtes im Hinblick auf die besonderen Therapierichtungen zu schaffen, hat der Gesetzgeber für das Zu-

124 BT-Drucksache 7/5091, Seite 6.

lassungsverfahren von Arzneimitteln der jeweiligen Therapierichtung zugeordnete Kommissionen geschaffen, die am Zulassungsverfahren beteiligt sind: »Jede Entscheidung über die Zulassung eines Arzneimittels ist eine Ermessensentscheidung, in die vor allem bei der erforderlichen Güterabwägung von Risiko und Nutzen höchstpersönliche Wertungen als mitentscheidende Faktoren einfließen. Deshalb kam es dem Ausschuß wesentlich darauf an, das Verfahren der Entscheidungsfindung so auszugestalten, daß die Monopolisierung einer herrschenden Lehre als verbindlicher ›Stand der wissenschaftlichen Erkenntnisse‹ vermieden wird und die durch die besonderen Therapierichtungen repräsentierten Minderheiten nicht majorisiert werden. Der Ausschuß hat dem Umstand Rechnung getragen, daß Fragen der wissenschaftlichen Erkenntnis nicht nach Maßgabe einer Mehrheitsentscheidung beantwortet werden können.

Er ist vielmehr einmütig der Auffassung, daß die Pluralität der wissenschaftlichen Lehrmeinungen in der Arzneimitteltherapie auch in den konkreten Entscheidungen über die Zulassung eines Arzneimittels ungeschmälert zum Ausdruck kommen muß. Er hält eine institutionelle Verankerung des externen Sachverstandes in Kommissionen in Verbindung mit einer faktischen Bindung der Zulassungsbehörde an die Voten dieser Kommission über das im Regierungsentwurf vorgesehene Maß hinaus für erforderlich. Durch entsprechende Verfahrensregelungen wird außerdem sichergestellt, daß die Arzneimittel der besonderen Therapierichtungen, insbesondere das hierzu vorhandene wissenschaftliche Erkenntnismaterial einschließlich des nach wissenschaftlichen Methoden aufbereiteten ärztlichen Erfahrungsmaterials durch eigene, ausschließlich von den jeweiligen ärztlichen Fachgesellschaften vorgeschlagene Sachverständige die über wissenschaftliche Kenntnisse und praktische Erfahrungen verfügen, beurteilt werden. Das Gesetz gewährleistet somit, daß die medizinisch-klinischen Ergebnisse gleichwertig neben die medizinischen Erfahrungen gestellt werden.«[125]

125 BT-Drucksache 7/5091. Seite 7.

Insbesondere durch den letzten Satz werden Versuche am Menschen sowie der »Doppelte Blindversuch« als Nachweis von Wirksamkeit und Unbedenklichkeit von Arzneimitteln nicht als herrschendes Paradigma festgeschrieben und nicht als alleinige Beurteilungsgrundlage von Medikamenten erklärt, sondern die medizinische Erfahrung ist ausschlaggebend, die im kontrollierten klinischen Versuch streng an den Behandlungsauftrag des Patienten gebunden sein muß.

Das Ziel des Gesetzgebers war es, eine ordnungsgemäße Arzneimittelversorgung der Bevölkerung sicherzustellen und gleichzeitig die Therapiefreiheit des Arztes und des Patienten vor unzulässigen Abhängigkeiten und Einflußnahmen von einseitigen Wissenschaftsauffassungen zu schützen. Vordergründig galt es, die Arzneimittelsicherheit zu verbessern, jedoch wurde für den Gesetzgeber ersichtlich, daß »hinter der dogmatisch und politisch emotionalisierten Frage des staatlichen Schutzes vor Arzneimittelgefahren unbemerkt die Verfassungsfrage der Wissenschaftsfreiheit steht. Jeder, der meint, der Staat solle endlich Arzneimittel verbieten, die ihm persönlich fragwürdig erscheinen, oder den Arzneimittelmarkt ›bereinigen‹, will ihn als Wissenschaftsrichter installieren. Souveränität staatlicher Entscheidungskompetenz in wissenschaftlich strittigen Fragen ist mit dem Grundrecht der Wissenschaftsfreiheit unvereinbar. Verantwortung, Betroffenheit, Sachbezogenheit und Kompetenz in diesem Sinne sind für die Urteilsbildung in Zusammenarbeit mit den Kommissionen zu erwirken. Die Arzneimittelsicherheit darf nicht als Alibi für die Durchsetzung wissenschaftlicher Positionen oder gesellschaftspolitischer Wünsche mißbraucht werden.«[126]

126 Burkhardt und Kienle, a. a. O., Seite 86.

c) Das Recht auf Aufklärung

Die Aufklärungspflicht des Arztes hat im Laufe der Zeit eine bestimmte Wandlung erfahren. Der Begriff »Aufklärungspflicht« ist zudem mehrdeutig. Im ursprünglichen Sinn des Wortes muß der Arzt im Rahmen seiner vertraglichen Behandlungspflicht den Patienten aus therapeutischen Gründen aufklären. Die Information des Patienten dient in diesem Sinn der Vorbereitung und Unterstützung einer medizinisch notwendigen Behandlung und hat das Ziel, zum Gelingen der Behandlung, zur Heilung oder Linderung der Krankheit beizutragen. Aufklärung zielt also im ursprünglichen Sinn auf die Verminderung der denkbaren Angst des Patienten, auf seine psychische Verfassung also, und auf das, was der Patient durch sein Verhalten zur Heilung beitragen kann: Die Aufklärung des Patienten steht unter dem Leitsatz: »Salus aegroti suprema lex.«

In einem gewissen Spannungsfeld dazu steht die mehr »juristisch« bestimmte Aufklärungspflicht. Da jeder ärztliche Eingriff die Einwilligung des Patienten voraussetzt und diese wiederum nur nach erfolgter Aufklärung gegeben werden kann, in der der Betroffene über Risiko, Tragweite und Heilungschance informiert worden ist, damit er sich nach den Kriterien des Pro und Contra entscheiden kann, erhält die Aufklärungspflicht des Arztes einen neuen Aspekt. Zu dem Kriterium: Was dient dem Wohl des Patienten? tritt ein neues: Welche Entscheidung trifft der Patient nach seinem Selbstbestimmungsrecht? Die Aufklärungspflicht bekommt damit einen juristischen Aspekt. Diente sie ursprünglich dem Ziel, die Situation des Patienten zu »klären«, ihm die Ursachen seiner Krankheit und die aus deren Vorhandensein zu ziehenden Konsequenzen darzustellen und ihm seiner Mündigkeit entsprechend zu begegnen, so steht bei einer Aufklärungspflicht als Voraussetzung zur Einwilligung, sich behandeln zu lassen, das Recht auf Selbstbestimmung im Vordergrund.

Die Aufklärungspflicht unter juristischen Gesichtspunkten kann für den Arzt zu einer Bürde werden, wenn er unter dem

Aspekt einer Haftung in dem Fall, daß der Patient Schaden erleidet, sich vorwerfen lassen muß, er habe den Patienten ungenügend aufgeklärt.

Einerseits hat der Arzt also die Pflicht, den Patienten möglichst umfassend über Gefahren und Risiken einer Behandlungsmethode oder Operation, über Nebenwirkungen und Kontraindikationen eines Medikamentes aufzuklären. Andererseits könnte eine zu weitgehende Aufklärung einen Patienten in Angst und Schrecken versetzen, was z.B. bei einer Herzinsuffizienz oder psychischen Störungen unerwartete und unerwünschte Komplikationen mit sich bringen könnte – die totale Aufklärung verkehrt sich in ihr Gegenteil, sie schadet dem Patienten. Um diesen Konflikt zu lösen, hat W. Weissauer auf einem Symposion 1980 in Münster vorgeschlagen, dem Patienten eine Stufenaufklärung zu geben. Ein wesentliches Element der Selbstbestimmung des Patienten sei seine Entscheidungsfreiheit, den Umfang und die Intensität der Aufklärung selbst zu bestimmen. Daher solle der Patient einem Merkblatt entnehmen:

1. Basisinformation über die Krankheit,
2. Information über die Prognose,
3. Information über den geplanten ärztlichen Eingriff,
4. Information über Behandlungsalternativen,
5. Information über Erfolgsaussichten,
6. Information über notwendige oder mögliche nachteilige Folgen des Eingriffs,
7. Information über Risiken, die erfahrungsgemäß für die Entscheidung des Patienten in dieser Situation Gewicht gewinnen,
8. Hinweise auf seltene und seltenste Risiken, nach denen der Patient fragen sollte, wenn sie für ihn von Interesse sind.[127]

Nach dem Studium des Merkblattes soll der Arzt dann in einem folgenden Aufklärungsgespräch die Fragen des Patienten beantworten und ihn über die individuellen Risiken und Umstände aufklären. Am Ende bestätigt der Patient mit seiner Unterschrift die

127 Deutsches Ärzteblatt, 79. Jahrgang, Heft 12, vom 26.3.82, Seite 81.

Aufklärung durch den Arzt, trifft zugleich seine Entscheidung für oder gegen den Eingriff und gibt oder verweigert die Einwilligung.

Mit diesem Verfahren ist sicherlich ein Teil der Probleme unter Berücksichtigung des Selbstbestimmungsrechtes des Patienten gelöst. Aber es bleibt das Unbehagen darüber, daß die Beziehung zwischen Arzt und Patient immer mehr verrechtlicht und unter juristische Aspekte gestellt wird. In immer häufiger geführten Arzthaftungsprozessen spielt die Aufklärung des Patienten eine entscheidende Rolle. Patienten, die ihre Gesundheit nicht erlangten, suchen als Ersatz dafür mehr und mehr ihr Recht. Einen dafür typischen Fall schildert Adolf Laufs in der Neuen Juristischen Wochenschrift: »Ein neues Urteil aus der nicht abreißenden Folge von Erkenntnissen des BGH zur ärztlichen Aufklärungspflicht erscheint durchaus problematisch. Der beklagte Arzt hatte den Schmerzensgeldkläger wegen des Verdachts einer Otosklerose am rechten Ohr operiert. Dabei hatte er nach teilweiser Ablösung des Trommelfells und Abtragung der hinteren knöchernen Gehörgangsumrandung erkannt, daß der Amboß in einer derben Bindegewebsplatte endete, die den Zugang zur sogenannten ovalen Fensternische weiter oben verlegte. Er hatte diese Platte abgelöst und dabei eine Abzweigung des nervus facialis durchtrennt, der – entgegen seiner regelmäßig vollständigen Einbettung in seinem knöchernen Kanal außerhalb des Operationsgebietes – teilweise im Bindegewebe verlief. Der Beklagte brauchte nach dem Urteil nicht gemäß statistischer Wahrscheinlichkeit mit dem irregulären Verlauf des Gesichtsnervs zu rechnen, dessen knöchernen Kanal er als vorhanden erkannte. Dem Operateur ließ sich auch nicht vorwerfen, er habe die ungewöhnliche Abzweigung eines Nervenastes durch die Bindegewebsplatte bemerken müssen. Es ging nach dem Richterspruch vielmehr darum, ...daß der Beklagte aufgrund des ungewöhnlichen Befundes mit seinem Entschluß, die Bindegewebsplatte zu entfernen und weiterzuoperieren, ein ihm unbekanntes und nicht kalkulierbares Risiko eingegangen ist. Er mußte jetzt auch die recht seltene, gewiß weniger als 10 % betragende Möglichkeit eines für ihn zunächst nicht oder nicht vollständig erkennbaren atypischen Verlaufs des Nervs ernsthaft in Betracht ziehen, so daß er ihn unter den gegebenen Umständen selbst bei seiner verfeinerten Operationstechnik (Mikroskop usw.) verletzen konnte. Wenn der Arzt in dieser Lage den Eingriff nicht abbrach, um sich nach einer Aufklärung des Patienten dessen Einwilligung in einen späteren Fortgang der chirurgischen Maßnahmen zu versichern, dann ging das Operationsrisiko auf ihn über, ohne daß ein Kunstfehler vorlag.

Mit diesem Ergebnis hat das Gericht jedenfalls die Grenze dessen erreicht, was das Recht dem Arzt an aufklärenden Hinweisen abverlangen kann.«[128] Der BGH kommt zu dem Ergebnis in diesem Fall: »Der Arzt, der während der Operation auf ein erhöhtes Operationsrisiko stößt, muß den Eingriff abbrechen, wenn er für seine Fortsetzung nunmehr mangels Aufklärung darüber keine wirksame Einwilligung des Patienten hat und die Operation ohne dessen Gefährdung unterbrochen oder abgebrochen werden kann, um die Einwilligung nachzuholen.«[129] Allerdings wurde vom BGH auch anerkannt, daß ein Abbruch der Operation in anderen Fällen nicht in Betracht kommt, wenn dies den Patienten ebenso gefährden würde wie das Risiko, das in der Fortsetzung des Eingriffs liegt.[130] Inwieweit auch psychotherapeutische Verfahren unter die Aufklärungspflicht fallen, wird meines Erachtens dadurch positiv entschieden, daß psychotherapeutische Behandlungen Persönlichkeitsveränderungen hervorrufen können und damit unter dem Aspekt der Aufklärung mit Operationen der Chirurgen oder Behandlungen mit Medikamenten gleichzusetzen sind. In der Psychotherapie aber wird die Grenze der Aufklärung besonders deutlich. Das Wissen vom Kranken als Individuum ist äußerst begrenzt: Wie wird ein Patient eine eventuell lebensbedrohende Krankheit seelisch verarbeiten? Wie wird er auf eine entsprechende Aufklärung reagieren? Wie entwickelt sich sein Le-

128 Adolf Laufs, Arztrecht im Wandel, NJW 1977, Heft 24, Seite 1082f.

129 BGH, NJW 1977, Seite 377.

130 cf BGH Entscheidung vom 20.4.80, NJW 33 (1980), Seite 1905 und vom 23.9.80 NJW 34 (1981), Seite 633.

benswille? Der Mensch in seinem zukünftigen Verhalten und in seiner Entwicklung ist nicht prognostizierbar und darum ist oft auch nicht der Krankheitsverlauf prognostizierbar. Hier wird die Grenze der Aufklärung in allen medizinischen Fachbereichen erreicht, besonders sicherlich in der Psychiatrie und Psychotherapie. Umstritten ist in der Literatur das sogenannte »therapeutische Privileg«, nach dem eine Aufklärung unterbleiben kann, wenn der Patient lebensgefährlich, z. B. an Krebs erkrankt ist. Josef Kloppenborg hat in einem Aufsatz vorgeschlagen, besser von einer Kontraindikation als von einem Privileg zu sprechen: Der Arzt sei berechtigt, von der Aufklärung abzusehen, »wenn sie zu einer ernsten und nicht behebbaren Gesundheitsschädigung des Patienten führen würde«.[131] Eine davon etwas abweichende Auffassung vertreten Brettel und Juhle, die Verwendung des Begriffs »Privileg« dürfe nicht die Vorstellung erwecken, daß damit eine Befreiung von der Aufklärungspflicht verbunden sei, wenn es sich um Krebskranke handele: »Vielmehr dürfte kaum zweifelhaft sein, daß ein in Verkennung des therapeutischen Privilegs eingetretener Gesundheitsschaden des Patienten den Arzt zum Schadenersatz verpflichten kann.«[132]

Durch die Literatur zieht sich der Grundsatz, daß das Maß der Genauigkeit, mit der aufgeklärt werden muß, im umgekehrten Verhältnis zu dem Maß der Dringlichkeit steht, mit dem die Operation indiziert ist (nil nocere): »Geht es nur um einen kosmetischen Eingriff oder um die freiwillige Sterilisation des Mannes oder der Frau, so ist über Risiken der Narkose und überschaubare Folgen des Eingriffs – die erwünschten samt Nebenwirkungen und die möglichen unerwünschten – genau aufzuklären. Anders z. B. bei einer Cholelithiasis (Gallensteinleiden). Hier sind dem Patienten mit der Nennung der Narkoserisiken und den möglichen Operationsfolgen auch die Nachteile der Nichtoperation genau zu

131 Josef Kloppenborg, Ärztliche Aufklärung in Klinik und Praxis, DBÄ 10/1982, Seite 835 (Die Berliner Ärztekammer).

132 H. F. Brettel, E. Juhle, Haftungsrechtliche Fragen bei der Aufklärung der Patienten, Münch. med. Wochenschr. 125 (1983) Nr. 5, Seite 87.

schildern. Die Frage, inwieweit in welcher Richtung aufzuklären ist, ist im Gespräch individuell zu klären und sollte sich im wesentlichen auch nach dem bekundeten Informationsbedürfnis des Patienten richten.«[133]

Der Arzt muß also eine schwierige Gratwanderung vollziehen: Genügt er seiner Aufklärungspflicht nicht oder nur ungenügend, hat er damit selber einen möglichen Vorwand für einen Haftungsprozeß geschaffen. Klärt er über alle möglichen und denkbaren Eventualitäten auf, die sich als Folge eines chirurgischen Eingriffs oder einer medikamentösen Behandlung ergeben könnten, stürzt er den Patienten entweder in unnötige psychische Turbulenzen oder bewirkt sogar, daß der Patient aufgrund der Aufklärung auf Operation und Behandlung verzichtet: In beiden Fällen könnte der Schaden größer sein als bei einer nicht so weit gehenden Aufklärung. Bedenken also muß der Arzt, daß er es mit einem medizinischen Laien zu tun hat, der überhaupt nicht das Risiko abschätzen kann, das schwerwiegenden Eingriffen zugrunde liegt. Würde die Aufklärung des Patienten zu weit ausgedehnt, dürfte unter keinen Umständen damit die Absicht verfolgt werden, das Behandlungsrisiko auf den Patienten abzuwälzen, erklärte der Münchner Klinikchef Michael Schreiber auf einem Gesundheitsforum der Süddeutschen Zeitung.[134]

Voraussetzung für das Selbstbestimmungsrecht des Patienten auf vollständige Aufklärung über eine realistische Einschätzung des Behandlungsrisikos unter Einbeziehung des Aspektes, was bei einer unterbliebenen Behandlung eintreten kann, ist die Einsicht des Patienten, daß sachliche und zutreffende Aufklärung das Vertrauen zum Arzt nur stärken kann und die Fähigkeit, die Wahrheit gegebenenfalls zu ertragen, dem Verlangen nach Aufklärung entsprechen muß. Bei psychisch Erkrankten sind der Aufklärung sehr enge Grenzen gesetzt. Hier wird – wie überhaupt bei psy-

133 Hans Friedrich Kienzle, Die ärztliche Aufklärungspflicht, Gratwanderung zwischen Vertrauen und Vertrag, in: Deutsches Ärzteblatt, Heft 40, 4. Okt. 79, Seite 2588.

134 Süddeutsche Zeitung vom 31. 5. 1982.

chisch labilen Patienten – zu erwägen sein, ob und wieweit die Angehörigen stellvertretend informiert werden können und müssen.

Am Kranken- und Sterbebett sind Arzt und Seelsorger in der gleichen Situation, wenn sie vom schwerkranken Patienten nach dem weiteren Verlauf der Krankheit befragt werden. Eine wahrheitsgemäße Antwort kann einen Menschen in die Hoffnungslosigkeit stürzen, eine Lüge kann für ihn Barmherzigkeit sein.

d) Recht auf Einsicht in die Krankenunterlagen

Einsicht in die Krankenunterlagen stellt unter Umständen die radikalste und schonungsloseste Aufklärung dar, die sich denken läßt. Im mündlichen Aufklärungsgespräch kann der Arzt auf den Patienten individuell eingehen und auf seine psychische Konstitution Rücksicht nehmen. Liest aber der Patient »schwarz auf weiß« eine Diagnose, die seinen Hoffnungen und Erwartungen nicht entspricht, kann dies katastrophale Folgen haben, z. B. einen Schock oder Suizidversuch. Immer häufiger verlangen Patienten in den letzten Jahren Einsicht in die Krankenunterlagen und versuchen, dieses Verlangen vor Gericht durchzusetzen. Dies könnte generell auf eine Veränderung des Arzt-Patienten-Verhältnisses hinweisen: Patienten seien nicht mehr so gutbläubig und vertrauensvoll wie in früheren Zeiten, seien mißtrauisch geworden durch Publikationen von ärztlichen Kunstfehlern in den Massenmedien und strebten daher eine Kontrolle des Arztes durch Einsicht in die Krankenunterlagen an. Diesen Argumenten könnte man andererseits entgegenhalten, daß eine positive Entwicklung sich angebahnt hätte, die immer schon wünschenswert war: Patienten möchten mehr und mehr verstehen, woran sie erkrankt sind, um ihre Situation besser verarbeiten zu können; sie nehmen weit mehr Anteil, beteiligen sich aktiv am Krankheits- und Heilungsprozeß und haben daher ein weit größeres Informationsbedürfnis. Dies wäre dann nicht Ausdruck eines gestörten Arzt-Patienten-

Verhältnisses und eines gesteigerten Verlangens, den Arzt in Schadenersatzprozesse zu verwickeln. Der wißbegierige Patient muß also nicht unbedingt derjenige sein, dem es an Vertrauen zum Arzt mangelt. Angesichts dieser Entwicklung kommt dem Informationsgespräch zwischen Arzt und Patient ein immer größerer Stellenwert zu.

Mehrere höchstrichterliche Entscheidungen markieren eine Entwicklung, die immer mehr dem Patienten ein fundiertes Recht auf Einsicht in die Krankenunterlagen zugestehen. Das Eigentumsrecht des Arztes an den von ihm gemachten Aufzeichnungen tritt zurück hinter das Persönlichkeitsrecht des Patienten. Noch 1955 hatte das Landgericht Hannover die damalige herrschende Auffassung in einem Urteil (24. Juni 1955) festgeschrieben: »...Eine weitergehende vertragliche Verpflichtung des Beklagten, der Klägerin als Patientin die bei ihrer Behandlung gemachten Aufzeichnungen und seine sonstigen, ihre Person betreffenden ärztlichen Unterlagen zur Einsichtnahme vorzulegen, besteht nicht. Die Aufzeichnungen in den Krankenblättern sind lediglich persönliche des behandelnden Arztes. Sie können von einem Dritten – auch von einem anderen Arzt – nicht so ausgewertet werden wie von dem behandelnden Arzt selbst, da Krankheitserscheinungen in persönlichen Notizen nicht so eindeutig niedergelegt werden, daß sie als objektive Unterlagen für das individuelle Erscheinungsbild der Klärung dienen können. Persönliche Aufzeichnungen des Arztes geben in aller Regel nur einen unvollständigen, skizzenhaften Abriß des Krankheitsbildes des Patienten. Als Gedächtnisstützen können sie Dritten nur in der ausgereiften Form eines Gutachtens durch den behandelnden Arzt ein zutreffendes Urteil über den Stand der Krankheit und ihre Behandlung ermöglichen. In Folge der Eigenart dieser allein zur höchsteigenen Verwendung des behandelnden Arztes bestimmten Aufzeichnungen und Unterlagen ist ein Recht zur Einsichtnahme aus der dem Dienstvertrag hier innewohnenden Auskunftspflicht zu verneinen...

...Es muß vielmehr dem ärztlichen Ermessen im Einzelfall

überlassen bleiben, ob und inwieweit der Arzt Krankenpapiere seinem Patienten zugänglich macht. Eine rechtliche Verpflichtung hierzu würde zu unerträglichen Konsequenzen führen. Der Arzt wird häufig Aufzeichnungen machen, die gerade im Interesse des Patienten diesem nicht bekannt werden dürfen (z.B. Krebsverdacht, mutmaßliche Lebensdauer, Geisteskrankheit).

Eine Verpflichtung des Arztes zur Offenlegung seiner Krankenpapiere dem Patienten gegenüber hätte zwangsläufig zur Folge, daß der Arzt die Krankenpapiere doppelt führen würde. Er müßte sich nämlich zu den offiziell geführten Unterlagen noch weitere, nur zu eigenem Gebrauch bestimmte Aufzeichnungen machen.«[135]

Wird in diesem Urteil aus dem Jahre 1955 noch ein generelles Recht des Patienten auf Einsicht in die Krankenunterlagen bestritten, so stellen die Beschlüsse des 52. Deutschen Juristentages im September 1978 einen Einschnitt in der bisherigen Entwicklung der Rechtsauffassung zu diesem Thema dar:

»Zu den Fragen der ärztlichen Dokumentation (namentlich Pflicht zur Dokumentation, Aufbewahrungspflicht und Verpflichtung des Arztes, dem Patienten oder einer von ihm benannten Vertrauensperson, dem Prozeßgericht sowie den ärztlichen Gutachten- und Schiedsstellen die Dokumentation vollständig zugänglich zu machen) sollen gesetzliche Regelungen getroffen werden.

Falls das Recht auf Einsicht in die Krankenpapiere gesetzlich geregelt wird, ist zu gewährleisten, daß dieses Recht auch den Hinterbliebenen eines verstorbenen Patienten zur Klärung von Schadenersatzansprüchen aus der Heilbehandlung zusteht.

Jede gesetzliche oder berufsrechtliche Regelung der Vorlagepflicht soll sicherstellen, daß das Persönlichkeitsrecht des Patienten gewahrt bleibt.«[136]

135 NJW 1956, Seite 348 f.

136 Zitiert nach Werner-S. Kierski, Einsichtsrecht des Patienten in seine Krankengeschichte, Die Berliner Ärztekammer 20. Jahrgang, Heft 4, Seite 22.

Diese Entwicklung fand einen gewissen Abschluß in zwei Urteilen des 6. Senates des Bundesgerichtshofes, die ausdrücklich aufeinander Bezug nehmen.[137]

In diesen Urteilen wird das Einsichtsrecht des Patienten in die Krankenunterlagen nicht mit der Aufklärungspflicht und nicht mit der Dokumentationspflicht des Arztes begründet, sondern »aus der grundrechtlich gewährleisteten Würde und Selbstbestimmung des Patienten«.

Das erste Urteil betraf die Operation eines Patienten an der Halswirbelsäule, die aus ungeklärter Ursache mißlang. Der Patient glaubte, das Opfer eines ärztlichen Kunstfehlers geworden zu sein, und strebte deshalb einen Schadenersatzprozeß gegen das Krankenhaus an. Um seine Behauptung untermauern zu können, benötigte er die Krankenunterlagen, die er auf dem Klageweg erstreiten mußte. In diesem Fall sprach sich der Bundesgerichtshof eindeutig für ein Einsichtsrecht des Patienten aus, allerdings mit einigen Einschränkungen: Das Einsichtsrecht wird begrenzt auf »objektive Feststellungen über seine körperliche Befindlichkeit« (Medikation, Verlauf und Ergebnis einer Operation) und »auf naturwissenschaftliche konkretisierbare Befunde«. Die Information sollte im Regelfall im Rahmen eines Arztgespräches stattfinden, »doch sollten dem Patienten auf ausdrückliches Verlangen solche Aufzeichnungen auch zum selbständigen Studium überlassen werden«. Unverständnis des Patienten für medizinische Sachverhalte oder die Gefahr einer seelischen Belastung durch eine ungünstige Prognose seien keine Argumente gegen eine Offenlegung der ärztlichen Befunde, denn »es hätte dem Patienten freigestanden, eine volle Offenlegung der Befunde von vorneherein zum Inhalt des Behandlungsvertrages zu machen«.

Die erste Einschränkung im Urteil des Bundesgerichtshofes bezieht sich also darauf, daß der Patient über die objektiv-naturwissenschaftlichen Unterlagen hinaus kein Einsichtsrecht in die ganz persönlichen Aufzeichnungen des Arztes hat. Denn nicht nur in

137 BGH Urteil vom 23.11.1982 – VI ZR 222/79 (NJW 1983, Seite 328ff.) und BGH Urteil vom 23.11.1982 – VI ZR 177/81 (NJW 1983, Seite 330ff.).

psychiatrischen und psychotherapeutischen Behandlungen, sondern »im Regelfall jeder ärztlichen Tätigkeit... ist die gegenseitige Zuwendung zwischen Arzt und Patient der ärztlichen Tätigkeit wesenseigen, und es gehört zur Berufspflicht des Arztes, diesen Kontakt, der auch seine eigene Person mit einbezieht, herbeizuführen und zu vertiefen«. Eintragungen hierüber seien »für die Kenntnis durch den Patienten weder geeignet noch bestimmt... wegen ihrer zwangsläufig emotionellen Färbung und in ihnen enthaltener subjektiver Wertungen«, aber auch im Hinblick auf mögliche mitzubedenkende Entwicklungen im Krankheitsverlauf, die dann aber doch nicht eingetroffen wären.

Die zweite Einschränkung bezieht sich auf Eintragungen in den Krankenunterlagen, in denen von Angehörigen des Patienten die Rede ist, sei es Informationen der Angehörigen über den Patienten, sei es umgekehrt des Patienten über Angehörige. Dieser rechtliche Schutz der Angehörigen war auch bisher unbestritten.

Die dritte Einschränkung bezieht sich auf »persönliche Eindrücke des Arztes bei Gesprächen«.

Der Bundesgerichtshof sieht hier eine Parallele zu den Notizen eines Anwalts über seinen Klienten, die ebenfalls nicht offenzulegen sind. Damit erkennt der Bundesgerichtshof das Argument aus ärztlicher Sicht an, daß wesentliche Aufzeichnungen vom Arzt einfach nicht mehr erfolgen würden, wenn diese nicht vor dem Einsichtsrecht geschützt wären.

Folgerichtig aus diesem Urteil ergab sich die Entscheidung des Bundesgerichtshofes im zweiten Prozeß: Ein Patient, von Beruf Diplom-Pädagoge, wurde einige Monate in der psychiatrischen Abteilung einer Universitätsklinik behandelt, in die er sich auf eigenen Wunsch hatte verlegen lassen. Dort wurden mehrere Alternativen in der Diagnose bedacht: endogene Psychose oder Schizophrenie oder ein paranoides halluzinatorisches Syndrom. Nach der Entlassung verlangte der Patient Einsicht in seine Krankenunterlagen mit der Begründung, seine Erfahrungen in der psychiatrischen Behandlung in einer Dissertation verwerten zu wollen.

Im Gegensatz zum ersten Fall hat der Bundesgerichtshof das Einsichtsrecht des Patienten abgelehnt: Gerade bei einer psychiatrischen Behandlung hätten die subjektiven Bewertungen ein erheblich höheres Gewicht als objektive Daten. Die Darstellung des Verhältnisses zwischen dem behandelnden Psychiater als Person und dem Patienten sei zwangsweise in den Unterlagen mit enthalten. Daher sei auch die Person des Arztes schutzwürdig ebenso wie die Berichte von Angehörigen. Auch könne der Patient selber Schaden nehmen. Über die Einsichtnahme könne daher nur das ärztliche Gewissen entscheiden. Die Gesundheit des Patienten müsse in diesem Fall Vorrang haben vor seinem Interesse, Material zu einer Dissertation zu bekommen.

Dem Urteil des Bundesgerichtshofes lag also eine Güterabwägung zugrunde. Die Entscheidung, ob und wie weit dem Patienten Einsicht in Aufzeichnungen des Arztes gewährt wird, liegt im Ermessen des Arztes, an dessen Gewissen damit hohe Anforderungen gestellt werden. Wird eine Offenlegung der Krankenakte verweigert, könnte in der Begründung der Verweigerung schon erkennbar sein, warum die Einsicht verweigert wird. Damit könnte der Patient zumindest ahnen, was er unbedingt wissen will. So bedarf es auch großer Geschicklichkeit und Menschenkenntnis, wenn ein Arzt dem Patienten erklären will, warum es in seinem – des Patienten – Interesse liege, wenn die Krankenakte geschlossen bleiben soll. So legt der Bundesgerichtshof dem Arzt eine hohe Verantwortung auf, wenn die Verweigerung der Einsicht in die persönlichen Aufzeichnungen ohne Begründung erfolgen kann.

Beide Urteile – zusammengenommen – zeigen deutlich, daß der Bundesgerichtshof einen feinen, aber wesentlichen Unterschied zwischen naturwissenschaftlich-objektiven Daten und persönlichen Aufzeichnungen des Arztes macht. Die ersteren Daten werden in der Praxis des niedergelassenen Arztes überwiegen, die letzteren Notizen werden in der Psychiatrie häufiger sein. Auch für den Psychiater besteht also die Pflicht, alle objektiven Daten, Befunde und Behandlungsmaßnahmen den Patienten wissen zu lassen.

IX. Das abgeleitete oder indirekte Selbstbestimmungsrecht des Patienten

In diesem Teil der Ausführungen geht es um die Pflichten des Arztes, die sich a priori aus dem Ethos des Arztberufes ergeben und daher nur indirekt – in zweiter Linie – mit dem Selbstbestimmungsrecht des Patienten zusammenhängen. Die Pflichterfüllung des Arztes ist von entscheidender Bedeutung für das Arzt-Patienten-Verhältnis. Nur zu dem Arzt kann der Patient Vertrauen haben, der seine Pflichten erfüllt.

a) die ärztliche Hilfspflicht

Abgesehen vom Notfall kann jeder der Vertragspartner, sowohl Patient als auch Arzt, Beginn und Ende des Behandlungsvertrages frei bestimmen. Der freien Arztwahl als Selbstbestimmungsrecht des Patienten entspricht die freie Patientenwahl des Arztes. Maßgebend für Inhalt und Modalitäten des Behandlungsvertrages sind die Bestimmungen § 145 ff. und § 627 BGB. Auch im ärztlichen Berufsrecht wird die Freiheit des Arztes zur Ablehnung einer Behandlung ausdrücklich hervorgehoben (§ 1 VI BO = Berufsordnung für deutsche Ärzte). Von der Ablehnung eines Schwangerschaftsabbruchs bei Vorhandensein einer zugelassenen Indikation und der Zwangsernährung durch den Arzt war schon an anderer Stelle die Rede.

Lediglich das Kassenarztrecht kennt Einschränkungen dieser grundsätzlichen Vertragsfreiheit. Der Patient darf nur dann, wenn ein triftiger Grund vorliegt, den Arzt innerhalb eines Kalendervierteljahres wechseln, für das immer der vorzulegende Krankenschein gilt. Der Arzt wird von seiner Behandlungspflicht nach § 368 a IV RVO nur in begründeten Fällen (§ 4 VI BMV-Ä =

»Bundesmanteltarif-Ärzte«) und nur gegenüber der Krankenkasse befreit, z. B. wenn das Vertrauensverhältnis zerstört ist. Auch das Kassenarztrecht hebt letzten Endes nicht den Grundsatz auf, daß es »keine Behandlungspflicht des Arztes im Einzelfall gibt, dem uneingeschränkten Anspruch auf ärztliche Behandlung, der dem Versicherten der gesetzlichen Krankenversicherung gegen die Krankenversicherung zusteht (§ 82 RVO), entspricht kein allgemeiner Anspruch auf ärztliche Hilfe gegen den einzelnen Kassenarzt. Ein solches Recht wäre allenfalls bei einem staatlichen Gesundheitsdienst möglich, nicht jedoch in einem System mit freiberuflichen Ärzten.«[138]

Wenn also der Arzt unter vertragsrechtlichen Gesichtspunkten keine Patienten zur Behandlung annehmen *muß*, kann ihm unter dem Aspekt eines Treueverhältnisses aus der Übernahme einer Behandlung eine gewisse Behandlungspflicht erwachsen. Der Arzt muß also eine Operation zu Ende führen und darf auch eine Dauerbehandlung nicht von sich aus abbrechen.

Solange der Behandlungsvertrag besteht, ist der Arzt verpflichtet, die Initiativen zu denkbaren Maßnahmen zu ergreifen, die nach den Regeln der ärztlichen Kunst erforderlich sind. Erst dann also, wenn der Arzt freiwillig die Behandlung übernommen hat, hat er als »Garant« dafür einzustehen, daß er alles tut, um Schaden von seinem Patienten abzuwenden.

Würde der Arzt im Rahmen der Behandlung eine nach den Regeln der ärztlichen Kunst gebotene Hilfsmaßnahme unterlassen, würde er den Tatbestand eines Begehungsdeliktes erfüllen; er würde sich einer Körperverletzung oder gar einer Tötung schuldig machen. Die ärztliche Garantenpflicht besteht also kraft freiwilliger Übernahme durch den Arzt.

Diese »Garantenpflicht« ohne ausdrücklichen Behandlungsvertrag besteht in Notfällen für den Arzt, dem der Notfall- oder Bereitschaftsdienst obliegt; und der niedergelassene Arzt ist nach § 20 der Berufsordnung für die deutschen Ärzte verpflichtet, am Notfalldienst teilzunehmen.

138 Eberhard Jung, Das Recht auf Gesundheit, Seite 134.

Trifft ein Arzt zufällig als Passant, Autofahrer oder Mitreisender auf einen Unglücksfall, ist er wie jeder andere Bürger zur Hilfeleistung verpflichtet. Käme er dieser Pflicht nicht nach, könnte der subsidiäre Straftatbestand des § 330 c StBG greifen: »Den Strafgrund dieser Vorschrift bildet das Allgemeininteresse an solidarischer Schadensabwehr in akuten Notlagen.«[139]

b) Die Aufklärungspflicht des Arztes

Nachdem in einem vorangehenden Abschnitt das Recht des Patienten auf Information dargestellt wurde, geht es jetzt um die Aufklärungspflicht des Arztes aus seiner Perspektive. Aufklärung durch den Arzt und Einwilligung des Patienten in die Behandlung oder Operation stehen in einem engen Zusammenhang. Nur bei hinreichender Aufklärung kann der Patient sein Selbstbestimmungsrecht ausüben, dessen wesentlicher Bestandteil Zustimmung zur oder Ablehnung der Behandlung ist.

Nach einer Übersicht über höchstrichterliche Grundsätze zur ärztlichen Aufklärungspflicht kommt Eberhard Jung zu folgendem Ergebnis: Es »offenbart sich zum einen die Vielschichtigkeit der Gesamtproblematik, die jede detaillierte gesetzliche Regelung illusorisch erscheinen läßt, die Abhängigkeit des Patienten als Laien vom Arzt wird letzterem immer einen gewissen Handlungs- und Entscheidungsspielraum zubilligen müssen, z. B. bei Abgrenzung allgemeiner oder spezieller Risiken eines Eingriffs oder bei der Prognose einer möglichen psychischen oder physischen Schädigung durch umfassende Aufklärung. Zum anderen wird aber auch die starke Ausrichtung der Rechtsprechung auf den Schutz des Selbstbestimmungsrechtes des Patienten deutlich, die dem Arzt strenge Bindungen auferlegt; die Gerichte vertreten somit in den dargestellten Kontroversen die Position des kritischen, gleichberechtigten, mündigen und verantwortungsbewußten Patienten.

139 Adolf Laufs, Arztrecht, Seite 27.

Problematisch wird dies allerdings durch die Einbettung dieser Rechtsprechung in das ärztliche Haftungsrecht: Von ärztlicher Seite müssen die höchstrichterlichen Grundsätze zur Aufklärungspflicht daher weniger als Regeln zur mitverantwortlichen Einbeziehung des Patienten in das medizinische Geschehen erscheinen als vielmehr als juristische Bedrohungen, die es abzuwehren gilt«.[140]

In der Tat ergibt die Durchsicht der Rechtsprechung, daß Haftungsprozesse gegen Ärzte immer weniger wegen angeblicher Kunstfehler, sondern immer mehr wegen fehlender oder mangelhafter Aufklärung angestrebt werden.

In der Neuen Juristischen Wochenschrift schildert Walter Brügmann einen dafür typischen Fall:

»Ein Patient kommt zum Arzt. Der Arzt stellt seine Diagnose. Er stellt ein fortschreitendes Leiden fest, das ohne Behandlung zum Tode oder zu schwerem Siechtum führen muß. Zwar ist keine unmittelbar akute Gefahr vorhanden; dennoch ist mit jedem ablaufenden Vierteljahr mit steigenden Beschwerden und einer verminderten Erfolgsaussicht für den ärztlichen Eingriff und die damit verbundene Heilung zu rechnen. Aufgrund der medizinischen Erkenntnisse und unter Berücksichtigung der neuesten Literatur kommt der Arzt zu dem Ergebnis, daß die Aussichten eines jetzt vorzunehmenden ärztlichen Eingriffs etwa wie folgt sind: Voller Erfolg 90 %, teilweiser Erfolg 5 %, Erfolglosigkeit 5 %.

Demgegenüber stehen Risiken verschiedener Art. In der Literatur sind beschrieben die Risiken eines bestimmten Nebenschadens mit 4 %, eines anderen Nebenschaden mit 3 %, eines dritten Nebenschadens mit 2 %, ferner eine größere Anzahl sonstiger eventueller Nebenschäden, die aber sehr selten sind, mit zusammen 1 %. Der Arzt teilt dem Patienten den Befund mit und schlägt ihm den indizierten ärztlichen Eingriff vor. Er beginnt danach mit der Erörterung der Erfolgsaussichten und Risiken. Da er jedoch merkt, daß der Patient sofort ängstlich zu werden beginnt, erörtert der Arzt die einzelnen Risiken der Nebenschäden nicht

140 Eberhard Jung, a. a. O., Seite 143.

weiter, sondern faßt seine Beratung dahingehend zusammen, daß er dringend die Durchführung des Eingriffs empfehle, weil dieser immerhin 90 % Wahrscheinlichkeit einer Heilung mit sich bringe. Gegenüber diesen Aussichten fielen die Risiken der Nebenschäden derart wenig ins Gewicht, daß er unbedingt zur Vornahme dieses Eingriffs raten müsse. Diesem Rat folgt der Patient und erteilt seine Einwilligung. Der Eingriff wird vorgenommen. Es verwirklicht sich einer der Nebenschäden, der in der Literatur mit 3 % angegeben war. Die medizinischen Gutachter stellen fest, daß dem Arzt kein Kunstfehler oder ein sonstiges schuldhaftes Verhalten bei der Vornahme des Eingriffs unterlaufen war. Der Patient verklagt später den Arzt auf Schadenersatz wegen der durch den Nebenschaden bedingten Beeinträchtigung seines körperlichen Zustandes.«[141]

In der Rechtsprechung, die sich im Anschluß an Entscheidungen des Reichsgerichtes entwickelt hat, wird dieser Fall folgendermaßen beurteilt:[142]

»Die Handlung des Arztes ist ein Eingriff in die Unversehrtheit des Körpers des Patienten.

Die Handlung ist als solche rechtswidrig. Sie kann der Rechtswidrigkeit nur enthoben werden durch Einwilligung des Patienten. Die Einwilligung ist nur rechtswirksam bei Klarheit des Patienten über die Bedeutung des Eingriffs. Diese Klarheit muß der Arzt durch Aufklärung herbeiführen. Dabei muß er alle Risiken erörtern, die nicht ganz unwesentlich sind. Hat der Arzt nicht richtig aufgeklärt, so haftet er für das volle Risiko. Ein Verschulden bei Vornahme des Eingriffs selbst braucht dann nicht weiter festgestellt zu werden.

Eine Ausnahme für die Aufklärungspflicht gilt nur bei Gefahr im Verzuge. Hier werden aber sehr enge Grenzen gezogen. Gefahr im Verzuge ist nur gegeben, wenn der ärztliche Eingriff zeit-

141 Neue Juristische Wochenschrift, Seite 1473, 1977.

142 Entscheidungen des BGH in: NJW 1961, Seite 261 und 2203, NJW 1963, Seite 393, NJW 1971, Seite 1887, NJW 1973, Seite 556,NJW 1974, Seite 604 und 1422, NJW 1976, Seite 363.

lich sofort durchgeführt werden muß und die Zustimmung des Patienten wegen Bewußtlosigkeit oder ähnlicher Behinderungen vorher nicht zu erlangen ist.

Der Gegenbeweis ist nur in der Weise zulässig, daß die eingetretene Folge auch ohne den Eingriff in gleicher Weise im gleichen Zeitpunkt eingetreten wäre, oder vielleicht etwas später, dann aber etwas schlimmer. *Nach der herrschenden Lehre hätte der Arzt bei 3 % Risiko aufklären müssen und haftet auf den vollen Schaden.* Dabei ist es ohne Bedeutung, ob die Behandlung wegen des Hauptschadens Erfolg hat oder nicht.«[143]

Diese Entscheidung, daß der Arzt trotz Aufklärung – die dann nachträglich nicht als vollständig angesehen wird, weil der Arzt aus der Literatur bekannte eventuelle Nebenschäden in Höhe von 3 % nicht ausdrücklich erörtert hat –, voll zu haften hat, wird meines Erachtens nicht dem Beruf des Arztes gerecht, nicht dem besonderen Verhältnis von Arzt und Patient und nicht der Pflicht des Arztes zum Handeln, wenn der Eingriff nach den Regeln der ärztlichen Kunst trotz vorhandener Risiken geboten ist.

Selten oder fast nie wird ein Behandlungsvertrag zwischen Arzt und Patient schriftlich niedergelegt. Ein Patient sucht einen Arzt auf, bittet ihn um Hilfe, der Arzt nimmt den Patienten an und beginnt mit der Behandlung: Der Behandlungsvertrag ist geschlossen. Auf Grund dessen hat der Arzt die Pflicht, nach den Regeln der ärztlichen Kunst sein Bestes zu tun und zu geben. Es ist Sache des Patienten, die Beratung und Behandlung des Arztes zu beurteilen. Sollte der Patient der Meinung sein, der Arzt berate oder behandle falsch, bleibt es ihm jederzeit unbenommen, den Behandlungsauftrag zu widerrufen und einen anderen Arzt aufzusuchen. Er kann nicht verlangen, daß der Arzt sich Vorstellungen und Wünschen des Patienten beugt, die unter Umständen eine Unterlassung ärztlicher Pflichten bedeuten kann. Solange der Behandlungsvertrag vom Patienten aufrechterhalten wird, ist der Arzt verpflichtet, alles in seiner Macht Stehende zu tun, Leben und Gesundheit des Patienten zu erhalten. In dem geschilderten

143 Walter Brügmann, a. a. O., Seite 1473.

Fall hätte eine unterlassene Behandlung bzw. Operation dem Arzt ebenso angelastet werden können. Auf der einen Seite droht also die Scylla der unvollständigen Aufklärung, auf der anderen die Charybdis der Unterlassung. Diese Aporie scheint mir in den Gerichtsentscheidungen nicht genügend berücksichtigt worden zu sein.

Der Arzt muß also alle nur denkbaren oder undenkbaren Risiken mit dem Patienten erörtern. Hat der Arzt nicht richtig aufgeklärt, haftet er für das volle Risiko. Ein Verschulden bei Vornahme des Eingriffs selbst braucht weder vorhanden zu sein noch eigens festgestellt zu werden. Diese Sachlage ermuntert immer mehr Patienten, Haftungsprozesse gegen Ärzte wegen fehlender oder unvollständiger Aufklärung anzustreben. Patienten und ihre Rechtsanwälte machen sich den Umstand zunutze, daß der Prozeß gegen einen Arzt wegen angeblicher Verletzung der Aufklärungspflicht leichter zu führen ist als ein Kunstfehlerprozeß. Maßgeblich für die Zunahme dieser Prozesse ist auch die Umkehr der Beweislast: Im Kunstfehlerprozeß muß der Patient dem Arzt – meistens mit Hilfe von Gutachtern – den Kunstfehler nachweisen, im Prozeß um die angebliche Verletzung der Aufklärungspflicht trägt der Arzt die Beweislast, er muß nachweisen, daß er vollständig aufgeklärt hat.

Damit aber ist die gemeinsame Interessenlage von Arzt und Patient zerstört und ein beiderseitiges Vertrauensverhältnis bedroht: Es entsteht ein Widerspruch zwischen dem Heilungs- und Behandlungsauftrag des Arztes und dem Selbstbestimmungsrecht des Patienten. Für den Arzt ergibt sich, will er vor einem späteren Haftungsprozeß geschützt sein, daß er auch über die potentielle oder tatsächliche Lebensgefährlichkeit einer Krankheit aufklären muß, auch wenn sich dadurch die Heilungschancen verringern. Da ein ärztlicher Heileingriff zur Diagnostik und Therapie nur dann nicht als Körperverletzung nach dem Strafgesetzbuch gilt, wenn der Patient seine Einwilligung gegeben hat, die Einwilligung aber nur nach entsprechender Aufklärung rechtswirksam ist, so handelt der Arzt nur dann rechtmäßig, wenn er seinen Patienten umfassend aufklärt. Nur das Einverständnis des Patienten nach vorhergehender Aufklärung rechtfertigt das Tun des Arztes nach einem Urteil des Bundesgerichtshofes aus dem Jahr 1958: »Zwar ist es sein vornehmstes Recht und seine wesentliche Pflicht, den kranken Menschen nach Möglichkeit von seinem Leiden zu heilen. Dieses Recht und diese Pflicht finden aber in dem grundsätzlichen freien Selbstbestimmungsrecht des Menschen über seinen Körper ihre Grenze. Es wäre ein rechtswidriger Eingriff in die Freiheit und Würde der menschlichen Persönlichkeit, wenn ein Arzt – und sei es auch aus medizinisch berechtigten Gründen – eigenmächtig und selbstherrlich *eine folgenschwere Operation bei einem Kranken, dessen Meinung rechtzeitig eingeholt werden kann, ohne dessen vorherige Billigung vornähme.* Denn selbst ein lebensgefährlich Kranker kann triftige und sowohl menschlich wie sittlich achtenswerte Gründe haben, eine Operation abzulehnen, auch wenn er durch sie und nur durch sie von seinem Leiden befreit werden könnte.«[144]

c) Die Schweigepflicht

Seit der Antike gehört die Schweigepflicht des Arztes zu den Kernstücken des Berufsethos. Ohne diesen Schutz des Patientengeheimnisses durch das Berufsethos, die Gesetzgebung und Rechtsprechung könnte niemals ein Vertrauensverhältnis zwischen Arzt und Patient entstehen. Knapp, präzise und rigoros beschreibt der Hippokratische Eid Inhalt und Umfang der ärztlichen Schweigepflicht: »Was ich in meiner Praxis sehe oder höre, oder außerhalb dieser im Verkehr mit Menschen erfahre, was niemals anderen Menschen mitgeteilt werden darf, darüber werde ich schweigen, in der Überzeugung, daß man solche Dinge streng geheimhalten muß.«[145]

Historisch gesehen war die Schweigepflicht sicherlich die erste

144 Neue Juristische Wochenschrift 1958, Seite 267 (Myom-Fall).

145 Zitiert nach Capelle, Hippokrates. Eingeleitet und neu übertragen, Seite 212.

Anwendung und Ausprägung einer Berufspflicht, die in heutiger Zeit einen weit größeren Personenkreis im Gesundheitswesen umfaßt. § 203 Abs. 1, Nr. 1 StGB führt neben dem Arzt selbst den Zahnarzt, Tierarzt, Apotheker und Angehörige eines anderen Heilberufes auf, »der für die Berufsausübung oder die Führung der Berufsbezeichnung eine staatlich geregelte Ausbildung erfordert«. Damit unterliegen auch Hebammen, Krankenschwestern, Medizinisch-Technische-Assistentinnen, Masseure, medizinische Bademeister und Krankengymnasten diesem Paragraphen. Nach § 203 Abs. 3, Satz 1 sind auch das Hilfspersonal wie Sprechstundenhilfe, Arztsekretärin und in Ausbildung befindliche Personen hinzuzurechnen.

Primär wird die Schweigepflicht des Arztes durch die Persönlichkeitsrechte und Individualinteressen des Patienten begründet. Die Schweigepflicht des Arztes wird also unmittelbar aus dem Gebot der Artikel 1 und 2 des Grundgesetzes abgeleitet. Eventuelle Mitteilungen des Arztes an Dritte über den Gesundheitszustand seines Patienten kollidieren mit dem Postulat der Artikel 1 und 2 des Grundgesetzes grundsätzlich.

Da für die Gewährleistung einer funktionierenden Gesundheitsversorgung die Schweigepflicht des Arztes zur Erhaltung des Vertrauens in seine Verschwiegenheit eine unabdingbare Voraussetzung ist, liegt eine weitere Begründung der Schweigepflicht in dem Interesse von Staat und Gesellschaft an einer funktionsfähigen Gesundheitspflege. Ohne das vor allen Bedrohungen zu schützende Recht des Patienten auf die Schweigepflicht des Arztes würden unserem Gesundheitswesen schwere Gefahren drohen. Daher muß drittens der Ärztestand selber auch ein Interesse daran haben, daß die Schweigepflicht nicht ausgehöhlt werden darf.

Gefahren können für die Schweigepflicht im Sozialversicherungssystem entstehen. Will ein Versicherter bestimmte Leistungen seiner Krankenkasse erhalten, wird er unter Umständen damit einverstanden sein müssen, daß der Arzt der Krankenkasse oder dem Sozialversicherungsträger bestimmte Angaben macht.

In jedem Fall sollte der Arzt dies nicht ohne das Einverständnis des Patienten tun, denn zu einer Offenbarung ist der Arzt nur berechtigt, wenn er zuvor von der Schweigepflicht entbunden worden ist. Paragraph 1543 d der Reichsversicherungsordnung läßt eine Ausnahme zu, in welchem Fall der Arzt oder der Kassenarzt im Rahmen der sozialen Sicherung von der ärztlichen Schweigepflicht entbunden ist. Nach § 1543 d, Abs. 1 RVO ist der einen Unfall behandelnde Arzt sogar verpflichtet, dem Unfallversicherungsträger Auskunft über die Behandlung und den Zustand des Verletzten zu geben.

Das Grundrecht des Patienten auf Wahrung seiner personen- und krankheitsbezogenen Daten als Sozialgeheimnis ist im Sozialgesetzbuch § 35, Allgemeiner Teil, festgelegt. In der ersten Fassung des § 35, die bis zum 31.12.80 Geltung hatte, hieß es noch: »Jeder hat Anspruch darauf, daß seine Geheimnisse, insbesondere die zum persönlichen Lebensbereich gehörenden Geheimnisse... von den Leistungsträgern ...nicht unbefugt offenbart werden.« Im Gesetzgebungsverfahren zur Novellierung des Sozialgesetzbuches hat der Ausschuß für Arbeit und Sozialordnung zum § 35 SGB, Allgemeiner Teil, ausgeführt (Bundestagsdrucksache 8/4022): »Der Ausschuß hat die Vorschrift angesichts der in Praxis und Rechtsprechung bestehenden Unsicherheit über ihre Tragweite grundlegend neu gefaßt und in diesem Zusammenhang auch den Schutz der Sozialdaten bei der Datenverarbeitung geregelt. Die Neufassung verdeutlicht die bei der Schaffung des Sozialgesetzbuches getroffene Grundsatzentscheidung, wonach die Sozialdaten einen besonders erhöhten, dem Steuergeheimnis vergleichbaren Schutz unterliegen sollen, in bezug auf die strafrechtliche Beurteilung bleibt § 203 Abs. 2 des Strafgesetzbuches unberührt.

In Absatz 1 tritt an die Stelle des Geheimnisbegriffs der Begriff der ›personenbezogenen Daten‹ des Bundesdatenschutzgesetzes. Er umfaßt alle Einzelangaben über die persönlichen und sachlichen Verhältnisse des Betroffenen (vgl. § 2 Abs. 1 BDSG). Diese Daten werden künftig nicht nur gegen unbefugte Offenbarung geschützt, sondern sind auch als Sozialgeheimnisse zu wahren, d.h. durch positive Vorkehrungen zu schützen...«

Das Ergebnis des Gesetzgebungsverfahrens war die Neufassung des § 35 SGB, AT, die mit Wirkung vom 1.1.1981 in Kraft trat: »Jeder hat Anspruch darauf, daß Einzelangaben über seine persönlichen und sachlichen Verhältnisse (personenbezogene Daten) von den Leistungsträgern als Sozialgeheimnis gewahrt und nicht unbefugt offenbart werden... Eine Offenbarung ist unter den Voraussetzungen der §§ 67 bis 77 des Zehnten Buches zulässig...« Die Ausnahmen vom Verbot der Offenbarung von personenbezogenen Daten sind nach den §§ 67 bis 77 des X. Buches SGB nur zulässig, »soweit der Betroffene im Einzelfall eingewilligt hat« oder wenn z.B. die Durchführung des Arbeitsschutzes, »soweit nicht... das öffentliche Interesse an der Durchführung des Arbeitsschutzes das Geheimhaltungsinteresse des Betroffenen erheblich überwiegt«, eines Strafverfahrens oder der Schutz der äußeren und inneren Sicherheit dies erforderlich machen.

Der Gesetzgeber hat damit die Behörden beim Umgang mit den personenbezogenen Daten umfassenden Sorgfaltspflichten unterstellt und dem Persönlichkeitsrecht des Bürgers im Sozialrecht einen umfassenden Schutz gegeben.

Charakteristisch für die Rechtslage ist ein Urteil des Landessozialgerichtes Celle vom 28. April 1965, aus dem auch hervorgeht, daß nur das zur Beurteilung des Versicherungsfalles Unerläßliche mitgeteilt werden darf. Wörtlich wird in dem Urteil unter anderem ausgeführt:

»Eine unbefugte Offenbarung des Arztgeheimnisses liegt allerdings nicht vor, wenn und soweit der Patient mit dessen Weitergabe einverstanden ist. Beim Kassenpatienten ist dieses anzunehmen, wenn er einen Kassenarzt aufsucht wegen einer bestimmten Krankheit und einen Krankenschein in Anspruch nimmt. Insoweit ist der Versicherte nämlich nicht nur damit einverstanden, sondern sogar bestrebt, daß der Arzt seine dem Versicherten erbrachten Leistungen gegenüber dem Dritten, der Kassenärztlichen Vereinigung, abrechnet, wobei er zwangsläufig Art und Umfang der

Leistung offenbaren muß, da der Kassenarzt, wie der Versicherte weiß, nur die zur Heilung oder Linderung notwendigen Leistungen erbringen darf. Insofern muß die kassenärztliche Tätigkeit durch Prüfinstanzen geprüft werden, und insoweit sind wiederum die Kassenärztlichen Vereinigungen berechtigt, die Befunde des Kassenarztes und die Behandlung entgegenzunehmen. Denn ohne Kenntnis dieser Umstände läßt sich die Notwendigkeit einer Wirtschaftlichkeit der Behandlungs- und Verordnungsweise nicht sicher beurteilen. Insoweit wird man daher im allgemeinen unterstellen können, daß der Versicherte mit der Offenbarung des Behandlungsgeheimnisses einverstanden ist.«[146]

Einverstanden sein muß ebenfalls ein Arbeitnehmer damit, daß der Arzt der Krankenkasse Angaben über die Art der Erkrankung des Arbeitnehmers macht, soweit diese arbeitsrechtlich relevant sind. Nach § 369a RVO muß die Krankenkasse für jeden arbeitsunfähig Erkrankten eine Krankenkarte anlegen, in der die Art der Krankheit und die Dauer der aus dieser Krankheit resultierenden Arbeitsunfähigkeit nach den Angaben des behandelnden Arztes festgehalten werden. Nach § 3 Abs. 1 des Gesetzes über Lohnfortzahlung im Krankheitsfall ist der behandelnde Arzt verpflichtet, dem Träger der gesetzlichen Krankenversicherung eine Bescheinigung über die Arbeitsunfähigkeit mit den Angaben über die voraussichtliche Dauer der Krankheit und die Diagnose auszuhändigen. Nur die Krankenkasse hat Anspruch auf diese Angaben, nicht jedoch der Arbeitgeber, der zur Lohnfortzahlung verpflichtet ist. Ihm steht nur eine Angabe über die Arbeitsunfähigkeit und die voraussichtliche Dauer zu. Auch die Tätigkeit eines Betriebsarztes unterliegt nach § 8 Abs. 1 des Arbeitssicherheitsgesetzes der Schweigepflicht; der Arbeitgeber hat keinen Anspruch auf Angabe einer Diagnose.

Ärzte im öffentlichen Dienst sind nach § 61 des Bundesbeamtengesetzes schweigepflichtig. Nach § 97 der Strafprozeßordnung dürfen ärztliche Unterlagen nicht beschlagnahmt werden. Das Zeugnisverweigerungsrecht des Arztes ist in § 383 I Nr. 6 der Zi-

146 Deutsches Ärzteblatt 1965, Seite 2421.

vilprozeßordnung und in § 53 I Nr. 3 der Strafprozeßordnung festgelegt, die berufsrechtliche Anerkennung der Schweigepflicht in § 2 der Berufsordnung.

In einer Entscheidung des Bundesverfassungsgerichtes wird die Schweigepflicht des Arztes doppelt begründet: Diese Schweigepflicht soll dem Vertrauen zwischen Arzt und Patient dienen, »das zu den Grundvoraussetzungen ärztlichen Wirkens zählt«, und »der Aufrechterhaltung einer leistungsfähigen Gesundheitsfürsorge«. Außerdem legt es ausdrücklich die Ausnahmesituationen dar, in denen »unter weitestmöglicher Schonung der Interessen des Patienten« der Arzt verpflichtet ist, Meldungen an öffentliche Gesundheitsämter zu machen. Um seiner Bedeutung willen sei dieses Urteil ausführlicher im Zusammenhang zitiert: »Ärztliche Karteikarten (Krankenblätter) betreffen mit ihren Angaben über Anamnese, Diagnose und therapeutische Maßnahmen zwar nicht die unantastbare Intimsphäre, wohl aber den privaten Bereich des Patienten. Damit nehmen sie teil an dem Schutz, den das Grundrecht aus Art. 2 Abs. 1 i. V. m. Art. 1 Abs. 1 GG dem einzelnen vor dem Zugriff der öffentlichen Gewalt gewährt.

Insbesondere gilt das für die Erkenntnisse, die der Arzt durch seine berufliche Tätigkeit über den Gesundheitszustand des Patienten gewinnt und schriftlich niederlegt. Dabei kommt es nicht darauf an, ob derartige Aufzeichnungen Krankheiten, Leiden oder Beschwerden verraten, deren Offenbarung den Betroffenen mit dem Verdacht einer Straftat belastet, ihm in anderer Hinsicht peinlich oder seiner sozialen Geltung abträglich ist. Vielmehr verdient ganz allgemein der Wille des einzelnen Achtung, so höchstpersönliche Dinge wie die Beurteilung seines Gesundheitszustandes durch einen Arzt vor fremden Einblick zu bewahren (vgl. BGHZ 24, 72 (81)). Wer sich in ärztliche Behandlung begibt, muß und darf erwarten, daß alles, was der Arzt im Rahmen seiner Berufsausübung über seine gesundheitliche Verfassung erfährt, geheim bleibt und nicht zur Kenntnis Unberufener gelangt. Nur so kann zwischen Patient und Arzt jenes Vertrauen entstehen, das zu den Grundvoraussetzungen ärztlichen Wirkens zählt, weil es die

Chancen der Heilung vergrößert und damit – im ganzen gesehen – der Aufrechterhaltung einer leistungsfähigen Gesundheitsfürsorge dient.

Bezieht sich der verfassungsrechtliche Schutz der Privatsphäre des einzelnen demnach auch auf die Karteikarte des Arztes, der sie dazu benutzt, die kraft seiner Sachkunde gemachten Wahrnehmungen über den Gesundheitszustand des Patienten festzuhalten und als Gedächtnisstütze für dessen weitere Behandlung zu verwenden, dann bedeutet dies, daß eine solche Karteikarte dem Zugriff der öffentlichen Gewalt grundsätzlich entzogen ist. Das ändert freilich nichts daran, daß selbst insoweit schutzwürdige Geheimhaltungsinteressen des einzelnen zurücktreten müssen, wo überwiegende Belange des Gemeinwohls dies zwingend gebieten.

So begegnet es keinen Bedenken, wenn der Staat den Gefahren, die der Volksgesundheit durch bösartige Ansteckungskrankheiten oder epidemisch auftretende Leiden drohen, dadurch zu steuern sucht, daß er dem Arzt unter weitestmöglicher Schonung der Interessen des Patienten die Meldung an öffentliche Gesundheitsämter zur Pflicht macht (vgl. §§ 12, 13, des Gesetzes zur Bekämpfung der Geschlechtskrankheiten vom 23. Juli 1953 [BGBl I S. 700]; §§ 3 ff des Bundes-Seuchengesetzes vom 18. Juli 1961 [BGBl I S. 1012]). Denkbar ist ferner, daß sich der Staat in Zeiten allgemeiner Unruhen oder um sich greifender Gewalttätigkeit genötigt sieht, zur Aufrechterhaltung einer wirksamen Strafrechtspflege dem Arzt anzusinnen, die Identität von Personen preiszugeben, die sich mit Hieb-, Stich- und Schußverletzungen bei ihm einfinden. Schließlich kann das öffentliche Interesse an einer möglichst vollständigen Wahrheitsermittlung im Strafprozeß die privaten Geheimhaltungsbelange des Patienten auch dann überwiegen, wenn der Arzt selbst einer Straftat beschuldigt wird oder der Teilnahme an einer strafbaren Handlung des beschuldigten Patienten verdächtig ist, sofern es zur Aufklärung derartiger Straftaten des Einblicks in die Patientenkartei bedarf. Hier – wie sonst – wird es allerdings entscheidend darauf ankommen, ob der Eingriff in die Privatsphäre des Bürgers bei einer Abwägung, die alle Umstände des Einzelfalles in Betracht zieht, dem Verhältnismäßigkeitsgrundsatz entspricht. Dabei wird nicht ohne Belang sein, ob und inwieweit eine rechtliche und tatsächliche Gewähr dafür gegeben ist, daß das Wissen um die grundsätzlich der ärztlichen Schweigepflicht unterfallenden Tatsachen – gegebenenfalls durch Erörterung in nichtöffentlicher Verhandlung – auf den Kreis der unmittelbar am Verfahren Beteiligten beschränkt werden kann.«[147]

Die Meldung krankheitsbedingt fahruntauglicher Personen an die Straßenverkehrsbehörde, die Anzeige von Kindesmißhandlungen und die Warnung der Angehörigen des Patienten vor Ansteckung fallen selbstverständlich nicht unter die Schweigepflicht des Arztes, weil hier eindeutig ein höherwertiges Rechtsgut, das Leben anderer Menschen, tangiert ist. Allerdings besteht andererseits keine Pflicht des Arztes, die Fahruntüchtigkeit eines Patienten der Straßenverkehrsbehörde mitzuteilen, wohl aber die Pflicht, dem Patienten nahezulegen, selber die Fahrerlaubnis zurückzugeben.

Im Einzelfall wird der Arzt sehr sorgfältig abwägen müssen, in welchen Fällen er der Straßenverkehrsbehörde die vermutete Fahruntüchtigkeit eines Patienten mitteilt und damit die Schweigepflicht durchbricht. Zum rechtfertigenden Notstand stellt der § 34 des StGB fest: »Wer in einer gegenwärtigen, nicht anders abwendbaren Gefahr für Leben, Leib, Freiheit, Ehre, Eigentum oder ein anderes Rechtsgut eine Tat begeht, um die Gefahr von sich oder einem anderen abzuwenden, handelt *nicht* rechtswidrig, wenn bei Abwägung der widerstreitenden Interessen, namentlich der betroffenen Rechtsgüter und des Grades der ihnen drohenden Gefahren, das geschützte Interesse das beeinträchtigte wesentlich überwiegt. Dies gilt jedoch nur, soweit die Tat ein angemessenes Mittel ist, die Gefahr abzuwenden.« So handelt zum Beispiel ein Arzt im Sinne des Schutzes eines höheren Rechtsgutes, der im Interesse der Sicherheit des Straßenverkehrs dem Straßenver-

147 Neue Juristische Wochenschrift 1972, Seite 1123.

kehrsamt mitteilt, daß sein Patient epileptische Anfälle habe und als Kraftfahrer bereits kurz bewußtlos gewesen sei.[148]

In den letzten Jahren ist die Gefahr einer zunächst fast unsichtbaren Aushöhlung der ärztlichen Schweigepflicht immer mehr zu beobachten. Durch die Verbesserung und immer mehr um sich greifende Verwendung der elektronischen Datenverarbeitung ist der Schutz des ärztlichen Berufsgeheimnisses bedroht. Zu der internen Verwendung elektronisch gespeicherter Daten innerhalb der ärztlichen Praxis und zu der Verwendung von Patientendaten bei den Sozialversicherungsträgern tritt ein neuer Bereich hinzu: Patienten-Daten werden gespeichert für die öffentliche Gesundheitsplanung und -vorsorge und für Forschungsvorhaben zum Beispiel für epidemiologische und sozialmedizinische Forschung, »die im Interesse der Krankheitsverhütung und -früherkennung namentlich die (regionale und sonstige) Verteilung von Krankheiten, ihre Entstehungsursachen, Risikofaktoren (z. B. Gefährdungen durch die Arbeitswelt, Zivilisations- und Umwelteinflüsse, Lebensweise, Arzneimittel) sowie Krankheitshäufigkeit, -verläufe und -folgen untersucht. Solchen Zwecken dienen etwa Krankheitsregister, die Aussagen über die Verbreitung und regionale Steuerung bestimmter Krankheiten, das Ausmaß der Gefährdung einzelner Bevölkerungsgruppen und Prognosen über Heilungsaussichten ermöglichen. Im Vordergrund solcher Erhebungen und statistischen Auswertungen stehen jene Krankheitsarten, die wie Krebserkrankungen, Herzinfarkt, Schlaganfall und Mißbildungen ungeborener Kinder in besonderem Maße die Volksgesundheit belasten. Dementsprechend wurden in verschiedenen Ländern Krebsregister geschaffen, die den Bestand an Krebskranken in der Bevölkerung (Prävalenz), die jährlichen Neuerkrankungen an verschiedenen Krebsformen (Inzidenz) und die Mortalität an Krebs erfassen.«[149]

148 cf Urteil des OLG München, in: Monatsschrift für Deutsches Recht 1956, Seite 565.

149 Heinz Müller-Dietz, Ärztliche Schweigepflicht, Stellungnahme aus juristischer Sicht, Saarländisches Ärzteblatt 1980, Heft 7, Seite 356 ff.

Ob die Aufstellung eines Krebsregisters wesentlich zur Erforschung der Ursachen von Krebs beiträgt, vermag ich als Laie nicht zu beurteilen, ebensowenig ob die Preisgabe von Patientendaten zur Erstellung eines Krebsregisters durch den Nutzen, der daraus zur Bekämpfung von Krebs entstehen könnte, ein zu rechtfertigender Preis ist. Jedoch meine ich, daß nur mit Zustimmung des Patienten krankheitsbezogene Daten weitergegeben werden dürfen. So notwendig die Erforschung des Zusammenhangs von Mißbildungen bei Neugeborenen und Umwelteinflüssen ist, ebenso notwendig ist auch hier die Wahrung der Privatsphäre des Patienten, der die Kenntnis über seine Krankheit uferlos in anonymen Institutionen versickern sieht. Otfried Schaefer hat die berechtigten Sorgen von Patienten durch die automatische Verarbeitung von Daten bei Sozialversicherungsträgern und Forschungseinrichtungen auf eindrucksvolle Weise zusammengestellt:

1. Einmal im Zusammenhang mit einer ärztlichen Behandlung preisgegebene Informationen und Daten entschwinden für den Patienten in unvorhersehbare Kanäle ohne zeitliche Begrenzung.
2. Der Kreis der »Mitwisser« wird immer größer und bleibt anonym.
3. Informationssysteme der gesetzlichen Krankenversicherung drohen bei extensiver Auslegung des Begriffs »berechtigte Interessen« zu Selbstbedienungsläden auskunftheischender öffentlicher und nichtöffentlicher Einrichtungen zu werden.
4. Falsche, irrtümliche oder fehlerhafte Informationen, die einmal gespeichert werden, können sich dauerhaft nachteilig für den Patienten auswirken.
5. Es besteht zumindest hypothetisch die Gefahr, daß medizinische Merkmalträger unterschiedlicher Kategorien aus den Datenbeständen zentraler Dateien mobilisiert und mit Sanktionen belegt werden.[150]

Der Deutsche Ärztetag 1982 in Münster hat sich daher zu Recht dem zentralen Thema der ärztlichen Schweigepflicht gewidmet,

150 Otfried Schaefer, in: Kilian/Porth, Juristische Probleme der Datenverarbeitung in der Medizin, Seite 24.

die durch neue Technologien neuartige und spezifische Gefährdungen erfährt, insbesondere wenn die Epidemiologen fordern, daß alle Krebskranken namentlich erfaßt werden müßten, weil Doppel- und Mehrfacherfassung ein und desselben Kranken bei anonymer Meldung unvermeidbar sei und eine Verlaufskontrolle (Heilung, Überlebenszeit) und Datenbereinigung im Todesfall sonst unmöglich wäre. An die Stelle der Einwilligung der Patienten zur personenbezogenen Erfassung ihrer Daten soll ein Melderecht der Ärzte nach Meinung der Befürworter von Krebsregistern treten. Krebskranken Patienten könne die vorher einzuholende Zustimmung nicht zugemutet werden, da die Voraussetzung dafür die Aufklärung über die Krankheit sei, und dies sei mit großer seelischer Belastung verbunden.

In diesem Konflikt zwischen einer erweiterten Möglichkeit zur Erfassung von Patienten-Daten für die medizinische Forschung und der Schweigepflicht des Arztes muß die Grenze sehr genau gezogen werden. Für nicht befriedigend halte ich die Empfehlung der Bundesärztekammer in ihrem Tätigkeitsbericht 1982 zur »Beachtung der ärztlichen Schweigepflicht bei der Verarbeitung personenbezogener Daten in der medizinischen Forschung«: »Die medizinische Forschung kann auf die Nutzung (datenschutzrechtlich Verarbeitung: Erfassung, Speicherung, Übermittlung, Veränderung und Auswertung) personenbezogener Daten nicht verzichten. Bei der Durchführung von Forschungsvorhaben müssen auf der Grundlage ärztlich-berufsrechtlicher und datenschutzrechtlicher Bestimmungen die nachstehenden Grundsätze beachtet werden:

1. In der medizinischen Forschung dürfen personenbezogene Daten nur aufgrund gezielter wissenschaftlicher Fragestellungen verarbeitet werden. Die Datenerfassung und Datenspeicherung darf nur in dem Umfange erfolgen, der zur Erreichung der Forschungsziele unbedingt erforderlich ist. Wissenschaftlich und rechtlich unbedenklich können diese Daten nur für diejenigen Zwecke verarbeitet werden, für die sie gezielt erhoben worden sind. Die Verwendung von Daten für andere als die ursprüngli-

chen Erhebungszwecke ist – auch in anonymisierter Form – wissenschaftlich nur dann vertretbar, wenn die Vergleichbarkeit der neuen Fragestellungen mit dem Entstehungszusammenhang der Daten gegeben ist.

2. Die Verarbeitung personenbezogener Daten in der medizinischen Forschung unterliegt – vorrangig vor der Beachtung datenschutzrechtlicher Vorschriften – dem Gebot der ärztlichen Schweigepflicht (vgl. u. a. die Bestimmungen der Datenschutzgesetze und des Sozialgesetzbuches). Personenbezogene Daten dürfen dementsprechend, unbeschadet der im folgenden dritten Absatz aufgestellten Grundsätze, in der medizinischen Forschung nur mit der Zustimmung der betroffenen Patienten oder Probanden verarbeitet werden. Forschungsvorhaben sind nicht a priori ein höherwertiges Rechtsgut als der Vertrauensschutz des Individuums.

3. Die Verarbeitung personenbezogener Daten in der medizinischen Forschung ist ohne ausdrückliche Einwilligung der Patienten oder Probanden nur zu rechtfertigen, wenn alle folgenden Voraussetzungen erfüllt sind:

(a) Die zu bearbeitende Forschungsproblematik kann nicht durch andere Methoden als durch die Verarbeitung personenbezogener Daten geklärt werden.

(b) Schutzwürdige Belange des Patienten/Probanden werden nach menschlichem Ermessen durch die Verarbeitung der personenbezogenen Daten nicht beeinträchtigt.

(c) Das Forschungsvorhaben läßt nach Fragestellung, Forschungsmethodik und Qualität der Durchführung einen wesentlichen Nutzen für die weitere Entwicklung der Medizin in Wissenschaft und Praxis erwarten.

(d) Es ist entweder nicht möglich oder nach Art und Aufwand im Verhältnis zu einem etwaigen Schaden für den Patienten/Probanden nicht zumutbar, die Einwilligung einzuholen.

(e) Es ist gewährleistet, daß die Verarbeitung der personenbezogenen Daten auf die primäre wissenschaftliche Fragestellung begrenzt bleibt.

(f) Die organisatorischen und technischen Maßnahmen sind ausreichend, einen unberechtigten Zugriff Dritter auf die personenbezogenen Daten zu verhindern.

(g) Die Daten oder ihr Personenbezug werden nach Abschluß des medizinischen Forschungsvorhabens gelöscht. Muß damit gerechnet werden, daß zu einem späteren Zeitpunkt eine erneute Bearbeitung des Datenmaterials notwendig werden kann, dann darf die Löschung hinausgeschoben werden, sofern die unter (a) bis (f) genannten Voraussetzungen für diesen Zeitraum zutreffen.

In Konfliktfällen muß der Arzt nach bestem Wissen und Gewissen Güterabwägungen zwischen dem Forschungsziel einerseits und den Individualrechten der Patienten/Probanden andererseits vornehmen.

4. Die Verarbeitung nicht personenbezogener, anonymisierter, insbesondere statistischer Daten ist in der medizinischen Forschung weder durch die Verpflichtung zur Wahrung der ärztlichen Schweigepflicht noch durch datenschutzrechtliche Vorschriften beeinträchtigt. Dennoch muß beachtet werden, daß auch aus diesen Daten keine Rückschlüsse auf bestimmte Personen gezogen werden können oder ein Personenbezug nur mit unverhältnismäßig hohem Aufwand hergestellt werden könnte.«[151]

Zutreffender scheint mir der Konflikt von Otfried Schaefer beschrieben zu sein:

»Der praktizierende Arzt in Klinik und Praxis bedarf im Interesse seiner Patienten des Fortschritts in der Krankheitsursachenforschung. Er bedarf aber vor allem anderen der vertrauensvollen Hinwendung seiner Patienten, die nur dann gewährleistet bleibt, wenn der Arzt sich auch in Zukunft verpflichtet fühlt, die Menschenwürde, das Recht seiner Patienten auf Selbstbestimmung, zu respektieren.

An den Grundrechten des Bürgers müssen weder Krankheitsursachenforschung noch gesundheitspolitische Planung noch Krebsregister scheitern.

Besonders dann nicht, wenn wir mit äußersten Anstrengungen

151 Quelle: Archiv des Deutschen Ärzteverlages, Köln, Nr. C 316.0.

nach Wegen suchen, größtmögliche Aussagefähigkeit statistischer Untersuchungen mit der kleinsten Zahl notwendiger Erhebungen unter geringstmöglicher Beeinträchtigung der Persönlichkeitsrechte zu erreichen. Nur so können wir den scheinbaren Konflikt zwischen der Freiheit des Individuums und der Freiheit der Forschung befriedigend ausräumen.«[152]

Es ist zu hoffen, daß die ursprüngliche Absicht des Bundesministers für Jugend, Familie und Gesundheit, bei der Errichtung eines Krebsregisters die Meldungen an das Krebsregister von der Einwilligung des Patienten unabhängig zu machen, scheitern wird. Unter dem Aktenzeichen 347-4592-93/5 und dem Datum 27. Januar 1982 hat der Bundesminister für Jugend, Familie und Gesundheit das Muster eines Gesetzes über ein Krebsregister vorgelegt. In diesem Entwurf besagt der § 18 unter der Überschrift »Grundrechtseinschränkung«: »Das Grundrecht auf die freie Entfaltung der Persönlichkeit (Art. 2 Abs. 1 GG) wird nach Maßgabe der §§ 3 und 8 eingeschränkt.« Der § 3 dieses Entwurfs sieht vor, daß in der Meldung auch angegeben werden soll, ob der Patient über die Meldung unterrichtet worden ist. Die Information über die Meldung ist also damit in das Ermessen des Arztes gestellt; die Einwilligung und unabdingbare Zustimmung des Patienten ist also überhaupt nicht vorgesehen. Dieser Plan, um eines Krebsregisters willen ein Grundrecht einschränken zu wollen, ist so ungeheuerlich, daß man nur wünschen kann, daß derartige Pläne durch das Parlament in aller Deutlichkeit verurteilt werden. Am 23. März 1983 hat der Bundesminister für Jugend, Familie und Gesundheit mit den Gesundheitsministern der Länder erneut über die Einrichtung von regionalen Krebsregistern verhandelt. Das Ergebnispapier mit dem Aktenzeichen 341-4052/1 hält unter Punkt 8 fest: »Grundsätzlich soll die namentliche Meldung nur mit Einwilligung des Patienten erfolgen. Ausnahmen von dieser Regelung müssen zulässig sein, jedoch sind ihre Voraussetzungen im Rahmen entsprechender gesetzlicher Regelungen genau zu defi-

152 Otfried Schaefer, Worum geht es bei der Schweigepflicht- und Registerdiskussion? In: Der Deutsche Arzt, Nr. 9, 1982, Seite 11.

nieren. Besondere Vorgaben sind für die Meldungen durch pathologische Institute vorzusehen.

Hat der Patient vorsorglich erklärt, im Falle einer Krebserkrankung mit der Meldung seiner *persönlichen* Daten nicht einverstanden zu sein, so gilt dieser Einspruch bis zum Widerruf.«

Die Forscher beharren darauf, ihre Statistik müsse, um aussagefähig zu sein, Daten aller Krebskranken einer jeweils ausgewählten Region enthalten. Alle erfaßten Personen werden dann bis zu ihrem Tod, möglicherweise über Jahre, statistisch »begleitet«, wobei nicht nur ihr Krankheitsverlauf, sondern auch die Bedingungen ihres Arbeitsplatzes, Umwelteinflüsse, Vorgeschichte, familiäres Umfeld und vieles andere mehr gespeichert werden. Nur durch Lückenlosigkeit, heißt es, seien gesicherte Erkenntnisse über Häufigkeitsverteilung des Krebses nach Alter, Geschlecht, Beruf, Region möglich, könnten Risikogruppen und Risikofaktoren ermittelt werden. Lückenlosigkeit aber heißt, daß die Statistik sich Ablehnungen nicht oder kaum leisten kann. Deshalb, so der Wunsch der Forscher, soll gar nicht erst um Einwilligung gefragt werden.

Das Bonner »Gesamtprogramm zur Krebsbekämpfung« führt in seinen 18 Punkte umfassenden »Grundsätzen der Krebsregistrierung« unter Punkt 9 aus, warum eine Einwilligung des Patienten zum namentlichen Speichern seiner ganz persönlichen Daten sowieso generell nicht möglich sei: »Weil der Patient dann über den vollen Umfang der Diagnose aufgeklärt werden müßte, auch wenn ihm hieraus gesundheitlicher Nachteil entstehen könnte, weil der Patient sich in einer Ausnahmesituation befindet, die eine klare Einschätzung der Bedeutung der Einwilligung erschwert, weil die Meldung durch pathologische Institute erschwert oder verhindert würde.« Im Saarland werden 80 Prozent der Meldungen von Pathologen geliefert, die die Patienten, deren Präparate sie im Labor untersuchen, ohnehin niemals zu Gesicht bekommen.

Die bisherige Erfahrung zeigt, daß die ärztliche Meldebereitschaft dann am niedrigsten ist, wenn der Arzt den Patienten kennt und betreut. So forderte die Bundesärztekammer, daß die Weitergabe von personenbezogenen Daten Krebskranker an Dritte ohne Zustimmung des Patienten ausgeschlossen sein und eine Ablehnung respektiert werden muß.

Die Gegenposition, z. B. das hessische Sozialministerium, sieht ein öffentliches Interesse an der Errichtung von Krebsregistern auf dem Hintergrund der Kostenverursachung für die Solidargemeinschaft durch die Krebserkrankungen, aus der ein Recht der Gemeinschaft nach Information entstehe. Man kann auch diesen Fall als klassisches Beispiel für den Konflikt von Individual- und Sozialethik ansehen. Eine Reihe der Bedenken, die von Ärzteorganisationen vorgebracht werden, sind in dem hessischen Gesetzentwurf vom 25. Mai 1982, der nunmehr überarbeitet werden soll, schon berücksichtigt. So wird dort ausdrücklich nur von einem »Melderecht« der Ärzte, nicht aber von einer Meldepflicht gesprochen – und die Einwilligung des Patienten soll »grundsätzlich« vorliegen. Die »Meldung«, so heißt es weiter, »kann ausnahmsweise« auch ohne die Einwilligung erfolgen, »wenn dem Patienten dadurch, daß ihm die Art seiner Erkrankung bekannt wird, gesundheitliche Nachteile entstehen können«. Auch hier steckt »der Teufel im Detail«. Ausnahmen soll und darf es nicht geben, derartige Meldungen dürfen nicht ohne Wissen des Patienten erfolgen. Das Grundrecht des Patienten auf die Schweigepflicht ist unendlich viel höher als alle noch so legitimen Interessen von Forschungsvorhaben. Wird an einem Punkt ein Grundrecht ausgehöhlt, könnte dies der Anfang eines Dammbruches sein. Die Grundrechte in der BRD sind zu schwer erkämpft, als daß sie leichtfertig zur Disposition gestellt werden dürften. Mit den Grundrechten des Patienten wird zugleich ein Stück Freiheit unseres Gesundheitswesens verteidigt.

d) *Die Dokumentationspflicht des Arztes*

Unbestritten in der Rechtsprechung ist mittlerweile, daß der Patient ein Recht darauf hat, daß der Arzt Anamnese, Diagnose, Krankheitsverlauf und Therapie sorgfältig dokumentiert.

Der Bundesgerichtshof stellte in einem Urteil vom 27.6.1978 fest, daß auch die Führung ordnungsgemäßer Krankenunterlagen und die Unterrichtung des Hausarztes Bestandteile der ärztlichen Tätigkeiten seien, die zu den Aufgaben gehörten, die dem behandelnden Arzt gegenüber seinem Patienten als Pflichten oblägen:[153] »Zwar hat der erkennende Senat in zurückliegender Zeit noch die Auffassung vertreten, daß die Aufzeichnungen des Arztes nur eine interne Gedächtnisstütze seien und daß zu ihrer sorgfältigen und vollständigen Führung dem Patienten gegenüber keine Pflicht bestehe,«[154]aber inzwischen habe der Senat mehrfach zu erkennen gegeben, daß an dieser Rechtsprechung, die einer überholten ärztlichen Berufsauffassung unangemessenen Raum zugestehe, nicht mehr festgehalten werden könne. Auch in den ärztlichen Berufsordnungen ist die Pflicht des Arztes zu angemessener Dokumentation allgemein anerkannt. Denn die weitere Behandlung des Patienten, sei es durch denselben Arzt, wenn sich die Behandlung über längere Zeiträume erstreckt, sei es durch dessen zwangsläufigen oder frei gewählten Nachfolger, kann durch eine unvollständige oder nicht sachgemäße Dokumentation erschwert oder in die falsche Richtung gelenkt werden.

Im Rahmen dieser Arbeit war von der Bedeutung der ärztlichen Unterlagen schon einmal die Rede: Im Haftpflichtprozeß gegen einen Arzt können die Krankenblätter eine große Rolle spielen. So liegt es auch im Interesse des Arztes, die Krankengeschichte sorgfältig zu dokumentieren. In einem Kunstfehlerprozeß könnte dann aber das Krankenblatt unter Umständen nicht mehr Gedächtnisstütze sein, sondern es bekäme eine völlig neue Funktion: Belastungs- bzw. Entlastungsmaterial. Damit aber ist die Versu-

153 Neue Juristische Wochenschrift 1978, Seite 2337.
154 so zuletzt NJW 1963, Seite 389.

chung einer »doppelten Buchführung« groß und meines Erachtens auch verständlich. Auch wenn man strengste ethische Maßstäbe anlegt, ist kein Bürger verpflichtet – auch nicht nach unserer Rechtsordnung, Belastungsmaterial gegen sich selber zusammenzutragen. Wer wollte es also einem Arzt verübeln, wenn er im Hinblick auf spätere prozessuale Verwendung der von ihm verfaßten Krankenunterlagen gegen ihn selbst diesen Umstand bei der Abfassung berücksichtigt!

Oder wer wollte einem Arzt mangelndes Verantwortungsbewußtsein vorwerfen, wenn er im Hinblick auf die Einsichtnahme des Patienten in die Krankenunterlagen die Unheilbarkeit einer Krankheit nicht dokumentiert! So kann die Abfassung von Krankheitsberichten für den Arzt zu einer Wahl zwischen Scylla und Charybdis werden: Legt er, wenn der Patient es verlangt, mit der Einsicht in die Krankenunterlagen die Unheilbarkeit der Krankheit offen, so versetzt er seinem Patienten einen vom ärztlichen Ethos unter Umständen nicht zu rechtfertigenden Schock; verweigert er im Hinblick darauf die Einsicht unter Heranziehung des therapeutischen Privilegs, nährt er ungerechtfertigte Spekulationen und gibt Anlaß zu gerichtlichen Auseinandersetzungen. Auf der Strecke bleibt in jedem Fall das Vertrauensverhältnis zwischen Arzt und Patient. Daher ist es verständlich, daß Ärzte sich gegen eine Verrechtlichung des Arzt-Patienten-Verhältnisses wehren oder in bezug auf diesen besonderen Fall der ärztlichen Dokumentation die Frage stellen: »Soll man dem Arzt empfehlen, persönliche Handakten anzulegen?«[155]

Besteht ein Patient auf seinem nicht zu bestreitenden Einsichtsrecht in die Krankenunterlagen, der behandelnde Arzt jedoch ist der Auffassung, dies könne dem Patienten schaden, könnte in diesem Konfliktfall die Hinzuziehung eines neutralen Arztes hilfreich sein, der sich um Vermittlung bemüht. In jedem Fall deutet eine radikale Forderung des Patienten auf Einsicht in die Krankenunterlage darauf hin, daß das Arzt-Patienten-Verhältnis gestört ist.

155 cf Wilhelm Uhlenbrock, Doppelte Buchführung?, in: Rheinisches Ärzteblatt 1983, Heft 11, Seite 570 ff.

Besonders in der Psychiatrie könnte die Hinzuziehung einer dritten Person, die das Vertrauen beider Seiten genießt, einer »doppelten Buchführung« vorzuziehen sein, wenn der Patient durch die Einsichtnahme in die Krankenunterlagen Schaden erleiden könnte.

X. Das Schutzrecht des Patienten im kontrollierten klinischen Versuch

Die bisher erörterten Rechte des Patienten wie z. B. das Recht auf die Wahlfreiheit der Behandlungsmethode und das Recht auf Information finden ihre sozusagen klassische Bewährungsprobe, wenn es um die Erprobung neuer Arzneimittel im klinischen Versuch geht. Hier müssen sich die Kriterien der Selbstbestimmungsrechte beispielhaft beweisen und als tragfähig erweisen.

Bei der schon erwähnten Novellierung des Arzneimittelgesetzes 1976 ging es im federführenden Bundestagsausschuß Jugend, Familie, Gesundheit um die Frage der Arzneimittelprüfung auf Wirksamkeit und Unbedenklichkeit. Nach § 21 des am 24. 8. 1976 im Bundesgesetzblatt veröffentlichten Gesetzes über den Verkehr mit Arzneimitteln (AMG) dürfen neue Medikamente nur nach ihrer Zulassung durch das Bundesgesundheitsamt in Verkehr gebracht werden. Eine Ausnahme liegt unter anderem vor, wenn sie zur klinischen Prüfung bei Patienten bestimmt sind. Der Antrag auf Zulassung muß das Ergebnis einer klinischen Prüfung enthalten. Die Zulassung wird versagt, wenn »das Arzneimittel nicht nach dem jeweils gesicherten Stand der wissenschaftlichen Erkenntnisse ausreichend geprüft worden ist« oder wenn die ihm nachgesagte »therapeutische Wirksamkeit fehlt oder diese nach dem jeweils gesicherten Stand der wissenschaftlichen Erkenntnisse ... unzureichend begründet ist«.[156]

Als wissenschaftliche Methode für den Wirksamkeitsnachweis gilt die Bildung einer Test- und einer Kontrollgruppe: Eine Gruppe wird mit dem zu testenden neuen Arzneimittel behandelt, die andere erhält Placebos, das heißt, sie wird überhaupt nicht behandelt oder erhält bei zu erbringenden Nachweis der Überlegenheit des neuen Präparates weiterhin das alte. Der Doppel-

156 AMG vom 24. 8. 1976 (BGBl I Seite 2445).

blindversuch besteht darin, daß weder die Versuchspersonen noch der Arzt erfahren, welcher Patient das zu prüfende Medikament bekommt und welcher nicht. Dies geschieht, um psychische Faktoren auszuschalten. Nach der noch geltenden Arzneimittelprüfrichtlinie »muß ein kontrollierter Versuch nach der ›double-blind‹-Methode durchgeführt werden, soweit das möglich ist«, »Erläuterungen über die therapeutische Wirksamkeit..., die lediglich auf klinischen Eindrücken beruhen, können nicht als stichhaltig angesehen werden«.[157]

Auch die entsprechende Richtlinie der Europäischen Gemeinschaft aus dem Jahre 1975 verlangt den doppelten Blindversuch.[158]

Der Verordnungsgeber – sprich die Bundesregierung in Abstimmung mit dem Bundesrat – ist immer noch nicht dem Auftrag des Gesetzgebers nachgekommen, die Arzneimittelprüfrichtlinien den neuen gesetzlichen Anforderungen des Arzneimittelgesetzes anzupassen, das den doppelten Blindversuch nicht mehr zuläßt.

Die Gesamtproblematik dieses Themas kann im Rahmen dieser Arbeit nicht erörtert werden.

Dieses hat dankenswerterweise Martin Fincke getan, der Arzneimittelprüfungen nach strafrechtlichen Kriterien untersucht hat und kurzgefaßt zu dem Ergebnis gekommen ist, daß nur im Rahmen der strengen Kriterien des Behandlungsauftrages des Patienten an den Arzt ein neues, noch nicht zugelassenes Medikament angewandt werden darf, nachdem der Patient entsprechend aufgeklärt worden ist und seine Zustimmung zu der neuen Behandlungsmethode gegeben hat. Der doppelte Blindversuch setzt den Leiter des Kontrollversuchs im Extremfall der Gefahr aus, sich der versuchten Tötung dann schuldig zu machen, wenn ein nicht

157 Richtlinien über die Prüfung von Arzneimitteln, 2. Teil, Abschnitt A, Anlage 1 der Bekanntmachung des BM für JFG vom 11.6.1971, Bundesanzeiger 1971 Nr. 113.

158 Richtlinien des Rates der EG vom 20.5.75 (75318/EWG A Bl I 147 vom 9.6.1975, Seite 1).

behandelter Patient (Placebo-Fall) stirbt, aber bei Einsatz des neuen Medikamentes hätte gerettet werden können: »Zunächst ist fraglich, ob der individuelle Schaden, der in der Vergleichsgruppe, also unabhängig vom Testmittel, eintritt, dem Versuchsleiter objektiv zugerechnet werden kann. Ein etwaiges aktives Hineinführen in die Vergleichssituation ist jedenfalls nicht kausal, weil das Opfer ohne dieses Tun auch nicht – quasi ›erst recht nicht‹ – in den Genuß des vielleicht rettenden Testmittels gekommen wäre. Aber auch das Unterlassen des möglicherweise rettenden Einsatzes des neuen Mittels kann nicht als kausal nachgewiesen werden, weil typischerweise ungewiß bleibt, ob dieses Mittel im konkreten Fall geholfen hätte. Die objektive Zurechnung steht und fällt daher mit der Berechtigung jener Variante der ›Risikoerhöhungslehre‹, welche die Kausalität durch bloße Steigerung der realisierten Gefahr ersetzen will. Auch der Vorsatz ist problematisch, weil der Prüfer zu Beginn des Tests jedenfalls statistisch ›nichts‹ über die Wirksamkeit des Testmittels weiß, dennoch aber eine gewisse Zahl von Schäden in der Vergleichsgruppe prognostiziert und für die Zwecke der Versuchsanordnung einkalkuliert.

Schließlich gilt es, auf der Rechtswidrigkeitsebene den Konflikt zwischen sozialem Fortschritt und individuellem Opfer rechtlich zu lösen. Es fragt sich, ob die Gesellschaft bereit ist, konkreten Individuen eine erreichbare Rettungschance vorzuenthalten zugunsten eines faßbaren Allgemeinwerts ›wissenschaftlich-technischer Fortschritt‹, oft genug nur zugunsten einer statistischen Präzision, die lediglich die Illusion größerer Sicherheit in der Sache verschafft.«[159]

Hier gilt es, zu untersuchen, welche Prüfmethoden von Arzneimitteln mit den Selbstbestimmungsrechten des Patienten vereinbar sind.

Die erste Aporie, die sich bei strikter Anwendung des Rechtes auf Aufklärung des Patienten durch den Arzt ergibt, hat Gerhard Kienle in der Anhörung von Sachverständigen im Deutschen Bun-

159 Martin Fincke, Arzneimittelprüfung, Strafbare Versuchsmethoden, Seite 136f.

destag zum Regierungsentwurf des AMG dargestellt: »Wenn Sie einen kontrollierten klinischen Versuch haben wollen, dürfen Sie die Patienten nicht aufklären; wenn Sie die Patienten aufklären, ist der Versuch nicht durchführbar. Es gibt nur eines von beiden, nicht beides zugleich« (14.5.1974, Protokoll des BT-Ausschusses JFG). Diesem Petitum ist der Gesetzgeber gefolgt – auch in Anlehnung an die Internationale Konvention über bürgerliche und politische Rechte, UN-Beschluß vom 19.12.66, seit 23.3.76 in Kraft, durch den Beitritt der BRD zur UNO auch hier verbindlich – und hat die Freiwilligkeit des Patienten rechtlich abgesichert und den klinischen Versuch ohne Einwilligung des Patienten unter Strafe gestellt. Die Einwilligung setzt die Aufklärung voraus, aber welcher Patient wird einwilligen, wenn er darüber aufgeklärt worden ist, daß er zur nicht behandelten oder weniger gut behandelten Gruppe gehört? So führt sich der doppelte Blindversuch von selbst ad absurdum. Das Recht des Patienten auf Aufklärung ist stärker als jede noch so berechtigte Forderung nach wissenschaftlichem Fortschritt.

Schon 1973 habe ich als Abgeordneter im Deutschen Bundestag in einer Plenardebatte ausgeführt: »Die verallgemeinerte, unkritische Forderung des Wirksamkeitsnachweises verläßt meines Erachtens die Legalität. Wir dürfen nicht nur auf extremistische Forderungen radikaler Professoren und Publizisten hören, sondern wir müssen prüfen, inwieweit ein Wirksamkeitsnachweis konkret notwendig und zulässig ist. Experimente an Kranken jedenfalls sind nicht erlaubt, auch wenn sie zu wünschenswerten wissenschaftlichen Ergebnissen führen. Freiwillige Versuche lassen sich durch Gesetz nicht fordern. Nach den Erfahrungen von Dachau schränkt das Grundgesetz Versuche an Menschen eindeutig ein. Die in Amerika leider üblichen und auch auf deutschen Ärztekongressen schon empfohlenen Versuche an Gefangenen, die dann als Unterlage für die Arzneimittelzulassung dienen, sind in Deutschland grundsätzlich nicht statthaft. Das gleiche gilt für die sogenannten kontrollierten Versuchsreihen, bei denen Überlebens- und Heilungschancen der unbehandelten Kontrollgruppe verhindert werden. Hier könnte die Behörde wegen unterlassener Hilfeleistung zur Rechenschaft gezogen werden. Wir dürfen auch nicht die Auslieferung von Arzneimitteln verhindern, die ärztlich als lebensrettend erachtet worden sind, nur deshalb, weil der wissenschaftliche Wirksamkeitsnachweis aus methodischen Gründen nicht oder nicht rechtzeitig durchführbar ist.«[160]

Auch das Postulat einer Aufopferungspflicht desjenigen, der am kontrollierten klinischen Versuch teilnimmt, für die Lebensrettung anderer kann den Doppelblindversuch nicht rechtfertigen, noch ethisch legitimieren. Denn das Opfer des eigenen Lebens in dem Fall, daß der nicht behandelte oder schlechter behandelte Patient stirbt, überschreitet jede sittliche Pflicht zur Solidarität: Denn dieses »Opfer« ist ja nicht ein unabwendbares Schicksal oder eine sittlich hochstehende Tat aus eigenem Entschluß, sondern ein statistisch eingeplantes Risiko, somit an Zynismus nicht mehr zu überbieten, wenn bei Randomisierung der Gruppen bewußt Nachteile für den Patienten oder gar Todesfälle eintreten können.

Daß dies nicht einer überspannten Phantasie entspringt, hat Martin Fincke belegt: »So wurde kürzlich die Wirksamkeit des Trasylol bei der Pankreatitis nachgewiesen, indem man objektiv neun Menschenleben opferte.

Der multizentrisch geplante kontrollierte klinische Doppelblindversuch war auf einen Stichprobenumfang von 300 Patienten vorgesehen, von denen je 150 durch Zufallsentscheid der Kontroll- oder Testgruppe zugewiesen werden sollten.

Eine erste Zwischenanalyse nach dem 49. Patienten ließ einen positiven Trend der Trasylolgruppe erkennen. Nach dem 100. Patienten waren bei der Trasylolgruppe 4 von 53 Patienten verstorben, in der Kontrollgruppe dagegen 13, also 9 Patienten mehr. Erst jetzt wurde der Test abgebrochen, wohl, weil die ethischen Bedenken das Streben nach wissenschaftlicher Exaktheit des Nachweises überwogen. Aber bereits die erste Zwischenanalyse hatte einen Signifikanzwert zwischen 5 % und 10 % ergeben, so daß man mit der gesicherten Prognose in die zweite Runde ging, weitere 4 bis 5

160 BT-Drucksache VII/3803 (46. Sitzung, 8. 11. 73).

Patienten durch Vorenthaltung der Rettungschance zu opfern. Die Durchführung des gesamten Versuchsplanes hätte ca. 20 weitere Menschenleben gefordert, nicht gerechnet die zahlreichen Patienten in anderen Krankenhäusern, die während der verlängerten Testzeit nicht optimal, d. h. nicht mit Trasylol hätten behandelt werden können. Selbstverständlich durfte nach der ersten Zwischenanalyse den neuen Patienten nichts von der bereits begründeten Vermutung mitgeteilt werden, daß Trasylol das Letalitätsrisiko senke; denn hätte man sie wahrheitsgemäß aufgeklärt, so wäre ihre Zustimmung zur zufälligen Zuteilung kaum zu erlangen gewesen.«[161]

Wirklicher oder vermeintlicher Fortschritt der Wissenschaft kann ebensowenig Opfer von Patienten fordern oder legitimieren. Bei der Verabschiedung des AMG im Deutschen Bundestag habe ich im Zusammenhang des Wirksamkeitsnachweises im klinischen Versuch 1976 ausgeführt:

»In einem anderen Punkt, meine ich, haben wir ebenfalls versucht, das Anliegen des Gesetzentwurfes der Bundesregierung noch ein klein wenig mehr zu verdeutlichen, nämlich hinsichtlich des Schutzes des Patienten im klinischen Versuch. Die Grundlage unserer Überlegungen war ja die Festlegung des Grundgesetzes, daß die Würde des Menschen, des gesunden wie des kranken, zu wahren ist. Die Würde des Menschen zu schützen, wie es das Grundgesetz fordert, besagt nach Kant, daß der Mensch immer nur Zweck, niemals Mittel sein darf. Von dieser Grundüberlegung haben wir uns leiten lassen, als wir die Vorschriften für die klinische Prüfung verdeutlichten und damit den Schutz des Patienten verbesserten: Der Mensch ist immer nur Zweck und nie Mittel. Lassen Sie mich auch noch ein paar Worte zum Wirksamkeitsnachweis sagen, weil meine Vorredner davon gesprochen haben. In der Tat ist die Frage des Wirksamkeitsnachweises ja sehr schwierig und trifft nicht nur Homöopathica, sondern ebenso alle anderen Medikamente. Wir mußten uns ja fragen, ob ein Höher-

161 Testbericht von Trapnell, Rigby, Talbot, Duncan in: British Journal of Surgery 61 (1972), Seite 177–182.

schrauben der Anforderungen an den Wirksamkeitsnachweis nicht eventuell zu unvertretbaren Versuchen an Kranken geführt hätten. Wir sind davon ausgegangen, daß der Staat nicht die Aufopferung von Kranken zugunsten eines Formalismus fordern kann. Der Gesetzgeber hat die Konsequenz gezogen und die Anforderungen an den Wirksamkeitsnachweis an die realen Verhältnisse angepaßt.«[162]

Im Vorfeld der parlamentarischen Beratungen des Arzneimittelgesetzes 1976 wurde unter anderem besonders intensiv diskutiert, ob der Doppelblindversuch nach ethischen Gesichtspunkten zu vertreten sei und ob es »Versuche am Menschen« geben dürfe. Unter anderem habe ich mich mit Fragen zu diesem Thema in der 90. Sitzung des Deutschen Bundestages in der 7. Wahlperiode am 27. März 1974 beteiligt:

»Ist der Bundesregierung bekannt, daß die Prüfung der Arzneimittel auf Unbedenklichkeit und Wirksamkeit nach dem Entwurf der 2. EG-Richtlinie und nach der Deutschen Prüfungsrichtlinie vom Juni 1971 nach Auffassung führender Fachwissenschaftler wissenschaftlich nicht haltbar ist, weil Tierversuche bestenfalls Anhaltspunkte, aber keine Beweise der Unschädlichkeit am Menschen erbringen können, da die sogenannte klinische Prüfung am gesunden Menschen über die Wirksamkeit am Kranken nichts aussagen kann, während schließlich eine therapeutische Prüfung am Kranken unausweichlich einen Versuch am Menschen darstellen würde, die nach der Deklaration von Helsinki nicht zulässig ist, und welche Konsequenzen wird die Bundesregierung daraus für die geplante Arzneimittelrechtsreform ziehen?«

Dr. Wolters, Staatssekretär im Bundesministerium für Jugend, Familie und Gesundheit:

»Frau Präsident, Herr Abgeordneter Fiebig, bei der Beantwortung Ihrer Frage gehe ich davon aus, daß Sie nicht den Entwurf der Zweiten Pharmazeutischen EG-Richtlinie meinen, sondern den Entwurf einer EG-Prüfrichtlinie für Arzneispezialitäten. Dieser Entwurf wurde von der EG-Kommission unter Mitwirkung von

162 BT-Drucksache VII/166638 (238. Sitzung, 5. 5. 76).

qualifizierten europäischen Wissenschaftlern ausgearbeitet. Er liegt zur Zeit dem EG-Ministerrat zur Entscheidung vor. Über ihn besteht unter den neun Mitgliedsstaaten bereits weitgehendes Einvernehmen. Die von Ihnen zitierte deutsche Prüfrichtlinie beruht weitgehend auf dem Entwurf der EG-Prüfrichtlinie. Diese deutsche Prüfrichtlinie ist unter Mitwirkung anerkannter Wissenschaftler, die Mitglieder in dem vom Bundesministerium für Jugend, Familie und Gesundheit gebildeten Beirat für Arzneimittelsicherheit sind, ausgearbeitet worden. Außerdem sind dabei die Richtlinien der deutschen Pharmakologischen Gesellschaft und der deutschen Gesellschaft für Innere Medizin berücksichtigt worden. Die Bundesregierung ist deshalb der Auffassung, daß der Entwurf der EG-Prüfrichtlinie und die im Bundesanzeiger bekannt gemachte deutsche Prüfrichtlinie dem internationalen wissenschaftlichen Standard entsprechen.

Es ist unstreitig, daß die Ergebnisse von Tierversuchen nicht ohne weiteres auf den Menschen übertragen werden können. Gleichwohl geben sie wertvolle Anhaltspunkte für die toxikologische Beurteilung eines neuen Arzneimittels, auf die als Voraussetzung für die Erprobung des Arzneimittels am Menschen unter keinen Umständen verzichtet werden kann. Leider machen jedoch die Tierversuche eine klinische Erprobung neuer Arzneimittel am Menschen nicht entbehrlich. In der Deklaration von Helsinki, die der Bundesminister für Jugend, Familie und Gesundheit im Bundesanzeiger bekanntgemacht hat, hat der Weltärztebund für die klinische Erprobung von Arzneimitteln am Menschen ethische Grundsätze verkündet. Nach diesen Grundsätzen ist entgegen der in Ihrer Anfrage aufgestellten Behauptung die Erprobung neuer Arzneimittel auch am kranken Menschen unter bestimmten Voraussetzungen zulässig. Die von der Bundesregierung beabsichtigte Arzneimittelrechtsreform wird sich an diesen Grundsätzen orientieren. In diesem Zusammenhang weise ich auf Art. 1 §§ 34 und 35 des Referentenentwurfs eines Gesetzes zur Neuordnung des Arzneimittelrechts hin, der den Fraktionen des Bundestages vorliegt.«

Fiebig:

»Herr Staatssekretär, sind Sie mit mir der Auffassung daß eine Prüfung von Medikamenten nur im Rahmen des Behandlungsauftrages des Patienten an den behandelnden Arzt erfolgen kann?«

Dr. Wolters, Staatssekretär im Bundesministerium für Jugend, Familie und Gesundheit:

»Ich bin der Auffassung und habe das, wie ich glaube, auch eben so ausgeführt, daß, orientiert an den bei der Deklaration von Helsinki niedergelegten Gesichtspunkten, zunächst eine Prüfung am Tier vorauszugehen hat, daß entsprechende andere pharmakologische und pharmazeutische Untersuchungen vorauszugehen haben und daß dann, je nachdem, um was für ein Arzneimittel es sich handelt, eine klinische Erprobung an freiwilligen gesunden oder an kranken Menschen – ebenfalls selbstverständlich auf der Grundlage der Freiwilligkeit – unter der Voraussetzung, daß es sich bei dem, der diese Dinge durchführt, um einen entsprechend qualifizierten Arzt handelt und daß eine Einverständniserklärung vorliegt, erfolgen kann.«

Die vielfältigen Bemühungen waren nicht ohne Erfolg, so daß der Deutsche Bundestag am 6. Mai 1976 mit der Verabschiedung des Arzneimittelgesetzes den Schutz des Patienten im kontrollierten klinischen Versuch sicherstellte. Im sechsten Abschnitt des Gesetzes unter der Überschrift »Schutz des Menschen bei der klinischen Forschung« heißt es in § 40:

»Die klinische Prüfung eines Arzneimittels darf bei Menschen nur durchgeführt werden, wenn und solange

1. die Risiken, die mit ihr für die Person verbunden sind, bei der sie durchgeführt werden soll, gemessen an der voraussichtlichen Bedeutung des Arzneimittels für die Heilkunde ärztlich vertretbar sind.

2. die Person, bei der sie durchgeführt werden soll, ihre Einwilligung hierzu erteilt hat, nachdem sie durch einen Arzt über Wesen, Bedeutung und Tragweite der klinischen Prüfung aufgeklärt worden ist.«

XI. Das Verhältnis von Selbstbestimmungsrecht des Patienten und Freiheit des Arztes und die Gefährdung beider

Das Selbstbestimmungsrecht des Patienten und die Therapiefreiheit des Arztes korrespondieren miteinander, sie sind die zwei Kehrseiten ein und desselben Sachverhaltes, das eine nicht ohne das andere. Das Selbstbestimmungsrecht des Patienten und die Freiheit des Arztes – beide als Ausdruck ihrer Menschenwürde – müssen und dürfen keine Gegensätze sein.

Die Menschenwürde des Patienten, die sich in freier Wahl des Arztes, der Therapierichtung, des Krankenhauses und in der Wahrung seiner Menschenrechte konstituiert, ist die gleiche Menschenwürde, die dem Arzt als Gewissensfreiheit innewohnt; es ist die gleiche Menschenwürde, die beiden zusteht. Nur dann kann sich ein Vertrauensverhältnis zwischen Arzt und Patient entwikkeln, wenn der Patient »seinen« Arzt frei wählen kann. Nur dann sind Information und Aufklärung des Patienten durch den Arzt sinnvoll und erfolgreich, wenn der Patient im Bewußtsein seines Selbstbestimmungsrechtes Folgerungen daraus ziehen kann, um seine Einwilligung zur Heilbehandlung oder zur Operation zu geben.

Ebenso hat der Arzt das Recht auf seine freie Entscheidung, einen Patienten anzunehmen oder abzulehnen oder eine Behandlung abzubrechen, wenn das notwendige Vertrauensverhältnis zwischen Arzt und Patient nicht gewährleistet ist.

Es wäre unsinnig, Freiheit für den Patienten zu fordern, sie aber dem Arzt zu verweigern. Ausdruck ärztlicher Freiheit ist das Postulat, daß der Arzt als oberste und letzte Instanz seinem Gewissen unterworfen ist. Die gegenseitige Gewährung von Freiheit ist also notwendig im Innenverhältnis von Arzt und Patient.

Das Selbstbestimmungsrecht des Patienten wird heute meines Erachtens nicht vom Arzt eingeschränkt oder gar bedroht. Umgekehrt bestreitet der Patient auch nicht die Therapiefreiheit des Arztes und die Autonomie seines Gewissens; die Bedrohung kommt mehr denn je von außen, zum Beispiel durch die Einführung einer sogenannten Negativliste, die bestimmte Medikamenten-Gruppen durch Bestimmungen in der Reichsversicherungsordnung von der Erstattungspflicht ausschließt. Maßgebend für diesen Ausschluß sind Indikationen:

»1. Arzneimittel zur Anwendung bei Erkältungskrankheiten und grippalen Infekten einschließlich bei diesen Krankheiten anzuwendender Schnupfenmittel, hustendämpfender und hustenlösender Mittel, Schmerzmittel,
2. Mund- und Rachentherapeutika, ausgenommen bei Pilzinfektionen,
3. Abführmittel,
4. Arzneimittel gegen Reisekrankheit« (§ 182f RV).

Am 1. April 1983 trat diese Regelung in Kraft. Sie hatte das Ziel, die Ausgaben der Krankenkassen zu senken und eine Kostendämpfung im Gesundheitswesen zu erreichen, indem also Medikamente bei geringfügigen Gesundheitsstörungen zwar noch vom Arzt zu Lasten der gesetzlichen Krankenversicherung verordnet werden dürfen, die Medikamente selbst aber vom Patienten in der Apotheke bezahlt werden müssen und die Krankenkassen diese Kosten nicht mehr übernehmen. Abgesehen davon, ob man überhaupt den Begriff »geringfügige Gesundheitsstörungen« definieren kann und ob tatsächlich dadurch eine Kostendämpfung erreicht wird, weil der Arzt zum Beispiel – statt der Krankheit entsprechender Präparate – Antibiotika und stark wirkende chemotherapeutische Mittel bei Veränderung der Indikation verordnet, um seinem Patienten die Kosten aus eigener »Tasche« zu ersparen, stellt sich die entscheidende Frage, ob nicht durch diese Bestimmung in der RVO die Therapiefreiheit des Arztes ausgehöhlt und das Selbstbestimmungsrecht des Patienten eingeschränkt werden, wenn zusätzlich zu den nicht unbeträchtlichen Krankenkassenbeiträgen dem Patienten Kosten auferlegt werden, die er verständlicherweise nicht tragen möchte, so daß er die Einschränkung seines Selbstbestimmungsrechtes, nämlich den freien Zugang zu von ihm gewünschten Medikamenten (vielleicht Naturheilmitteln?) hinnehmen muß. Der Effekt wird der gegenteilige sein, nämlich statt entsprechender »sanfter« Mittel bei »geringfügigen Gesundheitsstörungen« werden starke und entsprechend teure Medikamente verordnet: Statt Kostendämpfung eine Kostensteigerung. Auch Kontrollen der Wirtschaftlichkeit der Verordnungsweise eines Arztes durch Kassenärztliche Vereinigung und Krankenkasse können unter Umständen eine Einschränkung der Therapiefreiheit bedeuten. Die billigste Verordnung muß nicht immer die beste sein. Ein weiterer Angriff auf Therapiefreiheit und Selbstbestimmungsrecht findet sich in den beamtenrechtlichen Beihilfebestimmungen: § 4, Nr. 7, Satz 2 der Beihilfeverordnung schließt wissenschaftlich nicht anerkannte Mittel von der Beihilfe aus. Besonderer Streitpunkt in der Vergangenheit war das Krebsmittel »Iscador«, ein Mistelpräparat. Auf dieses Medikament bezog sich eine Entscheidung des Oberverwaltungsgerichtes Münster aus dem Jahre 1976, das die wissenschaftliche Anerkennung negierte:

»Wissenschaftlich anerkannt ist ein Heilmittel, wenn es von den Wissenschaftlern, die in dem durch die zu behandelnde Krankheit und die Art des Heilmittels gekennzeichneten Fachbereich tätig sind, aufgrund wissenschaftlicher Erkenntnisse als für eine Behandlung der Krankheit wirksam angesehen wird. Die Überzeugung von der Wirksamkeit muß freilich nicht in jedem Falle in der Fachwelt uneingeschränkt und einhellig geteilt werden. Das würde der Vielfalt wissenschaftlich begründeter Standpunkte und Erkenntnisse und der darauf gestützten Behandlungsmethode nicht gerecht werden. Das Merkmal der wissenschaftlichen Anerkennung setzt aber durch eine weitgehende Zustimmung der in dem Fachbereich tätigen Wissenschaftler voraus und ist jedenfalls dann nicht gegeben, wenn eine größere Anzahl namhafter Autoritäten oder wichtige wissenschaftliche Gremien die Behandlung mit dem Heilmittel aufgrund wissenschaftlicher Erkenntnisse als nicht wirksam ansehen.« Am 6.7.1982 hat das gleiche Gericht sich dahingehend korrigiert, daß eine Bevorzugung der Schulmedizin nicht aufrechtzuerhalten sei, die Grundsatzfrage des Streites von Schulmedizin und anderen Therapieverfahren auch nicht zur Entscheidung anstünde und Iscador zu den »noch« nicht wissenschaftlich anerkannten Mitteln zu rechnen sei, so daß nach §4, Nr.7, Satz 3 der Beihilfeverordnung die Kosten für Iscador als solches Mittel erstattet werden, das eingesetzt wird, wenn wissenschaftlich anerkannte Mittel erfolglos geblieben sind.

Ebenso enthält die Beihilfeverordnung des Landes Baden-Württemberg nach § 4 II eine Klausel: »Das Finanzministerium kann Aufwendungen für eine Behandlung nach einer wissenschaftlich nicht allgemein anerkannten Methode von der Beihilfefähigkeit ausschließen.« In einem Rundschreiben vom 28. August 1980 erklärt das Finanzministerium des Landes Baden-Württemberg: »Von der Beihilfefähigkeit werden Aufwendungen für folgende Behandlungen ausgeschlossen: ... Behandlung mit homöopathischen Präparaten ohne Wirkstoffe oder mit Verdünnungen in hohen Potenzen (ab D 12).«

In der Fragestunde des Deutschen Bundestages vom 15. Februar 1978 habe ich die Bundesregierung gefragt, ob die Therapiefreiheit des Arztes in den Allgemeinen Versicherungsbedingungen privater Krankenversicherer gewährleistet sei und ob die Bundesregierung durch das Bundesamt für das Versicherungswesen sicherstellen könne, daß auch die Kosten für andere Heilverfahren erstattet würden. Nach dem Aktenzeichen VII B 4 – W 8130 – 11/78 antwortete der Parlamentarische Staatssekretär Haehser: »Homöopathische Arzneimittel dürfen nach ihrer *Registrierung* in Verkehr gebracht werden (§ 38 AMG). Die Behörde hat im Rahmen des Registrierungsverfahrens *nicht zu prüfen, ob* das Arzneimittel *wirksam* ist. Nach der Ihnen bekannten ›Wissenschaftlichkeitsklausel‹ der AVB ist dagegen der Versicherungsschutz für Arzneimittel davon abhängig, daß diese im Rahmen wissenschaftlich allgemein anerkannter Behandlungsmethoden eingesetzt werden. Dafür genügt die wissenschaftliche Anerkennung durch den Lehrstuhl einer Universität. Das AMG einerseits und die AVB andererseits haben hier also nicht ganz deckungsgleiche Voraussetzungen. Manche nach dem AMG registrierten Arzneimittel – keineswegs alle – werden deshalb den von den Versicherern gestellten Anforderungen nicht entsprechen.

Den Homöopathen ist die ›Wissenschaftlichkeitsklausel‹ der AVB bekannt. In der Regel wird der Arzt den Privatpatienten darauf hinweisen, daß es sich bei der Therapie um eine nicht wissenschaftlich anerkannte Methode handelt und daß die privaten Krankenversicherer dafür möglicherweise nicht aufkommen.

Hinsichtlich der nach dem AMG *zugelassenen* Arzneimittel besteht eine andere Rechtslage. Zulassungsvoraussetzungen sind u. a. eine wissenschaftliche Prüfung des Arzneimittels und das Vorhandensein der vom Antragsteller angegebenen therapeutischen Wirksamkeit (§ 25, Abs. 2, Nr. 2 und Nr. 4 AMG). Insofern gehe ich davon aus, daß sich gegen ein nach dem AMG zugelassenes Arzneimittel unter dem Gesichtspunkt der ›Wissenschaftlichkeitsklausel‹ der AVB keine Schwierigkeiten ergeben werden.

Das Bundesaufsichtsamt für das Versicherungswesen wird beobachten, ob sich das Nebeneinander der jeweiligen ›Anerkennungsvoraussetzungen‹ harmonisch entwickelt, oder ob sich hier im Laufe der Zeit Unzuträglichkeiten ergeben. Im letzteren Falle wird es auf deren Abstellung hinwirken.«

Nach diesen drei angeführten Beispielen entscheidet also ein Beamter, welche Therapierichtung wissenschaftlich anerkannt ist und welche Medikamente »wirksam« sind oder nicht: Die Therapiefreiheit des Arztes und das Selbstbestimmungsrecht des Patienten, welcher Therapierichtung er sich anvertrauen will, sind hier ad absurdum geführt, wenn Beamte am Schreibtisch über die Richtigkeit einer Therapie entscheiden sollen.

Das Protokoll der 252. Sitzung der 7. Wahlperiode des Deutschen Bundestages am 23. Juni 1976 weist auf Seite 17965 aus, daß ich die Bundesregierung zu diesem Thema folgendes gefragt habe:

»Wann gedenkt die Bundesregierung, die Bundesbeihilfeverordnung dem bei der Verabschiedung des Arzneimittelgesetzes erläuterten Willen des Gesetzgebers – die ausdrückliche Betonung der Therapiefreiheit und die Gleichberechtigung der verschiedenen therapeutischen Richtungen – anzupassen?«

Erfreulicherweise lautete die Antwort des Parlamentarischen Staatssekretär Baum aus dem Bundesministerium des Innern:

»Nach den Beihilfevorschriften des Bundes sind die notwendigen Aufwendungen in Krankheitsfällen in angemessenem Umfang beihilfefähig, soweit sie u. a. zur Wiedererlangung der Gesundheit und zur Besserung oder Linderung von Leiden bestimmt sind. Diese Regelung trägt der Pluralität der wissenschaftlichen Lehrmeinungen in der Arzneimitteltherapie Rechnung. Beihilferechtlich stehen die Heilmittel der verschiedenen therapeutischen Richtungen voll gleichberechtigt nebeneinander. Für eine Änderung der Beihilfevorschriften, bei deren Anwendung der Bund den Grundsatz der Therapiefreiheit stets beachtet hat und auch in Zukunft beachtet wird, besteht deshalb kein Anlaß.«

Eine weitere äußere gemeinsame Bedrohung von Selbstbestimmungsrecht und Therapiefreiheit ergibt sich aus der gegenwärtigen Diskussion über Kostendämpfung im Gesundheitswesen. Unbestritten ist, daß eine ungehemmte Kostenexplosion, unverantwortlicher Umgang mit den Finanzen der Solidargemeinschaft der Versicherten zu einem Sprengkörper werden kann, der die Finanzierungsgrundlagen unseres Gesundheitswesen zerstört. Augenmaß und vernünftiger Umgang mit den finanziellen Ressourcen muß allen Beteiligten abverlangt werden. Selbstbestimmungsrecht des Patienten kann nicht heißen: »Das Teuerste ist gerade gut genug für mich!«

Therapiefreiheit kann nicht bedeuten, daß der Arzt den Gedanken an Effizienz und Kosten einer Behandlung und der entsprechenden Arzneimittel beiseite schiebt: Freiheit nicht ohne Verantwortung!

Auf dem Hintergrund dieser an und für sich selbstverständlichen Postulate muß es nachdenklich stimmen, wenn der Staat als Gesetz- und Verordnungsgeber immer mehr versucht, unter dem Vorwand der Kostendämpfung in das Gesundheitswesen einzugreifen. In der Einleitung dieser Untersuchung war schon die Rede davon, daß das Ende der Therapiefreiheit und des Selbstbestimmungsrechtes dann gekommen ist, wenn Transparenzlisten von Medikamenten per ordre mufti – ex eathedra Wirksamkeit und Preis als für den Arzt verbindliche Kriterien festlegen, nach denen er sich bei der Verordnung zu richten hat. Aus der Diagnose ergibt sich die Behandlung, die aber nicht mehr von der Entscheidung des Arztes bestimmt wird, was für den Patienten gut oder weniger gut ist, sondern letzten Endes allein vom Preis, der von der Bürokratie vorgegeben ist. Nicht die Individualität des Patienten, seine Unverwechselbarkeit und Besonderheit in der für ihn spezifischen Krankheit bestimmen die Therapie des Arztes, sondern die von anonymen Instanzen geforderten Schemata: Diagnose, Therapie und Kosten sind fixiert und entsprechen einander, der letzte Faktor ist der entscheidende. Zunächst bestimmt er noch die Therapie, vielleicht in Zukunft auch noch die Diagnose? Dann wäre der Arzt der Exekutor eines Systems, die Therapiefreiheit zu Ende, der Patient verstummt. Negativ- und Positivlisten im Zusammenhang mit Transparenzlisten untergraben am Ende die Entscheidungsfreiheit und die damit verbundene Verantwortung des Arztes. Eine bürokratisch gelenkte Medizin kann auch eine Form von Staatsmedizin sein. Arzt und Patient sind beide aufgerufen, gemeinsam Selbstbestimmungsrecht und Therapiefreiheit zu verteidigen. Politisch gesehen sind Selbstbestimmungsrecht und Therapiefreiheit keine Gegensätze, das eine ist ohne das andere undenkbar. Eine kluge politische Strategie wird daher darauf abheben, daß Patienten insbesondere für die Therapiefreiheit des Arztes eintreten, Ärzte insbesondere für das Selbstbestimmungsrecht der Patienten. So würde am besten ein gemeinsames Ziel erreicht.

XII. Das Selbstbestimmungsrecht des Patienten im Notfallrettungswesen

Die Frage, ob das Selbstbestimmungsrecht auch einem Notfallpatienten zusteht, wurde in der Öffentlichkeit kontrovers diskutiert.

Im folgenden soll die grundsätzliche Frage erörtert werden, ob in Notfallsituationen Mitarbeiter des Rettungswesens am Unfallort gegen den Willen des Patienten entscheiden können, in welches Krankenhaus oder in welche Unfallklinik dieser transportiert und von welchem Arzt er behandelt werden soll. Gegenstand der Erörterung soll ausschließlich diese grundsätzliche Rechtsfrage sein und nicht die sekundäre Frage der Kostenabdeckung.

Der seit Mitte der siebziger Jahre gesetzlich geregelte Rettungs- und Krankentransportdienst umfaßt, neben lebensrettenden Maßnahmen am Unfallort, auch den Transport des Notfallpatienten in ein geeignetes Krankenhaus und die dabei zu treffenden Maßnahmen zur Vermeidung weiterer Schäden.[163]

Notfallpatienten sind Personen, die sich infolge von Verletzungen, Krankheit und sonstigen Umständen entweder in Lebensgefahr befinden oder deren Gesundheitzustand in kurzer Zeit eine wesentliche Verschlechterung besorgen läßt, sofern nicht unverzüglich medizinische Hilfe eingreift.[164]

Das organisatorische Grundmuster des Rettungsdienstes sieht so aus, daß der Träger des Rettungsdienstes eine Leitstelle errichtet und unterhält und für eine ausreichende Zahl von Rettungswachen sorgt. Die Rettungswache (z. B. RettG NW § 7) ist diejenige Organisationseinheit des Rettungsdienstes, von der die Hilfeleistung unmittelbar ausgeht (Notarztwagen, Rettungswagen, Krankentransportwagen, Rettungshubschrauber). Sie ist der Leitstelle

163 cf z.B. § 1 Abs. 1 Satz 1 des Gesetzes über den Rettungsdienst in NRW (RettG vom 26. Nov. 1974, GV NW S. 1481).

164 cf RettG, NW, § 1 Abs. 1 Satz 2.

funktionell unterstellt, das heißt Einsatzaufträge werden auf Weisung der Leitstelle durchgeführt. Wird die Rettungswache unmittelbar in Anspruch genommen, so ist dieser Einsatz unverzüglich der Leitstelle zu melden, damit diese in ihrer Funktion nicht gefährdet wird. Dabei verfügt die Leitstelle unter anderem über einen zentralen Krankenhausbettennachweis und über die Möglichkeit der Korrespondenz mit benachbarten Leitstellen.[165]

Die Träger des Rettungsdienstes legen im Einvernehmen mit den Krankenhäusern Notfallaufnahmebereiche fest und wirken insbesondere darauf hin, daß in geeigneten Krankenhäusern Ärzte zur Hilfeleistung im Rahmen des Rettungsdienstes, vornehmlich für den Einsatz von Notarztwagen, zur Verfügung stehen.[166]

Für die Standortplanung der Rettungswachen und Hubschrauberstandplätze ist die sogenannte »Toleranzzeit« maßgeblich. Sie ist, zugunsten einer gleichmäßigen Versorgung der Bevölkerung, durch einen Richtwert festgelegt. Dieser beträgt für den bodengebundenen Rettungsdienst etwa 10 Minuten, was einer Entfernung von etwa 7,5 bis 15 km zwischen Rettungswache und Notfallort entspricht.[167] Bei der Abgrenzung der für sich autarken Rettungsdienstbereiche wird grundsätzlich auf die Abgrenzung der Stadt- und Landkreise Rücksicht genommen, was nicht nur im Hinblick auf die gewachsenen Strukturen des Rettungsdienstes, sondern auch wegen der Rechtsträgerschaft sinnvoll ist.

Durch die gesetzliche Normierung wurde der Rettungsdienst zu einer öffentlichen Aufgabe erhoben, die nach der verwaltungsrechtlichen Terminologie dem Bereich der sogenannten »Daseinsvorsorge« oder der »schlichten Hoheitsverwaltung« zuzuordnen ist.[168] Daraus ergibt sich, daß das Verhältnis zwischen dem Notfallpatienten und den Rechtsträgern des Rettungsdienstes

165 RettG NW § 6 Abs. 3.

166 RettG NW § 10.

167 cf Ministerium für Arbeit, Gesundheit und Sozialordnung des Landes Baden-Württemberg a. d. O., Seite 36.

168 cf Biese, Jocks und Runde a. a. O, Vorbemerk.

nicht als privatrechtliches Vertragsverhältnis zu bewerten ist und sich deshalb in erster Linie auch nach den Grundsätzen und Regelungen des öffentlichen und nicht des privaten Rechts richtet.

Vor allem scheidet aus diesen Gründen die Anwendung des zivilrechtlichen Prinzips der Vertragsfreiheit aus. Andererseits handelt es sich aber bei den Vorschriften über das Rettungswesen nicht um Normen der Eingriffsverwaltung, so daß sie ihrer Natur nach keine Rechtsgrundlage für Eingriffe in Rechte des einzelnen darstellen, wie dies bei den Regelungen obrigkeitlicher Art der Fall ist. Grundsätzlich ist also die Rechtslage ungeklärt: Gilt freie Krankenhaus- und Arztwahl oder nicht? Gelten die Kriterien eines Behandlungsvertrages zwischen Arzt und Patient auch im Notfallrettungswesen unter dementsprechend besonderen Umständen? Eine ausdrückliche gesetzliche Regelung findet das Recht auf freie Arztwahl in § 368 d der Reichsversicherungsordnung.[169]

Die Vorschrift erwähnt jedoch lediglich eine Freiheit des gesetzlich Versicherten, mit der Einschränkung, nach eigenem Entschluß und eigenem Belieben eine Auswahl unter den an der Kassenärztlichen Versorgung teilnehmenden Ärzte zu treffen.[170]

Dies stellt zweifelsohne eine konkrete Ausgestaltung des allgemeinen Rechts auf freie Arzt- und Krankenhauswahl dar, welches seinerseits dem Selbstbestimmungsrecht des Patienten entspricht.[171] Das Selbstbestimmungsrecht des Menschen bedeutet also zunächst die Anerkennung seines in freier Selbstbestimmung gefaßten Entschlusses, eine ärztliche Behandlung anzunehmen oder abzulehnen, auch für den Fall des damit möglicherweise verbundenen Todes.[172]

Die Vorschriften des Rettungswesens sehen eine Mitwirkung des

169 i.d.F. des Krankenversicherungs-Weiterentwicklungsgesetzes vom 28. Dez. 1976, BGBl I Seite 3871.

170 cf Peters und Mengert/Handbuch der Krankenversicherung, Teil II, 17. Aufl., Stgt/Bln/Köln/Mainz, § 368 d. Anm.

171 Art. 1 und 2 Grundgesetz; spezielle Vorschriften des Zivil- und Strafrechts, §§ 823 ff BGB, 223 StGB.

172 cf BGB, in: NJW 1958, S. 267 und Düring, in: Maunz-Düring, Komm. z. GG, Art. 2 Rdnr. 36–37.

Patienten oder seiner Sorgeberechtigten, z.B. bei der Auswahl des Krankenhauses, in das er zur Notfallaufnahme gebracht wird, nicht vor. Die oben beschriebene Organisation[173] läßt einer Auswahl der Krankenhäuser nach anderen als sachlichen Gesichtspunkten durch das Rettungspersonal daher keinen großen Spielraum. Der einzelne kann das Angebot zur Hilfeleistung zwar nach Belieben annehmen oder ablehnen, wenn er aber die Leistung annimmt, so muß er sie so akzeptieren, wie sie aufgrund der gesetzlichen Vorschriften angeboten wird. Einen rechtswidrigen Verstoß gegen das Selbstbestimmungsrecht jedoch in die Richtung zu spezifizieren, wenn dem Notfallpatienten – am Beginn der Rettungskette – die Leistungen des Rettungsdienstes aufgezwungen werden, käme einer sträflichen Mißachtung der Art. 1 und 2 des Grundgesetzes gleich. Ist nämlich mit der Erstversorgung des Patienten in einem Krankenhaus das letzte Glied der Rettungskette geknüpft, so muß es dem Patienten grundsätzlich überlassen bleiben, ob er sich in eigener Verantwortung in ein Krankenhaus seiner Wahl verlegen läßt oder nicht.

Eine zwangsweise Weiterbehandlung würde mit Sicherheit gegen sein Selbstbestimmungsrecht verstoßen. An dieser Stelle muß man sich also die Frage stellen, warum das Rettungswesen, obwohl es als Teil der öffentlichen Gesundheitsfürsorge naturgemäß dem Allgemeinwohl dient, nicht dem Selbstbestimmungsrecht des Menschen über seinen Körper, zumindest in dem Maße Rechnung zu tragen hat, wie die Gesundheit anderer nicht unnötigerweise gefährdet werden würde (z. B. durch eine Überlastung der medizinischen Gerätschaften oder durch unnötig lange Beanspruchung der Rettungswachen etc.).

Zwar wird dieses Problem aus tatsächlichen Gründen nur in den seltensten Fällen relevant sein, weil der Notfallpatient in der Regel die angebotene Hilfe nur zu gerne akzeptiert oder nicht in der Lage ist, eine gegenteilige Erklärung abzugeben. Hier soll aber, wie unter vorher dargelegt, gerade dieser Ausnahmefall untersucht werden.

173 RettG NW § 10 Abs. 1 Satz 2.

XIII. Die Kollision zwischen dem Recht auf freie Arztwahl und der Rettungsverpflichtung einschließlich der Einwilligungsproblematik

Wenn auch die für das Rettungswesen geltenden Rechtsnormen keine Ermächtigung zur zwangsweisen Versorgung eines Notfallpatienten beinhalten, so bleibt doch die Frage offen, ob aufgrund anderer Vorschriften oder nicht normierten höherrangigen Rechtes in Notfallsituationen das Selbstbestimmungsrecht des Notfallpatienten zurücktritt und deshalb der Rettungsverpflichtung Vorrang zu geben ist. Ob und in welchem Maße eine medizinisch objektiv richtige Behandlung, also gerade in Fällen schwerer Gefährdung des Lebens oder der Gesundheit des Patienten, noch zusätzlich vom Willen des Patienten getragen sein muß, hängt grundsätzlich davon ab, ob der Einwilligende bzw. Selbstbestimmende überhaupt die Tragweite seiner Entscheidung erkennt. Das »Einverständnis« setzt dabei zunächst eine Aufklärung des Patienten über Anlaß, Risiko, Folgen etc. der geplanten medizinischen Maßnahme voraus. Andererseits verlangt ein Erkennen der Tragweite volles Bewußtsein und klare Erkenntnis, also seine volle Entscheidungsfähigkeit.

Eine Typisierung aller Notfallsituationen dahingehend, jedem Notfallpatienten generell eine erhebliche Verminderung seiner geistigen Zurechnungsfähigkeit zuzusprechen, wäre nicht nur ein Eingriff in die Autonomie des Patienten, sondern würde auch der Praxis nicht gerecht.

Die in dieser Frage angesprochene Rechtsproblematik wird in Literatur und Rechtsprechung vor allem in Zusammenhang mit der Anwendung der Vorschriften der §§ 223, 34 StGB im Hinblick darauf erörtert, wann eine ärztliche Heilbehandlung ohne oder gegen die Einwilligung des Patienten den Tatbestand der Körperverletzung erfüllt.

Die Rechtsaussicht, schlechthin jede Art von Eingriff als Körperverletzung zu bezeichnen, ist jedoch auf die Dauer nicht haltbar.

»§ 223 stellt nicht etwa die ›Körperverletzung‹ schlechthin, verstanden als Körpersubstanzverletzung, als Versehrung der Körperintegrität, unter Strafe, sondern nur die ›körperliche Mißhandlung‹ und die ›Gesundheitsschädigung‹. Wenigstens der gelingende, die Todesgefahr abwendende, die Krankheit heilende oder hemmende Eingriff läßt sich aber, so sollte man meinen, diesen Merkmalen nicht subsummieren.«[174]

In einem solchen Fall handelt es sich also, aufgrund einer objektiven Nützlichkeit und Erwünschtheit (Förderung des körperlichen und geistigen Wohles) um einen Verstoß gegen das Selbstbestimmungsrecht des Patienten und somit um ein Freiheitsdelikt. Wenn überhaupt eine zwangsweise Heilbehandlung gegen den ausdrücklichen Willen des Patienten gerechtfertigt werden kann, so nur nach den Grundsätzen der Güterabwägung bzw. Interessenabwägung des § 34 StGB. Der Notarzt oder das übrige Rettungspersonal kann sich auch nicht auf einen etwa aus einer Amtspflicht entspringenden Rechtfertigungsgrund eines besonderen Behandlungsrechts berufen.[175]

Unbestritten ist, daß Notstandshilfe gegen den Willen des Gefährdeten als Einmischung in fremde Angelegenheiten und Verletzung des Selbstbestimmungsrechtes auf absolute Ausnahmesituationen beschränkt sein muß. Dabei wird die eigene Entschließung des Kranken um so eher zu respektieren sein, je geringfügiger der Eingriff ist – oder je schwieriger es ist, den gesetzlichen Vertreter zu erreichen, in der Regel den Sorgeberechtigten.[176] Dabei kann der Patient nicht nur über das »Ob« des Eingriffs entscheiden, sondern ihm steht auch das Wahlrecht zu, die eine Be-

174 Paul Bockelmann, Strafrecht des Arztes Stuttgart 1968, Seite 51.
175 cf Eser, in: Schönke/Schröder a. a. O., § 223 Anm. 3.
176 cf Paul Bockelmann, Strafrecht des Arztes, Stuttgart 1968, Seite 56.

handlungsperson abzulehnen und die Behandlung durch eine andere Person zuzulassen.[177]

Der in diesem Sinne extrem weit aufzufassende Schutz des Selbstbestimmungsrechtes des Patienten hat teilweise auch einen entsprechenden ausdrücklichen Niederschlag in gesetzlichen Regelungen gefunden. So stellt § 218, Abs. 2, Nr. 1 StGB den Schwangerschaftsabbruch gegen den Willen der Schwangeren unter Strafe, auch wenn der Schwangerschaftsabbruch wegen Lebensgefahr für die Schwangere indiziert ist.

Es zeigt sich, daß sich der auf ein und dieselbe Person konvergierende Notstandskonflikt zwischen Entscheidungsfreiheit und dem durch die betroffene Entscheidung bedrohten Leben einer abstrakten rechtlichen Beurteilung weitgehend entzieht. Geilen plädiert deshalb – wie zuvor in ähnlicher Weise Bockelmann – für eine (Heil-) Zweck-(Heil-) Mittel-Relation, für eine nicht schematische Betrachtung des Einzelfalles, die auf der einen Seite die Schwere des Eingriffs, den Wert des gefährdeten Rechtsguts und auf der anderen Seite die Intensität und Wertigkeit der Einwilligung oder Verweigerung berücksichtigt.[178]

Ein Sonderfall liegt vor, wenn die Behandlungsverweigerung nicht durch den Patienten selbst, sondern durch seinen Sorgeberechtigten bzw. gesetzlichen Vertreter erklärt wird. Dieser Ausnahmefall wird üblicherweise mit dem Mißbrauch des Sorgerechts in Verbindung gebracht.[179]

Tatsächlich liegt derartigen Entscheidungen aber die weitergehende Überlegung zugrunde, daß es zwar das Recht eines Menschen ist, aus religiösen, weltanschaulichen oder sonstigen persönlichen Gründen sein Leben oder seine Gesundheit zu opfern, daß er aber sicher nicht berechtigt ist, dieses Opfer auch einem anderen aufzuzwingen.

177 cf BGB, in: Versicherungsrecht 1957, S. 408 f Eser, in: Schönke/Schröder a. a. O., § 223 Anm. 39.

178 Geilen, Einwilligung und ärztliche Aufklärungspflicht, Bielefeld 1963, Seite 147.

179 cf OLG Hamm, in: NJW 1968, Seite 212.

In solch einer Situation kann gemäß § 1666 Abs. 2 i.V.m. § 1666, Abs. 1, Satz 1 BGB das Vormundschaftsgericht die erforderlichen Erklärungen ersetzen. Die Nichteinwilligung in eine notwendige Behandlung stellt nämlich eine Gefährdung des Kindeswohls entweder durch mißbräuchliche Ausübung der elterlichen Sorge oder durch unverschuldetes Versagen der Sorgeberechtigten bzw. der gesetzlichen Vertreter dar.[180]

Wenn die Einholung einer Entscheidung des Vormundschaftsgerichts nicht möglich ist, weil Gefahr im Verzuge ist, wie bei den hier zu behandelnden Notfällen, so kann auch eine Rettungsperson aus dem Gesichtspunkt der Nothilfe der Entscheidung der Sorgeberechtigten bzw. der gesetzlichen Vertreter zuwiderhandeln. Diese Befugnis steht nicht nur Privatpersonen, sondern auch staatlichen Organen zu.[181]

Mit alledem sind natürlich im wesentlichen nur relative Maßstäbe genannt, aber absolute kann es nach Lage der Dinge nicht geben. Stets müssen die Umstände des Einzelfalls maßgebend sein.

Auch dem Notfallpatienten steht als Ausfluß seines verfassungsrechtlich geschützten Selbstbestimmungsrechtes grundsätzlich ein Recht auf freie Arztwahl und Entscheidung über sonstige medizinische Maßnahmen, wie z. B. Operationen, Bluttransfusionen oder Auswahl des Krankenhauses, das seine Behandlung übernehmen soll, zu.

Ein Unfallopfer kann deshalb die Inanspruchnahme des öffentlichen Rettungsdienstes verweigern und sich für anderweitige Versorgung entscheiden.

Die Vorschriften des Rettungswesens geben dem Rettungspersonal nicht die Befugnis zur zwangsweisen Durchführung von Rettungsmaßnahmen. Den Notfallärzten steht ebensowenig wie den übrigen Ärzten ein »Behandlungsrecht« – etwa aus dem Gesichtspunkt der Amtspflicht – gegen den Willen des Patienten zu. Auch

180 cf BT-DS 8/2788, S. 39 u. S. 58 f, Diederichsen, in: Palandt, Bürgerliches Gesetzbuch, Kommentar, München 1980, § 1666 Anm. 2–4.

181 cf Dreher/Troudlc, Strafgesetzbuch, Kommentar, 38. Aufl., § 34 Anm. 24.

unter dem Gesichtspunkt des »Notstands«, der als allgemein geltendes Rechtsinstitut beispielsweise im § 34 StGB eine gesetzliche Regelung gefunden hat, und in Notfällen, in denen eine Rechtsgüterkollision auftritt, eine Interessenabwägung ermöglicht, ist der in freier Selbstbestimmung gefaßte Entschluß eines Patienten, eine ärztliche Behandlung abzulehnen, zu respektieren, selbst wenn das zu seinem Tode führen könnte. Dieser Grundsatz gilt allerdings nicht ausnahmslos. Anerkannt sind aber als Ausnahmen im wesentlichen nur Selbstmordfälle. Möglicherweise ist die Rechtsentwicklung in dieser Hinsicht jedoch noch nicht zu einem endgültigen Abschluß gekommen.

Auch bei Minderjährigen oder Personen, die aus anderen Gründen in ihrer Geschäftsfähigkeit eingeschränkt sind, kommt es zunächst auf ihre Entscheidungskompetenz an. Nur dann, wenn ihnen aufgrund einer Erkrankung, ihres jugendlichen Alters oder aus sonstigen Gründen die nötige Einsichtsfähigkeit und damit die Einwilligungsfähigkeit fehlt, tritt an die Stelle ihrer Entscheidung die Entscheidung des Sorge- bzw. Vertretungsberechtigten. Das Recht des Sorgeberechtigten deckt sich in seinem Umfange aber nicht mit dem Selbstbestimmungsrecht. Ist nämlich mit der Verweigerung der Einwilligung in die Behandlung des Notfallpatienten eine schwere Gefährdung seines Lebens oder seiner Gesundheit verbunden, so können die erforderlichen Rettungsmaßnahmen auch gegen den Willen des Sorgeberechtigten unter dem Gesichtspunkt der Notstandshilfe durchgeführt werden. Die Frage, ob die Rettungsmaßnahmen erforderlich sind, weil Gefahr im Verzug ist, kann das Rettungspersonal nach eigenem Ermessen (Fachwissen, allgemeine Lebenserfahrung) entscheiden. Die Richtigkeit und damit die Zulässigkeit dieser Entscheidung ist nicht im nachhinein aufgrund des tatsächlichen Verlaufs des weiteren Geschehens, sondern vom Standpunkt eines vorausschauenden Betrachters zu beurteilen.

XIV. Die Entwicklung des Selbstbestimmungsrechtes des Patienten seit 1945 – eine Beurteilung

Das Grundgesetz der Bundesrepublik Deutschland hat durch die Postulierung der Grundrechte die Rechtsstaatlichkeit, die zum ersten Mal in der deutschen Geschichte in der Weimarer Verfassung und den dort verankerten Menschenrechten erreicht worden war, neu gewonnen, so daß die rechtlos machende illegitime Gewaltherrschaft des Nationalsozialismus hoffentlich nur eine einmalige Episode in der gesamten deutschen Geschichte war und für alle Zeiten sein wird.

Mit den Grundrechten zugleich ist im Grundgesetz das Selbstbestimmungsrecht nach der Maßgabe des Artikel 2 fest verankert, aus dem folgerichtig das Selbstbestimmungsrecht des Patienten resultiert. Dieses Selbstbestimmungsrecht gilt nicht absolut, sondern wird immer dann relativiert, wenn es in einen Zusammenhang mit den Rechten anderer tritt, weil es kein schrankenloses Recht gibt und geben darf. Als Fazit gilt: Der Patient ist in allen Beziehungen gleichberechtigter Partner.

Da es in einem demokratischen Rechtsstaat keine Freiräume geben darf, in denen Grundrechte außen vor bleiben könnten, kann und darf das Gesundheitswesen kein grundrechtsfreier Raum sein. Wie wir gesehen haben, ist es ein langer Weg gewesen, aus den verfassungsrechtlichen Postulaten allmählich Verfassungswirklichkeit werden zu lassen.

Die Rechtsprechung hat dazu einen Beitrag geleistet, daß das Selbstbestimmungsrecht nicht nur allgemeines Bürgerrecht ist, sondern in allen Lebensbereichen, also auch im Gesundheitswesen gilt. Ärzteverbände und -organisationen haben mitgewirkt, die Partnerschaft von Arzt und Patient als zukunftsweisend in Theorie und Praxis zu gestalten. Für viele Ärzte war es ungewohnt, daß die Rechtsprechung in das Arzt-Patienten-Verhältnis eingegriffen hat, sie haben nur allmählich anerkannt, daß eine »juristische Fremdbestimmung« des Arzt-Patienten-Verhältnisses eine nicht aufzuhaltende Folge der Grundgesetzgebung ist, die unter Umständen das Arzt-Patienten-Verhältnis beeinträchtigen, aber es auch bereichern und vertiefen kann, wenn beide – Arzt und Patient – es als Chance betrachten, als gleichwertige und gleich berechtigte Partner miteinander umzugehen: Nicht der gehorsame, willfährige, sondern der mitentscheidende und mitbestimmende Patient wird eher das Ziel, die Heilung und Gesundung erreichen. So liegt das Selbstbestimmungsrecht des Patienten im Interesse beider, des Patienten *und* des Arztes.

Das Selbstbestimmungsrecht ist weder von Juristen noch von Medizinern »erfunden« worden, es ist ein Ergebnis einer viele Jahrhunderte umfassenden Entwicklung der Philosophie. So ist es eine Grundtatsache der freiheitlich-demokratischen Grundordnung unseres Staates geworden. Es dient gerade nicht irgendeiner Fremdbestimmung, sondern schafft Freiheit in Verantwortung. Es ermöglicht die Freiheit, den Tod im eigenen Bett im Kreis der eigenen Familie statt in der Intensivstation eines Großkrankenhauses zu wählen. Es ermöglicht, auf die medizinisch indizierte Operation des Karzinoms zu verzichten und das Risiko des früheren Sterbens zu tragen. Es ermöglicht, das zu tun, was einem Leben und Sterben in Menschenwürde entspricht.

Bedrohung erfährt das Selbstbestimmungsrecht des Patienten von einem Staat, der immer mehr in das Leben seiner Bürger eingreift, keine oder nur noch wenige Freiräume der eigenen Entfaltung läßt und meint, besser zu wissen als der einzelne Mensch, was für diesen gut oder nicht gut sei, und wie ein Fürst über ihn hinweg entscheidet. Daher muß das verfassungsrechtlich verankerte Selbstbestimmungsrecht des Patienten geschützt und weiter ausgebaut werden.

Zusammenfassung
Salus aegroti oder voluntas aegroti suprema lex?

Alles menschliche Handeln steht unter dem Diktat der Maximierung. Die Wirtschaft will Gewinnmaximierung, der einzelne Mensch will Maximierung seines Lebensgenusses und seines Lebensglücks, was immer er darunter verstehen mag. Daher ist es verständlich, daß auch das Streben nach Gesundheit unter dem Postulat der Maximierung steht. Einer möglichst großen Zahl von Menschen die höchst mögliche Gesundheit zu verschaffen, ist das Ziel und die Devise einer auch dem Wahn der Maximierung verfallenen Gesundheitspolitik, was politisch legitim sein mag, wenn auch die Menschen oft etwas ganz anderes wünschen als das, was die Politik verordnet. Salus aegroti mag das Ziel der Gesundheitspolitik sein, für die das Wohl der Allgemeinheit im Vordergrund steht, das Ziel ärztlichen Handelns kann dies nicht allein sein; denn in diesem Blickfeld steht der individuelle Mensch. Der Arzt darf den Willen des Patienten als Ausdruck seines Selbstbestimmungsrechtes nicht außer acht lassen. Und wenn die Politiker den Willen der Bürger auch nicht außer acht liessen, wäre unsere Welt sicher viele Schritte weiter auf dem Weg zum Guten.

Ideal ist die Kongruenz und Identität von salus und voluntas aegroti. Im Falle des Konfliktes aber muß der Arzt den Willen des Patienten respektieren, ihm gebührt der Vorrang vor dem, was unter Umständen der Arzt im Gegensatz zum Patienten für »gut« hält.

Denn der Wille und die Freiheit des Menschen sind *ein* Ausdruck seiner Würde, die ihm a priori gegeben ist, weil er metaphysischen Ursprungs ist. Nicht der Mensch selbst gibt sich diese Würde, sondern sie ist ihm von Gott, dem Schöpfer, beigelegt. Weil dies so ist, ist die Würde des Menschen unverletzbar, unverlierbar und von allen anzuerkennen. Die Imago Dei, die Ebenbildlichkeit des Menschen zu Gott, ist die Begründung der Würde des Menschen. Weil er in seiner ganzen Unvollkommenheit und Vergänglichkeit dennoch ein Abbild des Ewigen ist, ist seine Würde unantastbar und damit sein Wille und seine Freiheit: Res sacra miser! Der Kranke als heiliges Abbild Gottes sei allen – dem Arzt und den Gesunden – unantastbar in seiner Würde, denn durch einen miser – einen Elenden – offenbart Gott die Heiligkeit des Menschen: durch den Gekreuzigten.

Anhang

Deklarationen des Weltärztebundes

1. Genfer Ärztegelöbnis von 1948
2. Die Deklaration von Helsinki 1964
3. Die Erklärung von Sydney 1968
4. Die Deklaration von Oslo 1970
5. Die Deklaration von Helsinki in Tokio revidiert
6. Die Deklaration von Tokio 1975
7. Die Deklaration von Lissabon 1981

Genfer Ärztegelöbnis des Weltärztebundes 1948

Zum Zeitpunkt meiner Zulassung als Mitglied des ärztlichen Berufsstandes gelobe ich feierlich, mein Leben dem Dienste der Menschlichkeit zu weihen.

Ich werde meinen Lehrern die Achtung und Dankbarkeit erweisen, die ihnen gebührt.

Ich werde meinen Beruf mit Gewissenhaftigkeit und Würde ausüben. Die Gesundheit meines Patienten wird meine erste Erwägung sein.

Ich werde die Geheimnisse, welche mir anvertraut werden, wahren.

Ich werde mit allen in meiner Kraft stehenden Mitteln für die Ehre und die edlen Überlieferungen des ärztlichen Berufs eintreten. Meine Kollegen werden meine Brüder sein.

Ich werde nicht zulassen, daß Überlegungen der Religion, Nationalität, Rasse, Parteipolitik oder des sozialen Standorts zwischen meine Pflicht und meine Patienten treten.

Ich werde die höchste Achtung vor dem menschlichen Leben bewahren, vom Beginn der Empfängnis an; auch unter Drohungen werde ich meine medizinischen Kenntnisse nicht im Gegensatz zu den Gesetzen der Menschlichkeit anwenden.

Ich leiste dieses Versprechen feierlich, aus freiem Willen und auf meine Ehre.

Quelle: Reallexikon der Medizin, Bd. 3, München 1969, Buchstabe G, S. 79

Die Deklaration von Helsinki 1964

Deklaration von Helsinki
Empfehlungen an die Ärzte für die Durchführung wissenschaftlicher Versuche am Menschen

Einleitung

Die Sorge für die Gesundheit der Mitmenschen bildet die naturgemäße Aufgabe des Arztes in der menschlichen Gesellschaft. Er soll dafür in voller Übereinstimmung mit seinem Gewissen alle seine Kenntnisse einsetzen.

Das Genfer Gelöbnis des Weltärztebundes enthält das Gebot: »Die Gesundheit meines Patienten soll meine erste Sorge sein« und die Internationale Standesordnung verbietet dem Arzt, »einen Rat zu erteilen oder eine ärztliche Maßnahme prophylaktischer, diagnostischer oder therapeutischer Art vorzunehmen, die nicht im unmittelbaren Interesse des Patienten liegt«. Insbesondere untersagt sie jegliche Handlung, welche eine Schwächung der körperlichen oder seelischen Widerstandskraft eines Menschen zur Folge hat und nicht therapeutisch notwendig ist.

Ein wissenschaftlicher Fortschritt im Interesse der leidenden Menschheit ist nicht denkbar, ohne die Übertragung der im Laboratoriumsversuch gewonnenen Erkenntnisse auf den Menschen. Aus dieser Überzeugung hat der Weltärztebund Empfehlungen für die Durchführung wissenschaftlicher Versuche am Menschen ausgearbeitet. Diese sollen das Verantwortungsbewußtsein der Ärzte auf der ganzen Welt festigen. Die Empfehlungen entbinden die Ärzte aber nicht von der Beachtung der strafrechtlichen, zivilrechtlichen oder berufsrechtlichen Vorschriften ihres eigenen Landes.

Bei allen wissenschaftlichen Versuchen am Menschen muß grundsätzlich unterschieden werden zwischen
Versuchen, die in erster Linie im Interesse der Behandlung des Patienten
und
Versuchen, die mit ausschließlich wissenschaftlicher Zielsetzung ohne Bedeutung für die ärztliche Behandlung der Versuchsperson vorgenommen werden.

I. Gemeinsame Bestimmungen

1. Die allgemeinen moralischen und wissenschaftlichen Grundsätze, welche die Forschung in der Humanmedizin rechtfertigen, gelten auch für die Versuche am Menschen.

Versuche am Menschen müssen sich daher auf Labor- oder Tierversuche oder andere wissenschaftlich bewährte Methoden und Erkenntnisse stützen können.

2. Versuche am Menschen sollen nur von wissenschaftlich qualifizierten Personen ausgeführt und von einem dazu befähigten Arzt überwacht werden.

3. Versuche am Menschen dürfen nur dann durchgeführt werden, wenn die Wichtigkeit des Zwecks im Verhältnis zu der damit für die Versuchsperson verbundenen Gefahr steht.

4. Jedem Versuch am Menschen muß eine sorgfältige Abschätzung der damit verbundenen Gefahren im Vergleich zu dem vorhersehbaren Nutzen für die Versuchsperson oder für andere Personen vorangehen.

5. Der Arzt muß besondere Sorgfalt bei der Durchführung von Versuchen am Menschen üben, bei denen die Persönlichkeit der Versuchsperson möglicherweise durch Arzneimittel oder den Versuchsablauf verändert werden könnte.

II. Der therapeutische Versuch

1. Bei der Behandlung des Kranken muß dem Arzt die Anwendung einer neuen therapeutischen Maßnahme freistehen, wenn sie nach seinem Urteil die Hoffnung bietet, das Leben des Patien-

ten zu retten, seine Gesundheit wiederherzustellen oder seine Leiden zu lindern.

In dem Maße, in dem dies möglich und der psychologischen Verfassung des Patienten angemessen ist, muß der Arzt ihn aufklären und seine freie Zustimmung einholen. Ist der Patient rechtlich handlungsunfähig, bedarf es auch der Zustimmung des gesetzlichen Vertreters; ist er physisch handlungsunfähig, so wird seine Zustimmung durch die seines gesetzlichen Vertreters ersetzt.

2. Der Arzt kann mit dem Ziel, neue medizinische Erkenntnisse zu erlangen, den Versuch mit der Behandlung nur in dem Umfang verbinden, als es der therapeutische Wert für den Patienten rechtfertigt.

III. Der nicht-therapeutische Versuch

1. Auch bei Versuchen am Menschen zu ausschließlich wissenschaftlichen Zwecken bleibt es Aufgabe des Arztes, Leben und Gesundheit der Versuchsperson zu schützen.

2. Der Arzt muß der Versuchsperson Art und Sinn des Versuches sowie die damit für Leben und Gesundheit verbundenen Gefahren erklären.

3. a) Versuche am Menschen dürfen nur vorgenommen werden, nachdem sich die Versuchsperson – und bei rechtlich handlungsunfähigen Personen auch ihr gesetzlicher Vertreter – auf Grund der vorausgegangenen Aufklärung mit dem Versuch freiwillig einverstanden erklärt hatte.

b) Die Versuchsperson muß sich in einem solchen geistigen, körperlichen und rechtlichen Zustand befinden, daß sie in der Lage ist, in vollem Umfang ihre freie Entscheidung zu treffen.

c) Die Zustimmungserklärung soll in der Regel schriftlich abgegeben werden. Die Verantwortung für einen Versuch am Menschen trägt jedoch immer der leitende Wissenschaftler und niemals die Versuchsperson, obgleich sie dem Versuch aus freien Stücken zugestimmt hat.

4. a) Der Versuchsleiter muß das Recht jedes Menschen auf geistige und körperliche Unversehrtheit respektieren; besondere

Bedeutung kommt dieser Forderung dann zu, wenn die Versuchsperson in einem Abhängigkeitsverhältnis zu dem Leiter des Versuches steht.

b) Der Versuchsperson oder ihrem gesetzlichen Vertreter muß es jederzeit freistehen, den Versuch abbrechen zu lassen.
Der Versuchsleiter und seine Mitarbeiter sind ihrerseits verpflichtet, den Versuch abzubrechen, wenn seine Fortsetzung ihres Erachtens für die Versuchsperson Gefahren auslöst.

Quelle: Deutsches Ärzteblatt, Heft 48/1964, S. 2533–2534

Die Erklärung von Sydney 1968

Zur Bestimmung des Todeszeitpunktes

»Vor dem Gesetz liegt die Verantwortung für die Bestimmung des Todeszeitpunktes in den meisten Ländern in der Hand des Arztes, und das sollte auch so bleiben. Im allgemeinen kann ein Arzt ohne Inanspruchnahme anderer Hilfe entscheiden, wann ein Mensch tot ist, indem er die klassischen Kriterien beachtet, die jedem Arzt bekannt sind.

Zwei neuzeitliche Verfahren in der Medizin lassen es jedoch notwendig werden, die Frage des Eintritts des Todes weiter zu studieren:

1. Die Möglichkeit, mit Hilfe künstlicher Beatmung die Zirkulation sauerstoffhaltigen Blutes in einem Körper aufrechtzuerhalten, der irreversibel geschädigt sein kann,

und

2. die Entnahme von Organen, wie beispielsweise Herz und Nieren, von einem Verstorbenen für Transplantationen.

Das Problem liegt darin, daß der Tod ein fortschreitender Prozeß ist, weil das Zellengewebe unterschiedlich auf den Entzug von Sauerstoff reagiert. Das klinische Interesse zielt aber nicht darauf, einzelne Zellen lebensfähig zu erhalten; es geht vielmehr um das Schicksal eines Menschen. Hier spielt nicht der Zeitpunkt des Todes der verschiedenen Zellen und Organe eine so wichtige Rolle, sondern vielmehr die Gewißheit, daß der Todesprozeß unwiderruflich und daß auch mit allen technischen Mitteln keine Wiederbelebung möglich ist.

Die Todesbestimmung fußt auf der klinischen Beurteilung, ergänzt – falls notwendig – durch verschiedene Diagnosehilfen, von denen zur Zeit die Elektroenzephalographie die anerkannt beste ist. Bei dem heutigen Stand der medizinischen Wissenschaft kann die Frage der Todesbestimmung aber weder durch ein technisches

Kriterium allein zufriedenstellend beantwortet werden, noch kann ein technisches Verfahren die umfassende Beurteilung durch einen Arzt oder durch ein Team von Ärzten ersetzen.

Wenn die Verpflanzung eines Organs beabsichtigt ist, sollte die Feststellung des Todes von zwei oder mehr Ärzten getroffen werden, und die Ärzte, die diese Todesfeststellung treffen, sollten keinesfalls unmittelbar mit der Durchführung der Transplantation selbst zu tun haben.

Die Möglichkeit, den Zeitpunkt des Todes eines Menschen festzustellen, gibt uns ethisch die Erlaubnis, Wiederbelebungsversuche einzustellen und – in Ländern, wo es gesetzlich gestattet ist – Organe von Leichen zu entnehmen, vorausgesetzt, daß die bestehenden gesetzlichen Erfordernisse der Einwilligung berücksichtigt sind«.

Quelle: Deutsches Ärzteblatt, Heft 35/1968, Seite 1865 ff

Die Deklaration von Oslo 1970

Der Wortlaut der Deklaration zur Schwangerschaftsunterbrechung

»1. Der oberste moralische Grundsatz, der dem Arzt auferlegt ist, ist die Achtung des menschlichen Lebens, so wie er in einem Satz des Genfer Gelöbnisses ausgedrückt ist: ›Ich will die höchste Achtung vor dem menschlichen Leben vom Zeitpunkt der Empfängnis an bewahren.‹

2. Umstände, welche die Lebensinteressen einer Mutter in Konflikt bringen mit denen ihres ungeborenen Kindes, schaffen ein Dilemma, und es erhebt sich die Frage, ob die Schwangerschaft mit Vorbedacht unterbrochen werden sollte oder nicht.

3. Unterschiedliche Antworten zu dieser Situation resultieren aus der Verschiedenheit der Haltungen zum Leben des ungeborenen Kindes. Dies ist eine Frage der Überzeugung und des Gewissens des einzelnen, die respektiert werden müssen.

4. Es ist nicht die Aufgabe der Ärzteschaft, die Haltungen und Maßstäbe eines einzelnen Staates oder einer Gemeinschaft in dieser Frage festzulegen, aber es ist unsere Pflicht, für zweierlei einzutreten: den Schutz unserer Patienten zu gewährleisten und die Rechte des Arztes innerhalb der Gesellschaft zu sichern.

5. Deshalb, wo das Gesetz die Schwangerschaftsunterbrechung aus therapeutischen Gründen erlaubt oder eine Gesetzgebung in diesem Sinne beabsichtigt ist und dies nicht der Haltung der nationalen ärztlichen Standesorganisation widerspricht, und wo der Gesetzgeber Orientierung an der Ärzteschaft wünscht oder akzeptieren will, seien folgende Grundsätze empfohlen:

a) Eine Schwangerschaftsunterbrechung sollte nur als therapeutische Maßnahme durchgeführt werden.

b) Die Entscheidung, eine Schwangerschaft zu unterbrechen,

sollte in der Regel von mindestens zwei Ärzten, ausgewählt nach ihrer beruflichen Befähigung, schriftlich gebilligt werden.

c) Die Behandlung sollte von einem Arzt durchgeführt werden, dem dies – bei Billigung des Obengenannten – von einem entsprechenden Gremium gestattet wird.

6. Wenn ein Arzt der Meinung ist, daß ihm seine Überzeugungen nicht erlauben, zu einer Schwangerschaftsunterbrechung zu raten oder eine solche durchzuführen, möge er zurücktreten, jedoch die Fortdauer der (ärztlichen) Obhut durch einen qualifizierten Kollegen sicherstellen.

7. Diese Stellungnahme ist, obwohl sie von der Generalversammlung des Weltärztebundes bekräftigt worden ist, nicht als bindend für eine der Mitgliedsorganisationen zu betrachten, sofern sie nicht von dieser Mitgliedsorganisation selbst angenommen worden ist.«

Quelle: Deutsches Ärzteblatt, Heft 37/1970 Seite 2688–2689

Deklaration von Helsinki revidiert in Tokio 1975

Vorwort

Die Aufgabe des Arztes ist die Erhaltung der Gesundheit aller Menschen. Der Erfüllung dieser Aufgabe dient er mit seinem Wissen und Gewissen.

Die Deklaration von Genf des Weltärztebundes verpflichtet den Arzt mit den Worten: »Die Gesundheit meines Patienten soll meine vornehmste Aufgabe sein«, und der internationale Ethische Codex sagt: »Jegliche Handlung oder Beratung, die geeignet erscheinen, die physische oder psychische Widerstandskraft eines Menschen zu schwächen, dürfen nur in seinem Interesse zur Anwendung gelangen.«

Zweck der biomedizinischen Forschung am Menschen muß es sein, diagnostische, therapeutische und prophylaktische Verfahren zu verbessern und umfassenderes Wissen über Ätiologie und Pathogenese der Krankheiten zu erlangen.

In der täglichen ärztlichen Praxis ist die Mehrzahl der diagnostischen, therapeutischen oder prophylaktischen Verfahren mit Risiken verbunden; dies gilt in besonderem Maß für die biomedizinische Forschung am Menschen.

Auf dem Gebiet der biomedizinischen Forschung am Menschen muß streng unterschieden werden zwischen klinischen Versuchen mit diagnostischem oder therapeutischem Ziel im Interesse des Patienten einerseits und klinischen Versuchen mit rein wissenschaftlichem Ziel ohne unmittelbaren diagnostischen oder therapeutischen Wert für die Versuchsperson andererseits.

Besondere Vorsicht muß walten bei der Durchführung von Versuchen, die die Umwelt in Mitleidenschaft ziehen könnten. Das Wohl der Versuchstiere muß Berücksichtigung finden.

Da es unerläßlich ist, daß die Ergebnisse von Laborversuchen auch am Menschen zur Anwendung kommen, um wissenschaftliche Erkenntnisse zu erlangen und der leidenden Menschheit zu helfen, hat der Weltärztebund die folgenden Richtlinien für alle in der biomedizinischen Forschung am Menschen tätigen Ärzte erarbeitet. Diese Richtlinien müssen auch in der Zukunft weiterentwickelt werden. Es muß betont werden, daß diese Richtlinien nur als eine Anleitung für die Ärzte in der ganzen Welt gedacht sind. Sie unterliegen selbstverständlich außerdem den Verpflichtungen, die die ethischen Prinzipien sowie die Zivil- und Strafgesetze ihres jeweiligen Landes ihnen auferlegen.

I. Allgemeine Grundsätze

1. Biomedizinische Forschung am Menschen muß nach allgemein anerkannten wissenschaftlichen Regeln durchgeführt werden und sollte auf ausreichenden Labor- und Tierversuchen sowie einer gründlichen Kenntnis der wissenschaftlichen Literatur beruhen.

2. Planung und Durchführung jedes Versuchs am Menschen sollten eindeutig in einem Versuchsprotokoll niedergelegt werden, das einem unabhängigen, besonders für diese Aufgabe gebildeten Ausschuß zugeleitet werden soll, der es begutachten und kommentieren sowie Ratschläge geben kann.

3. Biomedizinische Forschung am Menschen sollte nur von wissenschaftlich qualifizierten Personen und unter Aufsicht eines klinisch kompetenten Arztes durchgeführt werden. Die Verantwortung für die Versuchsperson muß immer bei einem Arzt und darf niemals bei der Versuchsperson liegen, auch dann nicht, wenn diese ihre Einwilligung gegeben hat.

4. Biomedizinische Forschung am Menschen ist nur dann gerechtfertigt, wenn das Ziel des Versuchs in einem vernünftigen Verhältnis zum Risiko für die Versuchsperson steht.

5. Jedem derartigen Projekt sollte eine gründliche Beurteilung der wahrscheinlichen Risiken im Vergleich zu dem vorhersehbaren Nutzen für die Versuchsperson oder andere vorausgehen.

Die Sorge um die Belange der Versuchsperson muß immer Vorrang vor den Interessen der Wissenschaft und der Gesellschaft haben.

6. Das Recht der Versuchsperson auf Wahrung ihrer Unversehrtheit muß stets geachtet werden. Alle Vorsichtsmaßnahmen sollten getroffen werden, um den Persönlichkeitsbereich der Versuchsperson zu schützen und die Auswirkungen des Versuchs auf die physische und psychische Unversehrtheit sowie die Persönlichkeit der Versuchsperson so gering wie möglich zu halten.

7. Ärzte sollten von Versuchen Abstand nehmen, wenn nicht abzusehen ist, ob die damit verbundenen Risiken überschaubar sind.

Ärzte sollten alle Versuche abbrechen, bei denen sich herausstellt, daß die Risiken den wahrscheinlichen Nutzen übersteigen.

8. Der Arzt ist verpflichtet, bei der Veröffentlichung der Versuchsergebnisse dafür Sorge zu tragen, daß die gefundenen Resultate unverändert wiedergegeben werden. Berichte über solche Versuche, die nicht mit den in dieser Deklaration niedergelegten Grundsätzen übereinstimmen, sollten nicht zur Veröffentlichung angenommen werden.

9. Bei jedem Versuch am Menschen muß jede potentielle Versuchsperson ausreichend über Sinn, Zweck, Verfahren, erwartete Erfolge und mögliche Risiken sowie unangenehme Begleitumstände des Versuchs unterrichtet werden. Die Versuchsperson sollte darauf hingewiesen werden, daß sie die völlige Freiheit hat, den Versuch abzulehnen, und daß die einmal gegebene Zustimmung in jedem Versuchsstadium widerrufen werden kann. Der Arzt sollte dann die freiwillig und nach gehöriger Aufklärung gegebene Einwilligung der Versuchsperson möglichst schriftlich einholen.

10. Beim Einholen der Einwilligung nach Aufklärung sollte der Arzt besondere Vorsicht walten lassen, wenn die Versuchsperson zu ihm in einem Abhängigkeitsverhältnis steht oder wenn eine Zustimmung unter Druck erfolgt. In einem solchen Fall sollte die Einwilligung durch einen Arzt eingeholt werden, der an dem Versuch nicht beteiligt ist und der außerhalb eines etwaigen Abhängigkeitsverhältnisses steht.

11. Falls die Versuchsperson nicht die volle Geschäftsfähigkeit besitzt, sollte die Einwilligung nach Aufklärung vom gesetzlichen Vertreter entsprechend dem nationalen Recht eingeholt werden. Wenn physische oder geistige Unfähigkeit eine Zustimmung verhindert oder die Versuchsperson minderjährig ist, ersetzt die Einwilligung des nach nationalem Recht zuständigen Rechtsvertreters oder des Erziehungsberechtigten die der Versuchsperson.

12. Der Versuchsbericht sollte immer eine Darlegung der ethischen Erwägungen im Zusammenhang mit der Durchführung des Versuchs enthalten und aufzeigen, daß die Grundsätze der vorliegenden Deklaration eingehalten sind.

II. Medizinische Forschung in Verbindung mit ärztlicher Versorgung (Klinische Versuche)

1. Bei der Behandlung einer kranken Person muß der Arzt die Freiheit haben, neue diagnostische und therapeutische Verfahren anzuwenden, wenn diese nach seiner Meinung Hoffnung auf Rettung eines Lebens, Wiederherstellung der Gesundheit oder Linderung des Leidens geben.

2. Die möglichen Vorteile, Risiken und Unannehmlichkeiten eines neuen Verfahrens sollten gegen die Vorteile der besten bis dahin bekannten diagnostischen und therapeutischen Methoden abgewogen werden.

3. Bei jedem medizinischen Versuch sollte sichergestellt sein, daß alle Patienten – einschließlich derer einer eventuell vorhandenen Kontrollgruppe – die beste bewährte diagnostische und therapeutische Methode zur Verfügung gestellt erhalten.

4. Die Ablehnung eines Patienten, sich für einen Versuch zur Verfügung zu stellen, darf das Arzt-Patient-Verhältnis nicht beeinträchtigen.

5. Wenn der Arzt davon Abstand nimmt, die Einwilligung nach Aufklärung einzuholen, muß im Versuchsprotokoll eine genaue Begründung für diesen Umstand gegeben werden (I,2).

6. Der Arzt kann klinische Versuche mit dem Ziel, neue wissenschaftliche Erkenntnisse zu erlangen, nur dann mit der ärztlichen Versorgung in Einklang bringen, wenn die klinischen Versuche durch ihren möglichen diagnostischen oder therapeutischen Wert für den Patienten gerechtfertigt sind.

III. Nicht-therapeutische biomedizinische Forschung am Menschen (nichtklinische biomedizinische Forschung)

1. In der rein wissenschaftlichen Anwendung der klinischen Forschung am Menschen hat der Arzt die Pflicht, Leben und Gesundheit der Person zu beschützen, an der klinische Studien durchgeführt werden.

2. Die Versuchspersonen sollten Freiwillige sein, gesunde Personen oder Patienten, bei denen der durchgeführte Versuch mit ihrer Krankheit nicht in Zusammenhang steht.

3. Der Forscher oder das Forschungsteam sollten den Versuch abbrechen, wenn zu vermuten ist, daß seine Fortführung der Versuchsperson Schaden zufügen könnte.

4. Bei Versuchen am Menschen sollten die Interessen von Wissenschaft und Gesellschaft niemals Vorrang haben vor den Erwägungen über die möglichen Risiken und den wahrscheinlichen Nutzen für die Versuchsperson.

Deklaration von Tokio

Richtlinien für Ärzte bei Folterungen, Grausamkeiten und anderen unmenschlichen oder die Menschenwürde verletzenden Handlungen oder Mißhandlungen in Verbindung mit Haft und Gefangenschaft

Präambel

Es ist die vornehmste Pflicht des Arztes, seinen Beruf im Dienst der Menschlichkeit auszuüben, die körperliche und geistige Gesundheit ohne Ansehen der Person zu erhalten und wiederherzustellen und die Leiden und das Leid der Patienten zu lindern. Die höchste Achtung vor dem menschlichen Leben muß auch unter Bedrohung aufrechterhalten werden. Ärztliches Wissen darf niemals unter Verletzung der Gesetze der Menschlichkeit Anwendung finden.

Deklaration von Tokio 1975

Für den Zweck dieser Deklaration bedeutet Folter die vorsätzliche, systematische oder mutwillige Auferlegung von physischen oder psychischen Leiden durch eine oder mehrere Personen, entweder aus eigenem Antrieb oder auf Anordnung, um eine andere Person zur Preisgabe von Informationen oder zur Ablegung eines Geständnisses zu zwingen, oder aus welchen anderen Gründen auch immer.

1. Der Arzt soll die Anwendung von Folter, Grausamkeiten oder anderen unmenschlichen oder die Würde verletzenden Handlungen weder dulden noch gutheißen oder sich gar an ihnen beteiligen, was auch immer das Vergehen sei, dessen das Opfer solcher Mißhandlungen verdächtigt, beschuldigt oder überführt wird, und was auch immer seine Anschauungen und Motive seien. Dies gilt für alle Situationen einschließlich bewaffneter Konflikte und ziviler Aufstände.

2. Der Arzt soll weder Räumlichkeiten noch Instrumente und Geräte noch Substanzen noch sein Wissen zur Verfügung stellen, um die Durchführung der Folter oder anderer Grausamkeiten oder unmenschlicher und entwürdigender Behandlung zu ermöglichen oder die Widerstandsfähigkeit des Opfers gegen solche Mißhandlungen zu schwächen.

3. Der Arzt darf keiner Aktion beiwohnen, bei der Folterungen oder andere Grausamkeiten, unmenschliche oder die Würde verletzende Handlungen verübt oder angedroht werden.

4. Der Arzt muß bei der Entscheidung über die Versorgung einer Person, für die er die medizinische Verantwortung trägt, über völlige klinische Unabhängigkeit verfügen. Der Arzt soll unter allen Umständen die Verpflichtung haben, die Notlage seiner Mitmenschen zu erleichtern. Diesem höheren Ziel darf kein anderer

Beweggrund – sei er persönlicher, gesellschaftlicher oder politischer Natur – untergeordnet werden.

5. Wenn ein Gefangener die Nahrungsaufnahme verweigert, der Arzt ihn aber für fähig hält, sich ein unbeeinflußtes und vernünftiges Urteil über die Folgen einer freiwilligen Nahrungsverweigerung zu bilden, so soll er nicht künstlich ernährt werden. Die Entscheidung über die Urteilsfähigkeit des Gefangenen in dieser Hinsicht sollte von mindestens einem weiteren unabhängigen Arzt bestätigt werden. Der Gefangene soll durch den Arzt über die Folgen der Nahrungsverweigerung belehrt werden.

6. Der Weltärztebund wird dem betreffenden Arzt und seiner Familie angesichts von Drohungen oder Benachteiligungen, die aus der Ablehnung der Mithilfe bei Folterungen oder anderen grausamen, unmenschlichen oder die Würde verletzenden Handlungen resultieren, seine Unterstützung gewähren. Er appelliert an die internationale Gemeinschaft, die nationalen Standesorganisationen und die gesamte Ärzteschaft, dies ebenfalls zu tun.

Drogen und Alkohol

Das dritte Dokument von Tokio trägt die Bezeichnung »Statement«. Diese Erklärung, die der Vorstand des Weltärztebundes im Frühjahr dieses Jahres selbst erarbeitet hatte, erneuert an sich selbstverständliche Forderungen an den einzelnen Arzt bei der Verschreibung psychotroper Medikamente, also im eigentlichen Bereich ärztlicher Berufstätigkeit. Die Ärzte werden aber außerdem dazu aufgefordert, beim Kampf gegen den Mißbrauch solcher Stoffe – und das wird bis zum Alkohol ausgedehnt – auch ihre öffentliche Verantwortung wahrzunehmen und allen auf diesem Gebiet tätigen Institutionen einschließlich des Staates mit Rat und Tat zu helfen. Die Erklärung zielt letztendlich darauf, daß die Ärzteschaft dem einzelnen Menschen eine freie und verantwortliche Entscheidung möglich machen muß.

Der Gebrauch psychotroper Drogen ist ein komplexes, vielschichtiges Phänomen mit einer Vielzahl von Ursachen und nicht nur ein medizinisches Problem.

In der Gesellschaft besteht ganz allgemein die dringende Notwendigkeit für eine intensive, nicht in moralisierender oder strafandrohender Form vorgetragene öffentliche Aufklärung und für die Entwicklung und das Aufzeigen praktischer Alternativen zum Drogengebrauch. Ärzte als sachkundige und beteiligte Bürger sollten an solchen Programmen mitwirken.

Die Ärzte sollten:

1. psychotrope Medikamente mit größter Zurückhaltung verschreiben, wobei die Verschreibung beruhen muß auf exakter Diagnostik, der erforderlichen nicht-pharmakologischen Beratung, sorgfältiger Auswahl der anzuwendenden Stoffe und unter Berücksichtigung der möglichen Gefahren der Fehlanwendung und des Mißbrauchs;
2. die Verantwortung übernehmen für die Auswertung und Beschaffung von Tatsachenmaterial über die gesundheitlichen Risiken bei der außermedizinischen Anwendung aller psychotropen Mittel, einschließlich Alkohol. Der ärztliche Berufsstand sollte in Zusammenarbeit mit den Regierungen und in Frage kommenden Stellen sichern, daß solches Informationsmaterial so weit wie immer eben möglich verteilt wird, insbesondere um der Pression in Gruppen und anderen Faktoren entgegenzuwirken, die zum Mißbrauch und übermäßigen Gebrauch solcher Drogen führen, um für jeden Menschen das Recht und die Verantwortlichkeit für die freie persönliche Entscheidung nach entsprechender Aufklärung zu erhalten«.

Quelle: Deutsches Ärzteblatt, Heft 46/1975, Seite 3162 ff.

Deklaration von Lissabon 1981

Weltärztebund verabschiedet Grundrechte der Patienten

- Der Patient hat das Recht auf freie Arztwahl;
- Der Patient hat das Recht, von einem Arzt behandelt zu werden, der seine klinischen und ethischen Entscheidungen frei und ohne Einfluß von außen treffen kann;
- Der Patient hat das Recht, einer Behandlung nach angemessener Aufklärung zuzustimmen oder sie abzulehnen;
- Der Patient hat das Recht zu erwarten, daß der Arzt über seine medizinischen und persönlichen Daten Schweigen bewahrt;
- Der Patient hat das Recht, in Würde zu sterben;
- Der Patient hat das Recht auf geistige und moralische Unterstützung, die er auch ablehnen kann; das schließt das Recht auf den Beistand eines Geistlichen seiner Religion ein.

Quelle: Arzt und Presse, herausgegeben von der Pressestelle der deutschen Ärzteschaft, Köln, 1981

Sachregister

Literaturverzeichnis

Ackerknecht, E. H.: Zur Geschichte der medizinischen Ethik, in: Praxis 53, 1964, S. 578–581.

Adolph, Johannes: Der Schutz des Tieres im Deutschen Reich, Würzburg 1936.

Affemann, Rudolf: Erziehung zur Gesundheit, München 1978.

Ahrens, Wilhelm: Krankenpapiere – Pflichten des Arztes und Rechte des Patienten, in: Hamburger Ärzteblatt 5/81, S. 170 f.

Autonopoulos, Georg: Der Mensch als Bürger zweier Welten. Ein Beitrag zur Entwicklungsgeschichte von Kants Philosophie, Bonn 1958.

Auer, Alfons, Zwischen Heilauftrag und Sterbehilfe, zum Behandlungsabbruch aus ethischer, medizinischer und rechtlicher Sicht, Köln 1977.

Badura, Peter: Das Prinzip der sozialen Grundrechte und seine Verwirklichung im Recht der Bundesrepublik Deutschland, in: Der Staat 1975, S. 17–48.

Baier, Horst: Die Medizin im Sozialstaat, Stuttgart 1978.

Bappert, Lieselotte: Arzt und Patient als Rechtsuchende, Reinbeck 1980.

Barth, Karl: Mensch und Mitmensch. Die Grundformen der Menschlichkeit, Göttingen 1954.

Bauer, Karl Heinrich: Aufklärung und Sterbehilfe in medizinischer Sicht, in: Bokkelmann-Festschrift, München 1979, S. 497–517.

Baumann, J.: Strafrecht, Allgemeiner Teil, Bielefeld 1975.

Becker, W.: Nothilfe – ethische oder rechtliche Pflicht, in: Med. Klinik 64, 1969, S. 511 ff.

Beckmann, D.: Psychologische Determinanten in der Arzt-Patienten-Beziehung, in: Münchner Medizinische Wochenschrift 114/1972, S. 133–139.

– Arzt-Patient-Beziehung, in: Medizinische Psychologie, Berlin 1974, S. 252–297.

Berber, Friedrich: Völkerrecht, Dokumentensammlung, Bd. I, Friedensrecht, München 1967.

Bichlmeier, Gerd: Die Wirksamkeit der Einwilligung in einen medizinisch nicht indizierten ärztlichen Eingriff, in: JZ 1980, S. 53–56.

Binding, K.: Die Freigabe der Vernichtung lebensunwerten Lebens. Ihr Maß und ihre Form, Leipzig 1920.

Bochnik, Hans-Joachim: Einsicht des Patienten in seine Krankenpapiere – Folgen juristischer Umwertung persönlicher Gedächtnisstützen des Arztes in prozeßgeeignete Dokumente – Deutsches Ärzteblatt, Ausg. A/B, Heft 10/1982, S. 97 ff.

Bockelmann, Paul: Strafrecht des Arztes, Stuttgart 1968.
– Kein Recht auf Sterbehilfe durch Tötung, in: Ärztliche Praxis 26/1974, S. 1235 ff.
– Verlängertes Leben – verkürztes Sterben, in: Wiener Medizinische Wochenschrift 126/1976, S. 145 ff.
– Referat zur ärztlichen Aufklärungspflicht, in: Verhandlungen des 44. Deutschen Juristentages 1962, Bd. 2, Tübingen 1964, S. F. 36–F 65.
– Rechtliche Grundlagen und rechtliche Grenzen der ärztlichen Aufklärungspflicht, in: NJW 1961, S. 945 ff.
Bodenburg, Reinhard: Tagungsbericht, in: NJW 1980, S. 1893 – Entzerrung der ärztlichen Aufklärungspflicht: Grundaufklärung und Einschätzungsprärogative, in: NJW 1981, S. 601–605.
Bonhoeffer, Dietrich: Ethik, München 1949.
Bork, Reinhard: Recht und Medizin. Patient zwischen den Fronten? In: Die neue Ordnung 33/1979; 6, S. 422–429.
Bovet, Theodor: Einführung in die philosophischen Grundprobleme der Medizin, in: Wissenschaft und Wirklichkeit, Zürich 1934.
Brednow, W.: Das Humanum und die Wissenschaft. Medizinische und geistesgeschichtliche Arbeiten, hrsg. von R. Scharf, Stuttgart 1971, S. 1–11.
– Der Arzt und die »Forderung der Menschlichkeit«, in: Verstehen und Vertrauen, Stuttgart 1968, S. 10–21.
Breitner, B.: Bemerkungen zu einer Philosophie der Medizin, in: Wiener Medizinische Wochenschrift 100/1950, S. 24–25.
Brettel, H.-F. / Juhle, E.: Haftungsrechtliche Fragen bei der Aufklärung der Patienten, in: Münchner Medizinische Wochenschrift vom 4. 2. 83, S. 85 ff.
Brügmann, Walter: Widerrechtlichkeit des ärztlichen Eingriffs und Aufklärungspflicht des Arztes, in: Neue Juristische Wochenschrift 33/1977, S. 1473 ff.
Buber, Martin: Ich und Du, Heidelberg 1958.
– Die Schriften über das dialogische Prinzip, Heidelberg 1954.
Bucher, Eugen: Die Ausübung der Persönlichkeitsrechte, insbesondere die Persönlichkeitsrechte des Patienten als Schranken der ärztlichen Tätigkeit, Diss., Zürich 1956.
Büchner, F.: Der Eid des Hippokrates. Die Grundgesetze der ärztlichen Ethik (Das christliche Deutschland 1933–1945. Dokumente und Zeugnisse, hrg. von einer Arbeitsgemeinschaft katholischer und evangelischer Christen), Freiburg 1945.
– Das Menschenbild der modernen Medizin, Freiburg 1946.
Buft, Hans Ulrich: Der Arzt als freier Beruf, in: Freiheit, aktuelle Hinweise und Beiträge aus verschiedenen Gebieten zum Problem der Freiheit hrsg. von Balthasar Staehelin, Silvio Jenny und Stephanos Geroulauos, Zürich 1956.
Bülow, Detlef von: Rechtspolitische Probleme durch Fortschritte der Medizin.

Zur Haltung des Gesetzgebers, in: Medizin, Mensch, Gesellschaft 7/1982, Seite 168–172, Stuttgart.
Bull, Hans Peter: Datenschutz im Gesundheitswesen, in: Recht und Politik 1/1983, Berlin.
Burkhardt, Rainer: Die Zulassung von Arzneimitteln und der Widerruf von Zulassungen nach dem Arzneimittelgesetz von 1976 – Stellungnahme der Zulassungs- und Aufbereitungskommission für die anthroposophische Therapierichtung (Kommission C) am Bundesgesundheitsamt; Schriftenreihe der Arzneimittelzulassungs- und Aufbereitungskommission am Bundesgesundheitsamt, Bd. I 1982, Stuttgart.
Burkart, Walter: Freiheit in ethischer Verantwortung, Die XXIX. Generalversammlung des Weltärztebundes vom 6. bis 10. Oktober 1975 in Tokio, in: Deutsches Ärzteblatt, Heft 46/1975, S. 3161 ff.
Catel, W.: Grenzsituationen des Lebens. Beitrag zum Problem der begrenzten Euthanasie, Nürnberg 1962.
Carstens, Thomas: Aufklärung und Einwilligung der Patienten im Krankenhaus – Zum DKG-Muster einer »Dienstanweisung«, in: Der Arzt im Krankenhaus 8/82, S. 472 ff.
Christian, P.: Das Personenverständnis im modernen medizinischen Denken, Tübingen 1952.
– Medizinische und philosophische Anthropologie, in: H. W. Altmann u. a. (Hrsg.): Handbuch der allgemeinen Pathologie, Bd. 1, Berlin 1969, S. 232–278.
Däubler, Wolfgang: Grundrecht auf Leben und medizinische Versorgung, NJW 1972, S. 1105 ff.
Derbolowsky, Udo: Das medizinische Recht im Rahmen menschlicher Grundrechte, in: Deutsches Ärzteblatt, Heft 8/1981, S. 349 ff.
Depner, R.: Ärztliche Ethik und Gesellschaftsbild – Eine soziologische Untersuchung zur Entwicklung des Selbstverständnisses von Medizinstudenten und Ärzten, Stuttgart 1974.
Deutsch, Erwin: Die rechtliche Seite des menschenwürdigen Sterbens, in: Vorgänge, Zeitschrift für Gesellschaftspolitik Nr. 36/1978, S. 74–79.
– Theorie der Aufklärungspflicht des Arztes – A. Von der Aufklärungspflicht zur Aufklärungslast – in: Der niedergelassene Arzt 17/81. S. 61 ff.
– Der Zeitpunkt der ärztlichen Aufklärung und die antezipierte Einwilligung des – Patienten, in: NJW 1979, S. 1905–1909.
– Vertrauen und Recht im Arzt-Patientenverhältnis, in: Arztrecht 1980, S. 289 f.
– Ethik-Kommissionen für medizinische Versuche am Menschen: Einrichtung, Funktion, Verfahren, in: NJW 1981, S. 614–617.
Deutsch, E. / Kleinsorge, H. / Scheler, F.: Verbindlichkeit der medizinisch-diagnostischen und therapeutischen Aussage, Stuttgart 1983.
Deutsch, Erwin: Theorie der Aufklärungspflicht – Ethische und rechtliche Grund-

lagen der Information des Patienten –, in: Niedersächsisches Ärzteblatt 13/1981.
Diemer, A.: Was heißt Philosophie? in: Medizinische Welt 33/1964, S. 1135–1145; auch Düsseld. 1970.
– Zur Grundlegung einer Philosophie der Medizin, Festvortrag anläßlich des 37. Fortbildungskurses für Ärzte in Regensburg am 13. Oktober 1966.
Eberhardt, Dietrich: Selbstbestimmungsrecht des Patienten und ärztliche Aufklärungspflicht im Zivilrecht Frankreichs und Deutschlands, Karlsruhe 1968.
Ehrhardt, H.: Euthanasie, in Göppinger H., Arzt und Recht. Medizinisch-juristische Grenzprobleme unserer Zeit, München 1966.
– Euthanasie und Vernichtung »lebenswerten« Lebens (Forum der Psychiatrie, hrsg. von H. Bürger-Prinz Nr. 11) Stuttgart 1965.
– Schwangerschaftsabbruch und Euthanasie, in: Deutsches Ärzteblatt 1974, S. 1695 ff.
– Der Arzt im Spannungsfeld von Medizin, Ethik und Recht, in: Deutsches Ärzteblatt, Heft 18/1982, S. 75 ff, Ausg. A/B.
– Der Arzt im Spannungsfeld von Medizin, Ethik und Recht – Kunstgerechtes und fehlerhaftes Verhalten des Arztes –, in: Deutsches Ärzteblatt, Heft 19/82, S. 70 ff, Ausg. A/B.
– Einsichtsrecht in ärztliche Krankenunterlagen und Dokumentationspflicht des Arztes, Resolution De. 1979, in: Spektrum der Psychiatrie und Nervenheilkunde Nr. 5, Seite 160, 1980.
Eibach, U.: Recht auf Leben – Recht auf Sterben. Anthropologische Grundlegung einer medizinischen Ethik, Wuppertal 1974.
Eid, V. (Hrsg.): Euthanasie oder soll man auf Verlangen töten?, Mainz 1975.
Engelhardt, Dietrich von/Schipperges, Heinrich: Die inneren Verbindungen zwischen Philosophie und Medizin im 20. Jahrhundert, Darmstadt 1980.
Engelhardt, Dietrich von: Zur Geschichte der Beziehung von Medizin und Philosophie, in: Medizinische Monatsschrift, Heft 31/1977, S. 367–372.
Engisch, Karl: Euthanasie und Vernichtung lebensunwerten Lebens in strafrechtlicher Beleuchtung, Stuttgart 1948.
– Der Arzt an den Grenzen des Lebens, Bonn 1973.
– Aufklärung und Sterbehilfe bei Krebs in rechtlicher Sicht, in: Bockelmann-Festschrift, München 1979, Seite 519–537.
Eser, Albin: Der Arzt zwischen Eigenverantwortung und Recht (Teil I) – Zur Problematik »ärztlichen Ermessens«, in: Ärzteblatt Baden-Württemberg Nr. 12/80, S. 732 ff.
– Behandlungsabbruch aus strafrechtlicher Sicht, in: Menzel, Rechtsprobleme der Intensivmedizin, Blickfeld 1975, S. 46 ff.
– (Hrsg.) Suizid und Euthanasie als human- und sozialwissenschaftliches Problem, Stuttgart 1976.

Femmer, H.-J.: Ärztliche Schweigepflicht und Datenschutz, in: Öff. Gesundheits-Wes. Heft 4/1982, S. 223 ff.

Ferber, Christian von: Gibt es ein sozialstaatliches Recht auf Gesundheit?, in: Archiv für Wissenschaft und Praxis der sozialen Arbeit 1971, S. 104 ff.

Ferber, L. von: Verstehen und Verständigung zwischen Arzt und Patient, in: Fortschritte der Medizin, Heft 91/1973. S. 311–312.

Fiebig, Udo: Zur Novellierung des Arzneimittelgesetzes, in: Deutsche Apotheker-Zeitung, Nr. 51/52, 1973.

– Patentrecht, Arzneimittelsicherheit und Kostendämpfung, in: Pharmazeutische Industrie, Nr. 41/1979, S. 307–310.

– Freiheit und Humanität im Gesundheitswesen, in: Der Kassenarzt, Heft 52/1982, S. 5826 ff.

– Gesundheitspolitisches Forum, in: Deutsche Apotheker-Zeitung, Nr. 21, 1978, S. 755 ff.

– Anforderungen des Gesetzgebers an die Prüfrichtlinien, in: Deutsches Ärzteblatt, Heft 21/1978, S. 1265 f.

– Arzneimittelsicherheit als politische Frage, in: Deutsches Ärzteblatt, Heft 45/1973, S. 3130 ff.

– Schlußwort zu dem Beitrag in Heft 45/1973, Deutsches Ärzteblatt, Heft 5/1974, S. 327 f.

– Perspektiven für die Gesundheitspolitik der achtziger Jahre, in: Deutsches Ärzteblatt, Heft 35/1980, S. 2067 ff.

Fincke, Martin: Arzneimittelprüfung. Strafbare Versuchsmethoden, Heidelberg 1977.

Forster, K.: (Hrsg.), Aktuelle Probleme des Lebensschutzes durch die Rechtsordnung (Studien und Berichte der Kath. Akademie in Bayern H. 25), Würzburg 1964.

Fritsche, P.: Grenzbereich zwischen Leben und Tod. Klinische, juristische und ethische Probleme, Stuttgart 1973.

Grenzsituationen der Anästhesie und Wiederbelebung, in: Frey, R., Hügin, W., Mayrhofer, O., Lehrbuch der Anästesiologie und Wiederbelebung, Berlin 1971, S. 872 ff.

Gadamer, Hans-Georg: Apologie der Heilkunst, in: Kleine Schriften I, Tübingen 1967, S. 211–219.

Geilen, Gerd: Einwilligung und ärztliche Aufklärungspflicht, Bielefeld 1963.

– Euthanasie und Selbstbestimmung, Recht und Staat, H. 246, Tübingen 1975.

Geissler, E.: (Hrsg.) Philosophische und ethische Probleme der modernen Genetik, Berlin 1972.

Giese, Bernhard H.: Rat und Recht für Patienten, Wien 1979.

Glaser, H.: Weltbild der Medizin, Wien 1955.

– Das Denken in der Medizin. Eine Einführung, Berlin 1967.

Göppinger, Hans: Die Entbindung von der Schweigepflicht und die Herausgabe oder Beschlagnahme von Krankenblättern, in: NJW 1958, S. 241 ff.
– Arzt und Recht, Medizinische-juristische Grenzprobleme unserer Zeit, München 1966.
Grömig, Ursula: Schweigepflicht der Ärzte untereinander, in: NJW 1970, S. 1209 ff.
Gross, Jost: Die persönliche Freiheit des Patienten – Zur öffentlichrechtlichen Normierung des medizinischen Behandlungsverhältnisses –, Bern 1977.
Gross, Franz: Notwendigkeit und Ethik klinisch-therapeutischer Prüfungen von Arzneimitteln, Frankfurt 1979.
Gross, R. u. a. (Hrsg.) Ärztliche Ethik, Stuttgart 1978.
Grote, L. R.: Der Arzt im Angesicht von Leben, Krankheit und Tod. Eine Auswahl aus seinem Werk. Hrsg. K. E. Rothschuh, Stuttgart 1961.
Gruber, G. B.: Arzt und Ethik, Stuttgart 1937.
Grünwald, Gerald: Heilbehandlung und ärztliche Aufklärungspflicht, in: Göppinger, Arzt und Recht, S. 125 ff.
Gurvitsch, S. S./Petlenko, V. P.: Die Philosophie als Methode und Theorie des Aufbaus allgemeiner Theorien der Pathologie in der modernen Medizin, 1970, in: R. Löther u. A. Than (Hrsg.): Forschen – Vorbeugen – Heilen, Berlin 1974, S. 107–116.
Hallermann, W.: Ärztliche Aufklärungspflicht aus medizinischer Sicht, in: Mergen, Juristische Problematik in der Medizin II, S. 44 ff.
Häberlin, P.: Zwischen Philosophie und Medizin, Zürich 1965.
Hämmerli, Urs Peter: Das Problem der Euthanasie, in: Schweiz. Ärztezeitung 1975, S. 554 ff, in: Vorgänge, Zeitschrift für Gesellschaftspolitik, Nr. 36, Weinheim 1978, S. 47–64.
Häring, B.: Heilender Dienst. Ethische Probleme der modernen Medizin, Mainz 1972.
Hartmann, A.: Das ethische Urteil über die Tötung mißgebildeter Kinder und über die Fruchttötung aus ethischer Indikation, in: Forster (oben), S. 101 ff.
Hartmann, Fritz: Der erste Satz des Kranken im Gespräch mit dem Arzt, in: Therapiewoche Nr. 28/1978, S. 8056–8062.
– Ärztliche Anthropologie, Bremen 1975.
– Arzt-Patient-Verhältnis – Aus der Sicht des Arztes, in: Arzt und Gesellschaft, S. 58–74.
Hartung, Fritz: Die Entwicklung der Menschen- und Bürgerrechte von 1776 bis zur Gegenwart, Göttingen 1972.
Harych, U.: Die Kommunikation zwischen Arzt und Patient, in: Zeitschrift für ärztliche Fortbildung, Bd. 70/1976, S. 1234–1237.
Haynes/Taylor/Sackett: (Hrsg.): Compliance-Handbuch, München - Wien 1982, darin Seite 19–34 David L. Sackett/John C. Snow: Ausmaß des Compliance-Problems.

Hedeby, Berit: Ja zur Sterbehilfe. Mit einem juristischen Kommentar von Rudolf Wassermann, Frankfurt 1981.

Heidegger, Martin: Sein und Zeit, Tübingen 1959.

Heifetz, Milton D./Mangel, Charles: Das Recht zu sterben. Tötung oder Erlösung, Frankfurt 1976.

Helgerth, R.: Strafrechtliche Beurteilung der Sterbehilfe durch den Arzt, in: Juristische Rundschau 1976, S. 45 ff.

Hellbrügge, E. Th.: Ärztliche Gesichtspunkte zu einer »begrenzten Euthanasie«, in: Forster (oben) S. 57 ff.

Helmchen, H.: Zur Problematik des Einsichtsrechts in psychiatrische Krankenunterlagen in: Spektrum der Psychiatrie und Nervenheilkunde, Heft 10/1981, S. 228 f.

Henning, Fr.: Von den Pflichten des Kranken gegen die Ärzte, Leipzig 1791.

Hersch, Jeanne: Sinn und Gesundheit. Die Freiheit des Kranken angesichts der modernen Medizin, in: Die politische Meinung, Heft 26/1981, Osnabrück.

Herrmann, Werner M.: Ethische Probleme in der medizinischen Forschung – Aus der Sicht des Arztes, in: Der Arzt im Krankenhaus 10/80, S. 600 ff.

Hesse, Konrad: Grundzüge des Verfassungsrechts der Bundesrepublik Deutschland, Karlsruhe 1977.

Hiersche, H.-D.: (Hrsg.) Euthanasie. Probleme der Sterbehilfe. Eine interdisziplinäre Stellungnahme, München-Zürich 1975.

– Das Krankenblatt – Gedächtnisstütze oder Belastungsmaterial? in: Geburtsh. u. Frauenheilk. 41/1981, S. 887 ff, Stuttgart.

Höfer, Werner: (Hrsg.) Leben müssen, sterben dürfen. Die letzten Dinge, die letzte Stunde, Bergisch-Gladbach 1977.

Hinderling, Hans: Die ärztliche Aufklärungspflicht, in: Baseler Studien zur Rechtswissenschaft, Heft 66, S. 49 ff.

Hollmann, Angela: Das ärztliche Gespräch mit dem Patienten. Aufklärungs- und Wahrheitspflicht, in: NJW 1973, S. 1393 ff.

– Ärztliche Schweigepflicht – Sorgsamer Umgang mit Patientendaten empfohlen, in: Niedersächsisches Ärzteblatt 9/1983, S. 301 ff.

Hönigswald, Richard: Die Grundlagen der Denkpsychologie, 1925, S. 236 ff, 324 ff.

– Philosophie und Psychiatrie in: Archiv für Psychiatrie und Nervenkrankheiten 87/1929, S. 715–741.

– Die Grundlagen der allgemeinen Methodenlehre, II. Teil, 1970, S. 38 ff.

– Die Systematik der Philosophie, II. Teil, 1977, S. 400–419.

Horn, Klaus: Medizinische Versorgung und Menschenrechte, in: Freiheit und Gleichheit. Streitschrift für Demokratie und Menschenrecht, Heft 1/1979, S. 46–57.

Hufeland, Christoph Wilh.: Die Kunst, das menschliche Leben zu verlängern – Makrobiotik, Stuttgart 1975.

Hutschenreuther, K./Wiemers, K.: (Hrsg.) Intensivbehandlung und ihre Grenzen, Berlin 1971.

Illich, Iwan: Die Nemesis der Medizin, Reinbeck 1977.

Jacob, Wolfgang: Die Vertrauensbildung zwischen dem Arzt und dem Kranken, in: Deutsches Ärzteblatt C, Heft 19/1983, S. 59 ff.

Jaeger, Renate: Überlegungen zur Kodifikation eines Grundrechts auf Gesundheit, in: Böckenförde u. a. (Hrsg.), Soziale Grundrechte, 1981, S. 99–110.

Jäckel, Hans Otto: Über den Begriff, die Pflicht zur Führung und Aufbewahrung sowie die Rechtsnatur der Krankenunterlagen, in: Mergen, Juristische Problematik in der Medizin II, S. 163 ff.

Janssen, W.: Risiko und Aufklärungspflicht – strafrechtliche Aspekte, in: Arztrecht 1979, S. 9–13.

Jaspers, Karl: Allgemeine Psychopathologie, Heidelberg 1948.

– Arzt und Patient, in: Philosophie und Welt, München 1958, S. 184–207.

– Die Idee des Arztes und ihre Erneuerung, in: Philosophie und Welt, München 1958, S. 169–183.

– Der Arzt im technischen Zeitalter, in: Philosophische Aufsätze, Frankfurt 1967, S. 121–137.

Jescheck, H.-H.: Lehrbuch des Strafrechts, Allgemeiner Teil, Berlin 1972.

Jores, A.: Über die Verantwortung des Arztes gegenüber dem Patienten, in: Studium Generale 6/1953, S. 458–461.

Jung, Eberhard: Das Recht auf Gesundheit. Versuch einer Grundlegung des Gesundheitsrechts der BRD, München 1982.

Jung, F. u. a.: (Hrsg.) Arzt und Philosophie, Humanismus, Erkenntnis, Praxis, Berlin 1961.

Jung, Heike/Schreiber, Hans Wilhelm: Arzt und Patient zwischen Therapie und Recht, Stuttgart 1981.

Jungk, Robert/Mundt, Hans Josef: Das umstrittene Experiment: Der Mensch. Elemente einer biologischen Revolution, München 1966.

Kaffka, Else: Referat zur ärztlichen Aufklärungspflicht, in: Verhandlungen des 44. Deutschen Juristentages 1962, Bd. 2, S. F 3–F 33.

Kaiser, Günther: Künstliche Insemination und Transplantation, in: Göppinger, Hans (Hrsg.), Arzt und Recht, München 1966, S. 58–95.

Kant, Immanuel: Metaphysik der Sitten, hrsg. v. Karl Vorländer, Hamburg 1959.

– Kritik der praktischen Vernunft, hrsg. von der kgl.-preuß. Akademie der Wissenschaften, Bd. V.

Kautzky, R.: Der ärztliche Kampf um verlöschendes Leben »bis zum letzten Atemzug«, in: Hochland 53/1960–61, S. 303 ff.

– Die ärztliche Manipulation des menschlichen Lebens, in: Umschau 1968, S. 193 ff.

– Technischer Fortschritt und ethische Problematik in der modernen Medizin, in: Concilium 5/1969. S. 371 ff.

Kienle, Gerhard/Burkhardt, Rainer: Kontrollierte Versuche und ärztliche Ethik, in: Der Wirksamkeitsnachweis für Arzneimittel – Analyse einer Illusion –, Stuttgart 1983.

Kienle, Gerhard: Der kontrollierte Versuch aus ethischer Sicht, in: Medica Nr. 3 1982.

– Die gefährliche Formalisierung in der Medizin, in: MMW 125/1983, Nr. 10.

– Ethik-Kommissionen, in: MMW 123/1981, Nr. 13, S. 494 ff.

– Die Würde des Menschen – Ideal – Illusion – Aufgabe, in: »Die Drei« Zeitschrift für Wissenschaft, Kunst und soziales Leben, Heft 6, 1979.

Kienle, Gerhard: Die Paradigmen in der Medizin, in: Pluralität in der Medizin – der geistige und methodische Hintergrund; Schriftenreihe der MPS, Frankfurt 1979.

– Formalisierung und Urteilskraft, in: Arzneimittelprüfung am Menschen – Ein interdisziplinäres Gespräch –, Braunschweig 1979.

– Das Arzneimittel in der Hand des Arztes – Eine kritische Analyse – in: Pharm. Ind. 45, 4, 372–377, 1983.

Kienzle, Werner: Schwangerschaftsunterbrechung, Sterilisation und Kastration nach geltendem Recht, in: Goldtammer's Archiv für Strafrecht, 1957, S. 67–77, Hamburg.

Kienzle, Hans-Friedrich: Die ärztliche Aufklärungspflicht, in: Deutsches Ärzteblatt, Heft 40/1979, S. 2584 ff.

Kierkegaard, Sören: Abschließende unwissenschaftliche Nachschrift zu den philosophischen Brocken, Düsseldorf 1957.

Kierski, Werner-Siegfried: Schweigepflicht und Schweigerecht, in: Daniels u. a. (Hrsg.), Bd. 2, S. 195–210.

– Zur Frage, ob der Amtsarzt dem Untersuchten sein Gutachten bekanntgeben muß, in: Deutsches Verwaltungsblatt, Heft 16, Köln 1961, S. 614–618.

– Ärztliche Schweigepflicht und öffentlicher Gesundheitsdienst, in: Mergen, Juristische Problematik in der Medizin II, S. 126 ff.

– Einsichtsrecht des Patienten, in: Deutsches Berliner Ärzteblatt 4/1983, S. 221 ff.

Kilian/Porth: (Hrsg.) Juristische Probleme der Datenverarbeitung in der Medizin 1979.

Kindt, H./Haring, C.: Die Problematik des Einsichtsrechts in psychiatrische Krankenunterlagen, in: Spektrum der Psychiatrie und Nervenheilkunde, Heft 5, S. 160, 1981.

Klein, Klaus: Patientenratgeber, Ihr Recht als Patient, Köln 1977.

Klee, Ernst: Den Einblick erstritten – Auch Psychiatrie-Patienten dürfen ihre Krankenakte einsehen – sie haben jetzt die gleichen Rechte wie körperlich Kranke – (Kammergerichts-Urteil), in: Die Zeit vom 7. 8. 81.

– Euthanasie im NS-Staat, Frankfurt 1984.

Kloppenborg, Josef: Ärztliche Aufklärung in Klinik und Praxis, in: Die Berliner Ärztekammer 10/1982, S. 828 ff.

Knapp, Ursula: Der Arzt als letzte Instanz – BGH verneint Rechtsanspruch auf Einsicht in Krankenakten, in: Frankfurter Rundschau v. 18. 8. 83, S. 316/402.

Koch, Robert: Medizin und Philosophie, in: Münchner Medizinische Wochenschr. 76/1929, S. 10–13.

Koelbing, H. M.: Der hippokratische Eid damals und heute, in: Schweizerische Ärztezeitung 16/1974, S. 591–597.

Kogon, Eugen: Der SS-Staat – Das System der deutschen Konzentrationslager, in: Europäische Verlagsanstalt, Frankfurt 1946.

Kohlhaas, Max, Medizin und Recht, München 1969.

– Die ärztliche Schweigepflicht und die Meldung fahruntüchtiger Fahrer an die Verkehrsbehörden, in: Deutsches Autorecht, München 1957, Heft 12, S. 345–348.

Korth, C./Schmidt, J. J.: Ärztliche Ethik in der modernen Klinik, in: Krankenhausarzt 3/1960, S. 64–71.

Krause-Wichmann, Ludwig: Rettungswesen, Krankentransportwesen, in: Daniels u. a. (Hrsg.), Bd. 2, S. 457–476.

Krauß, Paul: Medizinischer Fortschritt und ärztliche Ethik, München 1974.

Kreuzer, Arthur: Ärztliche Hilfeleistungspflicht bei Unglücksfällen im Rahmen des § 330 c, StGB, Hamburg 1965.

– Die Schweigepflicht von Krankenhausärzten gegenüber Aufsichtsbehörden, in: NJW 1975, S. 2232–2236.

Kübler-Ross, E.: Interview mit Sterbenden, Stuttgart 1972.

Kühnert, Hanno: Die kontrollierte Einsicht – Was der Arzt dem Patienten nach der Behandlung offenlegen muß: Die neue Rechtsprechung des Bundesgerichtshofes, in: Die Zeit 12/82, S. 61.

Kuhlendahl, Hans: Euthanasie – Sterbehilfe – Behandlungsabbruch. Haben die Juristen adäquate Vorstellungen von den Gegebenheiten der modernen Medizin? in: NJW 1974, S. 1419 f.

– Ärztlicher Entscheidungsspielraum – Handlungszwänge, in: Bockelmann-Festschrift, München 1979, S. 467–471.

– Über ärztliche Verantwortung, in: Deutsches Ärzteblatt Nr. 20/1981, S. 977 ff.

Last, Günter: Der Arzt im Konflikt, in: Deutsches Ärzteblatt, Heft 40/1983, S. 55–60.

Lauenstein, Diether: Die Würde des Menschen bei Arzt und Patient, in: Deutsches Ärzteblatt 1976, S. 2173–2178.

Laufs, Adolf: Zur deliktsrechtlichen Problematik ärztlicher Eigenmacht, in: NJW 1969, S. 529–533.

– Die Verletzung der ärztlichen Aufklärungspflicht und ihre delikt. Rechtsfolge, in: NJW 1974, S. 2025 ff.

– Das Gewissen als ärztliche Instanz – aus der Sicht des Juristen, Universität Heidelberg, Mai 1981, S. 489 ff.

– Medizin und Recht im Zeichen des technischen Fortschritts. Aufgaben und

Antworten aus der Sicht des Juristen. Vorgetr. am 4.2.1978, in: Sitzungsberichte der Heidelberger Akademie der Wissenschaften, Philos. histor. Klasse, Heidelberg 1978.
– Arztrecht, München 1977, 1978.
Lawin, Peter/Huth, Hanno: Grenzen der ärztlichen Aufklärungs- und Behandlungspflicht aus medizinischer und rechtlicher Sicht – Teil I: In Konflikt mit Umwelt und Zeitgeist (Bericht über ein Symposium im September 1980 in Münster), in: Deutsches Ärzteblatt, Ausg. A/B, Heft 12/1982, S. 58 ff.
Lenckner, Theodor: Ärztliches Berufsgeheimnis, in: Arzt und Recht, Hrsg. Hans Göppinger, München 1966, S. 159 ff.
Leemann, Arnold: Die Sicherung des ärztlichen Geheimnisses im Rahmen einer zentralen Diagnosenauswertung der schweizerischen Spitäler über den Computer, VESKA 1972, S. 105 ff.
Lenning, Walter: Gottfried Benn, Rowohlts-Monographien Hamburg.
Liebhardt, E. W./Würmeling, H.-B.: Juristische und medizinisch-naturwissenschaftliche Begriffsbildung und die Feststellung des Todeszeitpunktes, in: Münchner Medizinische Wochenschrift 110/1968, S. 1661 ff.
Lilie, Hans: Beschlagnahme von Krankenunterlagen beim Arzt, in: Deutsches Ärzteblatt Ausg. C, Heft 38/1982, S. 61 ff.
Lötler, R.: Gesundheit, Krankheit und Philosophie. Ein philosophischer Beitrag zur Bestimmung der Begriffe Gesundheit und Krankheit und zur Kritik der spätbürgerlichen Ideologie in der Medizin, in: Phil. Diss. Berlin 1962.
– Medizin in der Entscheidung. Eine Einführung in philosophische Probleme der Medizinischen Wissenschaft, Berlin 1967.
Löwith, Karl: Die Freiheit zum Tode, in: Zur Kritik der christl. Überlieferung, Stuttgart 1966.
Lüth, Paul: Sprechende und stumme Medizin. Über das Patienten-Arzt-Verhältnis, Frankfurt 1974.
Luxemburg, Rosa: Die Russische Revolution. Eine kritische Würdigung, Berlin 1922.
Maunz, Theodor / Düring, Günter / Herzog, Roman / Scholz, Rupert: Kommentar zum Grundgesetz, Loseblattausgabe in 3 Bänden, München 1983.
Mangoldt, Hermann von: Grundrechte und Grundsatzfragen des Bonner Grundgesetzes, in: Archiv des öffentlichen Rechts, Band 75, S. 273–290, Tübingen 1949.
Martini, P.: Arzt und Kranker. Studium Generale 6, 1953, S. 450–458.
Masshoff, W.: Zum Problem des Todes, in: Münchner Medizinische Wochenschrift 110/1968, S. 2473 ff.
Matussek, P.: Metaphysische Probleme der Medizin. Berlin 1948.
May, Eduard: Heilen und Denken, Berlin 1956.
Medicus, Dieter: Die Risikoverteilung im Verhältnis Arzt – Patient unter Berücksichtigung ausländischer Regelungen, in: Arzt und Gesellschaft, S. 84–106.

Menzel, H.: (Hrsg.) Rechtsprobleme in der Intensivmedizin, 5. Bielefelder anästhesiologisches Colloquium zu Fragen der Intensiv-Medizin, Bielefeld 1975.

Mergen, A.: (Hrsg.) Die juristische Problematik in der Medizin, Bd. 1–3, München 1971.

Metzger, A.: Freiheit und Tod, Tübingen 1955.

Misgeld, G.: Philosophisches Denken in der Medizin, in: Das Hochschulwesen 9/1961, S. 204–210.

Mitscherlich, Alexander: Studien zur psychosomatischen Medizin: Bd. 1 (Krankheit als Konflikt, 1966, Frankfurt 1974), Bd. 2 (Krankheit als Konflikt, 1967, Frankfurt 1975), Bd. 3 (Freiheit und Unfreiheit in der Krankheit, 1946, Frankfurt).

– Der Patient – nur ein Werkstück, Essay in: »Der Spiegel« Nr. 38, vom 18.9.78, S. 238f u. a. (Hrsg.): Der Kranke in der modernen Gesellschaft, Köln 1972.

Mitscherlich, Alexander/Mielke, Fred: Medizin ohne Menschlichkeit, Dokumente des Nürnberger Ärzteprozesses, Frankfurt 1962.

Mitzscherling, R.: Krankheit und Gesellschaft. Zur Diskussion über die Beziehungen zwischen Medizin und Philosophie, in: Zeitschrift für ärztliche Fortbildung 55/1961, S. 536–543.

Möllering, J.: Die tödliche Freiheit – eine kritische Stellungnahme zu neueren Tendenzen in der Euthanasiediskussion, in: Medizinische Welt 48/1974, S. 1254 ff.

– Schutz des Lebens – Recht auf Sterben. Eine strafrechtliche Untersuchung zum Problem der Euthanasie, Stuttgart 1976.

– Schutz des Lebens – Recht auf Sterben. Zur rechtlichen Problematik der Euthanasie, Stuttgart 1977.

Moll, A.: Ärztliche Ethik. Die Pflichten des Arztes in allen Beziehungen seiner Tätigkeit, Stuttgart 1902.

Mollaret, P.: Über die äußersten Möglichkeiten der Wiederbelebung. Die Grenzen zwischen Leben und Tod, in: Münchner Medizinische Wochenschrift 104/1962, S. 1539 ff.

Moor, Paul: Die Freiheit zum Tode. Ein Plädoyer für das Recht auf menschenwürdiges Sterben. Euthanasie und Ethik. Reinbeck 1977.

Much, H.: Das Wesen der Heilkunst. Grundlagen einer Philosophie der Medizin, Darmstadt 1928.

Müller, Jörg Paul: Recht auf Leben, persönliche Freiheit und das Problem der Organtransplantation, in: Zeitschrift für Schweizerisches Recht N. F. 90/1971.

Müller, Klaus: Schweigepflicht und Schweigerecht des Arztes, in: Juristische Problematik in der Medizin II, S. 36 ff.

Müller-Dietz, Heinz: Ärztliche Schweigepflicht, Stellungnahme aus juristischer Sicht, in: Saarländisches Ärzteblatt 1980/7, S. 356 ff.

Nachtsheim, Hans: Für und wider die Sterilisation aus eugenischer Indikation, Stuttgart 1952.

Narr, Helmut: Ärztliches Berufsrecht, Ausbildung, Weiterbildung, Berufsausübung. Loseblattausgabe, 2 Bde., Köln-Lövenich, 1981.

– Die Aufklärungspflicht des Chirurgen aus juristischer Sicht, S. 1–8.

Naser, Siegfried: Todesbescheinigung und Schweigepfl. des Arztes am Gesundheitsamt, in: Öff. Gesundheitswes., Heft 4/1982, S. 226 ff.

Nellssen, Karl-Wilhelm: Notfalldienst, Bereitschaftsdienst, Rettungsdienst, in: NJW 1979, S. 1919 f.

Neumann, G.: Defensivmedizin – Eine kostenträchtige Fehlentwicklung mit negativen Auswirkungen auf das Arzt-Patienten-Verhältnis, in: Hamburger Ärzteblatt Nr. 5/1981.

Niedermeyer, A.: Ärztliche Ethik, Wien 1954.

Oppen, Dietrich von: Das personale Zeitalter, Stuttgart 1965.

Overmeyer, F. E.: Die ärztliche Schweigepflicht und die Sozialgesetzgebung, in: Saarländisches Ärzteblatt 1981/6, S. 250 ff.

Pergande, Kurt: Der Einsame von Bethel, Stuttg. 1953.

Pfürtner, Stephan H.: Die ungewollte Schwangerschaft als Thema sozialer Ethik, in: Die ungewollte Schwangerschaft, Hrsg. Poettgen, Köln 1982 S. 29–46.

Pritzel, Konstantin: Über die Grenzen ärztlicher Behandlungspflicht, in: Berliner Ärzteblatt, Heft 9/1983, S. 309 ff.

Pruvot, Marie-Jane: ... Bericht über eine Europäische Charta der Rechte des Kranken, in: Sitzungsdokumente des Europäischen Parlamentes 1983–84, Dok. 970/83.

Rieger, Hans-Jürgen: Grundsatzurteil des Bundesgerichtshofes zur Einsichtnahme in Krankenunterlagen – Arztrecht in der Praxis, in: Deutsche Medizinische Wochenschrift Nr. 11/1983, S. 431 ff.

– Herausgabe fotokopierter Krankenunterlagen an Patienten (Arztrecht in der Praxis), in: Deutsche Medizinische Wochenschrift, Nr. 13/1982, S. 510 ff.

Rimpel, Ernst: Ärztliche Schweigepflicht – A. Stellungnahme aus medizinischer Sicht, in: Saarl. Ärzteblatt 7/1980, S. 353 ff.

Ritter-Röhr, Dorothea: (Hrsg.) Der Arzt, sein Patient und die Gesellschaft, Frankf. 1975.

Rössler, D.: Der Arzt zwischen Technik und Humanität, München 1977.

Rohde, Johann Jürgen: Arzt-Patient-Verhältnis. Allgemeine Betrachtungen, in: Arzt und Gesellschaft, S. 45–57.

Rothschuh, Karl E.: (Hrsg.) Was ist Krankheit? Erscheinung, Erklärung, Sinngebung, Darmstadt 1975.

– Prinzipien der Medizin, München 1965.

Russek, Rene: Das ärztliche Berufsgeheimnis, Bern 1954.

Samland, J.: Einsichtsrecht des Patienten, in: Münchener Medizinische Wochenschrift 125/1983, Nr. 14, S. 92.

Samson, E.: Rechtsfragen beim Einsatz von Reanimatoren, in: Internist 15/1974, S. 546 ff.

Sauer, H./Holz: (Hrsg.), Euthanasie. Zur Frage von Leben- und Sterbenlassen, Basel 1976.

Seewald, Otfried: Zum Verfassungsrecht auf Gesundheit, Köln 1981.

– Gesundheit als Grundrecht, Grundrechte als Grundlage von Ansprüchen auf gesundheitsschützende staatliche Leistungen, Königstein 1982.

Simon,G.: Ein Ja zur Sterbehilfe aus Barmherzigkeit, in: Persönlichkeit in der Demokratie, Köln-Bonn 1973, S. 89 ff.

Sontag, Susan: Krankheit als Metapher, München 1978.

Spaar, H.: Arzt und Ethos in der Kapitalistischen Gesellschaft, Phil. Diss., Berlin 1965.

Spann, Wolfgang: Rechtliche Probleme der Diagnose und Aufklärung, in: Mitteilungsdienst der Gesellschaft zur Bekämpfung von Krebskrankheiten NRW Nr. 17/1977.

– Justitia und die Ärzte. Leben, Gesundheit und Gesetz. Zürich 1979.

– Aufklärungspflicht des Arztes, in: Münchner Medizinische Wochenschrift 125/83, Nr. 5, S. 79.

Spann, Wolfgang/Liebhardt, Erich/Braun, Werner: Ärztliche Hilfeleistungspflicht und Willensfreiheit des Patienten, in: Bockelmann-Festschrift, München 1979, S. 487–495.

Spinner, H. F.: Pluralismus als Erkenntnismodell, Frankfurt 1974.

Sporken, Paul: Darf die Medizin was sie kann? Probleme der ärztlichen Ethik, Düsseldorf 1971.

– Menschlich sterben, Düsseldorf 1972.

– Die Rechte des Kranken. Ethische Überlegungen, in: Medizin-Mensch-Gesellschaft 1979, S. 145–153.

Swertz: Muster zu Hinweisen zur Aufklärung von Krankenhauspatienten, in: Deutsche Krankenhaus-Gesellschaft, Düsseldorf, S. 2–5.

Szimak, Josef: Der mündige Patient. Ihr Arzt als Partner, Frankfurt 1978.

Schadewaldt, H.: Der Arzt vor der Frage von Leben und Tod, in: Klinische Wochenschrift 47/1969, S. 557 ff.

Schaefer, H.: Ärztliche Ethik als Grundlage ärztlichen Handelns, in: Ärztliche Mitteilungen 44/1959, S. 1304–1308, 1345–1349.

Schaefer, Otfried P.: Freiheit des Individuums und Freiheit d. Forschung. Worum geht es bei der Schweigepflicht- und Registerdiskussion?, in: Der Deutsche Arzt, Heft 9/1982, S. 4 ff.

Schäfer, Peter: Ärztliche Schweigepflicht und Elektronische Datenverarbeitung, Diss., Zürich 1978.

Schaper, J.: Anmerkungen zur ärztlichen Aufklärungspflicht, in: Ärzteblatt Rheinland-Pfalz, 9/1980, S. 819 ff.

Schara, J.: Die Grenze der Behandlungspflicht in der Intensivmedizin, in: Münchner Medizinische Wochenschrift 117/1975, S. 1430 ff.

Schell, Werner: Arztpflichten, Patientenrechte, Patientenschutzbewegung, Bonn 1981.

Schelsky, Helmut: Der selbständige Mensch in der freiheitlichen Gesellschaftsordnung, in: VSSR 1978, S. 151–163.
– Die Soziologie des Krankenhauses im Rahmen einer Soziologie der Medizin, in: Der Krankenhausarzt 31./1958, Seite 169–176.
Schewe, G.: Risiko und Aufklärungspflicht – Haftungsrechtliche Aspekte, in: Arztrecht 1979, S. 64–71.
Schimikowski, Peter: Experiment am Menschen. Zur strafrechtlichen Problematik des Humanexperiments, Stuttgart 1980, in: Medizin und Recht, Bd. 9.
Schimmelpfennig, G. W.: Zum Recht des Patienten auf Einsicht in die Krankenblattunterlagen, in: Schleswig-Holsteinisches Ärzteblatt, Heft 2/1980, S. 70 ff.
Schipperges, Heinrich: Der Patient als Mensch, in: Schleswig-Holsteinisches Ärzteblatt, Heft 11/1979, S. 609 ff.
– Arzt und Philosophie im 20. Jahrhundert, in: Ärzteblatt Baden-Württ. 19/1964, S. 357 f.
– Die Medizin in der Welt von morgen, Düsseldorf 1976.
– Utopien der Medizin, Salzburg 1968.
– Der Arzt und die Freiheit des Menschen. Zum Selbstverständis einer Medizin zwischen Heiltechnik und Heilkultur, in: A. Paus (Hrsg.), Freiheit des Menschen, Graz 1974, S. 207–241.
– Moderne Medizin im Spiegel der Geschichte, Stuttgart 1979.
Schlund, Gerhard H.: Die ärztliche Aufklärungspflicht im Spannungsverhältnis der Gerichte und der Ärzteschaft, in: VersR 1977, S. 496–501.
Schmitt, Ludwig: Der mündige Patient – Reflexion über die Patient-Arzt-Beziehungen, in: Ärzteblatt Rheinl.-Pfalz, 12/1982, S. 938 ff.
Schöllgen, W.: Ärztliche Ethik und christliche Moraltheologie, in: Studium Generale 6/1953, S. 39–45.
Schröder, Barbara: Das Tierschutzgesetz vom 24. 11. 1933, zur Dokumentation der Vorgeschichte und der Änderungsvorschläge, Inaugural-Dissertation zur Erlangung des Grades eines Doktors der Veterinärmedizin an der Freien Universität Berlin, Berlin 1970, Journal-Nr. 711.
Schmidt, Eberhard: Empfiehlt es sich, daß der Gesetzgeber die Fragen der ärztlichen Aufklärungspflicht regelt? Gutachten, in: Verhandlungen des 44. Deutschen Juristentages 1962, Bd. 1, Teil 4.
– Ärztliche Schweigepflicht und Zeugnisverweigerungsrecht im Bereiche der Sozialgerichtsbarkeit, in: NJW, Heft 39, S. 1745–1750, München 1962.
Schmidt-Bleibtreu, Bruno/Klein, Franz: Kommentar zum Grundgesetz für die Bundesrepublik Deutschland, Neuwied 1977.
Schmitt, Rudolf: Euthanasie aus der Sicht des Juristen, in: JZ 1979, S. 462–467.
Schneider, Ernst: Patient und Arzt der achtziger Jahre, in: DOK 1979, S. 201.
Schuberth, R.: Ärztliche Probleme der Sterbehilfe, in: Bayer. Ärzteblatt 1975, S. 571 ff.

Schumacher, Detlef: Psychotherapie und Heilbehandlung aus rechtlicher Sicht, in: NJW 1970, S. 1945–1949.

Schwalm, G.: Juristische Aspekte der Sterbehilfe, in: Bayer. Ärzteblatt 1975, S. 565 ff.

Schweisheimer, W.: Das Recht auf den Tod, in: DRiZ 1973, S. 177 f.

– Soll der Arzt dem Patienten sagen, daß er an einer Krebskrankheit leidet?, in: Bremer Ärztebl. 10/79, S. 55 f.

Steiner, Rudolf: Philosophie der Freiheit, Dornach 1973, GA 4.

Steiner, Rudolf/Wegmann, I.: Grundlegendes für eine Erweiterung der Heilkunst nach geisteswissenschaftlichen Erkenntnissen, Dornach 1925.

Steinmeyer, Heinz-Dietrich: Das Einsichtsrecht des Patienten in seine Krankenunterlagen. Gedanken zu den Entscheidungen des Bundesgerichtshofes vom 23. 11. 82, in: Deutsche Richterzeitung, Köln, 61, 1983, S. 469–473.

Tempel, Otto: Inhalt, Grenzen und Durchführung der ärztlichen Aufklärungspflicht unter Zugrundelegung der höchstrichterlichen Rechtsprechung, in: NJW 1980, S. 609–617.

Thielicke, Helmut: Wer darf leben? Der Arzt als Richter, Tübingen 1968.

– Wer darf sterben? Grenzfragen der modernen Medizin. Freiburg 1979.

Tölle, Rainer: Ärztliche Überlegungen zum Einsichtsrecht des Patienten – Zu zwei neueren Urteilen des Bundesgerichtshofes, in: Deutsches Ärzteblatt, Ausg. C, Heft 18/1983, S. 39 ff.

Torcke, Yvette: Bekämpfung ansteckender Krankheiten und persönliche Freiheit, Dissertation, Bern 1951.

Trändle, Herbert: Selbstbestimmungsrecht des Patienten. Wohltat oder Plage? in: Monatsschrift für Deutsches Recht, Köln 1983, 11, S. 881–887.

Trockel, Horst: Sterbehilfe im Wandel der Zeit, in: Neue Juristische Wochenschrift 1975, S. 1440 ff.

– Das Recht des Arztes zur Heilbehandlung unter Entwicklung und Erprobung neuer Heilmethoden, in: NJW 1979, S. 2329–2334.

– Die Einwilligung Minderjähriger in den ärztlichen Heileingriff, NJW 1972, S. 1493 ff.

– Menschenwürde und medizinisch-biologische Forschung, NJW 1971, S. 217 ff.

Uhlenbruck, Wilhelm: Der Bundesgerichtshof muß jetzt entscheiden – Kölner Urteil zur Herausgabe von Krankenunterlagen, in: Rheinisches Ärzteblatt, Heft 10/1981, S. 295 f.

– Doppelte Buchführung? – Der BGH hat sich gegen das ärztlich orientierte Schrifttum gestellt, in: Rheinisches Ärzteblatt, Heft 11/1983, S. 570 ff.

Ullmann, Christian: Aufklärungspflicht des Arztes – Die Patienten sollen über die Risiken der Therapie Bescheid wissen und Mitverantwortung für die Heilung tragen, in: Süddeutsche Zeitung 19./30./31. 5. 82.

Ulrich, Wolf: Patient, dein Recht, Gütersloh 1977.

Valentin, F.: (Hrsg.) Euthanasie, Göttingen 1969.

Vogel, P.: Der hippokratische Eid und wir, in: Deutsche Medizinische Wochenschrift, 91/1966, S. 1625–1628.

Vogelsanger, Peter: Der Kranke ist heilig. Über die Würde des Patienten, in: Die politische Meinung, 26, Osnabrück 1981.

Wachsmuth, Werner/Schreiber, Hans-Ludwig: Der unheilvolle Weg in die defensive Medizin – Der rechtliche Selbstschutz des Arztes und die Fürsorge für den Kranken, in: Frankfurter Allgemeine Zeitung v. 3. 10. 80, S. 8–10.

Wagner, J.: Selbstmord und Selbstmordverhinderung. Zugleich ein Beitrag zur Verfassungsmäßigkeit der Zwangsernährung, Karlsruhe 1975.

Wartburg, Walter von: Haben wir ein »Recht auf Gesundheit« in: Medizin statt Gesundheit?, S. 53–59.

– Ein Recht auf Gesundheit?, in: Pharmazeutische Zeitung/Apotheker-Zeitung 1975, S. 1446–1448.

– Das Recht auf Gesundheit und die gegenwärtigen Probleme des Gesundheitswesens, in: Universitas S. 681–688, Stuttgart, Heft 7.

Wasserburg, Klaus: Die ärztliche Dokumentationspflicht im Interesse des Patienten, in: NJW 1980, S. 617–624.

Wawersik, Jürgen: Kriterien des Todes unter dem Aspekt der Reanimation, in: Chirurg 39/1968, S. 345 ff.

– Die Auswirkungen juristischer Aufklärungserfordernisse auf das Arzt-Patient-Verhältnis, in: Jung, Heike/Schreiber, H. W. (Hrsg.), Arzt und Patient zwischen Therapie und Recht, 1981, S. 90–102.

Weischedel, Wilhelm: Philosophische Grenzgänge – Vorträge und Essays –, Stuttgart 1967.

Weißauer, Walther: Rechtliche Grundlage der Aufklärung, in Anästhesiologische Informationen 1978, S. 231 ff, Juni 1978.

– Die Empfehlung der DKG zur Eingriffsaufklärung und zur Einwilligung des Patienten, in: Der Arzt im Krankenhaus 11/80, S. 707 ff.

Weißauer, Walther/Opderbecke, H. W.: Tod, Todeszeitbestimmung und Grenzen der Behandlungspflicht, in: Anästhesiologische Information 14/1972, S. 2 ff.

Weizsäcker, Viktor von: »Euthanasie« und Menschenversuche (Sonderdruck aus der Zeitschrift Psyche), Heidelberg 1947.

– Arzt und Kranker, Leipzig 1941.

– Der kranke Mensch. Eine Einführung in die medizinische Anthropologie, Stuttgart 1951.

– Grundfragen medizinischer Anthropologie, Tübingen 1948.

– Ärztliche Fragen, Leipzig 1934.

Weizsäcker, Viktor von/Wyss, D.: Zwischen Medizin und Philosophie, Göttingen 1957.

Wenzel, Karl-Heinz: Behörden mißachten die ärztliche Schweigepflicht – Hauptthema des 85. Deutschen Ärztetages ist hochaktuell, in: Der Deutsche Arzt 6/1982, S. 28 f.

Wimmer, A.: Kein Recht auf den eigenen Tod?, in: Zeitschrift für das gesamte Familienrecht 1975, S. 438 ff.

Woesner, Horst: Fragen ärztlicher Geheimhaltungspflicht, in: NJW 1957, S. 692 ff.

Wolandt, Gerd: Arzt und Patient – Philosophische Überlegungen, in: Med. Welt Bd. 30/Heft 13, 1979.

– Philosophische Grundlegung der Medizin in: Philosophia Naturalis 5, 1958, S. 354–360.

Wolff, Eike: Arzt-Patient-Beziehung, in: Ritter-Röhr (Hrsg.), 1976, S. 65–72.

Wunderli, J.: Euthanasie oder über die Würde des Sterbens. Ein Beitrag zur Diskussion, Stuttgart 1974.

Würtenberger, Th.: Fragen zur Euthanasie, in: 7. Freiburger Chirurgengespräch 1975, S. 16 ff.

Zuck, Rüdiger: Grundrechtsschutz und Grundrechtsentfaltung im Gesundheitswesen, Bad Liebenzell 1983.